KB118696

GDP 너머 국민총행복

박진도 외 지음

GDP 너머 국민총행복

아직 행복하지 않은 국민을 위한 12가지 제언

한겨레출판

여는 글
개벽지언 (開闢之言)

도올 김용옥

    자만(自慢)은 타락을 부른다. 타자를 항상 저열하게 바라보고 나의 안일을 위한 도구로 만든다. 자비(自卑)는 겸손이 아니다. 용기를 빼앗고 나를 노예로 만든다. 허무한 권위 아래 복속하며 창조적 전진을 거부한다. 자만은 제국주의의 속성이기도 하고, 자비는 식민지 삶을 살아가는 사람들의 아라야식 속에 쌓인 덕성이기도 하다. 자만과 자비는 인간의 삶을 파멸로 이끄는 두 개의 지름길이다. 우리 조선사람들은 너무도 오랫동안 자비를 덕성으로 착각하고 살아왔다. 우리 주변에서 보여지는 자만감조차도 일종의 자비의 왜곡된 표현일 뿐이다.

내가 생각키에 서양사람들은 행복이 무엇인지를 잘 모르는 것 같다. 플라톤이나 아리스토텔레스로부터 이미 행복을 실체화된 개념으로 타자화시켜 놓고 그것을 추구했기 때문이다. 실체화될 수 없는 것을 실체화시켜 놓으면 그 추구의 과정은 허환(虛幻)이 되고 만다. 행복, 즉 유다이모니아(Eudaimonia)는 명사가 아니다.

"행복"은 우리 한국사람들의 말이 아니다. 조선왕조 시대에 쓰여진 말이 아니고, 개화기 이후에 일본 송학자(宋學者)들의 번역술어가 유입된 것이다. 명청기(明淸期) 백화문에도 별로 등장하지 않는다. 지금도 우리 일상생활에서 사람을 맞대놓고, "너 행복하니?"와 같은 언어구성을 하지 않는다. 아마도 이런 상황에 가장 편하게 쓰일 수 있는 말은 "잘 지내니?" 정도의 의미구성일 것이다. "행복"은 우리에게 별 의미를 전하지 않는 개념적 약속(Nomina)에 불과하지만, "잘 지냄"이라는 말은 보다 구체적인 맥락을 갖는 우리 삶의 정황적 의미체일 것이다.

"잘"은 그 자체로서 존재하는 실체가 아니다. 무엇의 기능을 기술하는 부사적 형용이다. "잘"은 희랍철학에서는 "아레테(Aretē)"라는 말과 관련된다. 우리는 그것을 "덕(德)"이라고 잘못 번역하고 있지만, 아레테는 어떠한 기능이나 속성이 가장 원활하게 발현되는 상태를 의미한다. 그것은 "좋음(Goodness)"이며 "탁월

함(Excellence)"이다. 그러나 이 "좋음"을 최상급으로 추구하게 되면 반드시 실체화되는 비극을 낳는다. "가장 좋음"은 끊임없는 경쟁을 유발하고, "최상선"은 항상 초월적인 의미를 갖게 된다.

"아레테"는 궁극적으로 "메소테스(Mesotes)", 즉 "중용", 즉 "적도 (適度)"라는 개념과 맞물려 있다. 적도를 무시한 최상이라는 것은 픽션이다. 모든 쾌락의 궁극은 고통과 파멸이다. 그래서 역사적으로 모든 쾌락주의(Hedonism)는 금욕주의(Asceticism)로 골인하게 된다. 진정한 쾌락은 금욕에서 찾을 수밖에 없다는 패러독스에 도달케 되는 것이다.

"지냄"은 "삶"과 같은 의미이지만 "삶의 과정"(Process of Life)이라는 의미가 보다 선명하게 부각되어 있다. "지냄"은 한 시점의 상태가 아니라 지나가는 과정이다. 다시 말해서 행복은 어떠한 경우에도 한 시점의 감정의 상태일 수가 없는 것이다. 기분 좋음은 기분 나쁨으로 전환될 수 있고, 기분 나쁨은 또 기분 좋음으로 역전될 수도 있다. 하여튼 행복은 일시적일 수 없고 지속적인 것이어야 하며, 착각적인 것일 수 없고 리얼한 것이어야 한다.

결론부터 말하자면, 잘 지내는 것은 잘 사는 것이다. 잘 사는 것은 선하게 사는 것이다. 선하게 사는 것은 사랑을 주고받는 것이다. 사랑이란 서로를 아끼는 것이다. 고전에서 "애(愛)"는 아낄 애 자일 뿐이다. "잘"이라는 우리말의 부사적 표현을 한자로 쓰면 곧 "선(善)"이 된다. 선위(善爲)는 "잘한다", 선행(善行)은 "잘 간 다", 선언(善言)은 "잘 말한다", 선수(善數)는 "잘 센다", 선폐(善閉)는 "잘 닫는다"의 뜻이 된다. 그리고 선(善)의 반대는 악(惡)이 아니라, "불선(不善)"이다. "잘하지 못함", "좋지 못함"일 뿐이다. 악이 실체 화되지 않는다.

과정이란 우리의 모든 가치판단을 적대적으로 대립시키지 않 고 시간의 흐름 속으로 포섭시킨다. 행복은 지냄에 있고, 지냄은 모든 대립을 용서할 수 있다. 지루함이 있기에 흥분이 있고, 흥 분이 있기에 지루함이 있다.

지냄이란 결국 리듬이다. 잘 지낸다는 것은 리듬을 잘 탄다는 것이고, 리듬을 잘 탄다는 것은 "중용"을 잃지 않는 것이다. 중용 을 잃지 않는다는 것은 "빔(虛)"으로써만 가능한 것이다. 자기를 비울 줄 알아야 허가 생기고, 허가 있어야만 순환이 가능해진다. "반자도지동(反者道之動, 돌아감이 도의 움직임이다)"의 도가 실현될 수 있는 것이다. 문명의 궁극적 존재가치는 최상을 실현함에 있지 않고, 중용을 지킴에 있으며, 각자위심(各自爲心) 하는 데 있지 않 고 동귀일체(同歸一體) 하는 데 있다. 인간을 불행하게 만드는 문명 은 문명이 아니다.

그런데 로마국에서 공화정을 부정하고 황제권력이 등장하는 시기와 예수라는 갈릴리의 현자를 메시아로, 신의 아들로 만드는 시기가 거의 겹친다. 이 두 개의 픽션이 결합하여 인간세의 정치·종교·문화·교육·경제, 그 모든 체제를 장악하여 중세기라는 완고한 틀을 만든다. 르네상스·종교개혁 이후의 모든 역사는 이 틀을 깨는 방향에서 인간해방을 지향했지만 그 해방은 인간 탐욕의 편중사태를 초래하였고, 대규모의 도둑질을 정당화하는 새로운 국가모랄을 탄생시키고, 제국주의와 자본주의의 무한경쟁을 방치시켰다. 과학조차도, 초기에는 인간 이성의 합리적인 근거로서 긍정적 역할을 하였지만, 제국주의와 자본주의의 발호 속에서는 권력의 시녀로서 그 객관성을 상실하여만 갔다. 이러한 아노말리의 혼돈 속에서 세계인의 보편적 가치로서 등장한 코로나19라는 "쐐기"는 인류의 문명에 대한 가치관의 총체적 반성을 요구하고 있다.

진보의 이면에는 퇴보가 있으며, 발전의 이면에는 퇴락이 있으며, 탐욕의 만족에는 불행의 씨앗이 뿌려진다. 이제야말로 우리는 기독교의 종말론적 섭리사관이 주축을 이룬 서양문명이 강요해온 모든 "근대적 가치(the Value of Modernity)"를 재고할 그 카이로스에 이르렀다. 수운의 「칼노래」가 외치듯이 우리는 외쳐야 한다.

때다! 때다!

우리의 때다!

다시 돌아오지 않을

우리의 때다!

오만 년 만에 찾아온 때다!

고조선 이래 숨겨져 온

이 날랜 칼을

아니 쓰고 무엇하리?

우리는 되돌아가야 한다. 우리 본래의 모습으로! 역사의 목표가 시간의 종말인 천당에 있는 것이 아니다. 타자화된 욕망의 무한대에 있는 것이 아니다. 시작도 종말도 없는 영원한 지금·여기의 균형에 있다. 인간은 자연이 없이는 행복할 길이 없다. 자연(自然)은 "스스로 그러함"이다. 스스로 그러함이란 늘 그러함의 시간성이다.

국민총행복전환포럼이 추구하는 다양한 활동은 단지 우리 조선대륙의 문제에 국한되는 것이 아니라 전 인류의 공통된 이상을 앞서 제시하는 것이다. 인류가 인류역사의 새로운 비전 앞에 마음을 비우고 합심하지 않으면 개별적 노력이 유의미한 결실을 낼 수 없다. 환경의 문제, 도농간의 상생, 남북의 격차, 신자유주의적 자본의 횡포, 문명에 있어서의 개체성의 존중 등 우리가

당면하고 있는 문제는 이제 성장 없는 번영의 신념 속에서 재구
성되어야 한다.

안타깝게 봄소식을 기다려도
봄빛은 끝내 오지를 않는 구나!
봄빛을 좋아하지 않음이 아니건만
오지 않는 것은 오직 때가 아니기 때문이지.
비로소 올 만한 절기가 되면
기다리지 않아도 저절로 오네.
간밤에 봄바람 스쳐 지나가니
모든 나무가 일시에 봄이 온 줄을 아네.

苦待春消息, 春光終不來。
非無春光好, 不來卽非時。
纔到當來節, 不待自然來。
春風吹去夜, 萬木一時知。

　이것은 수운이 관헌의 탄압이 거세지자 자신의 죽음을 예견
하면서 제자들을 격려하기 위하여 쓴 절명의 시이다. 기다리던
봄이 끝내 오지 않는다는 것은 그의 죽음, 그 절망을 노래한 것
이다. 그러나 최후의 일절은 진실의 역량이 축적되면 어느 순간
에 봄은 오고야 만다는 필도래의 신념을 나타낸 것이다. 절망 속

에서도 낙관을 유지하는 용기가 없는 자에게는 혁명이란 존재하지 않는다. 국민총행복의 전환이란 궁극적으로 혁명적 마인드가 없이는 달성되지 않는다. 문명의 하느님 그 자체를 무화(無化)시키는 용기가 없이는 그 본질에 도달할 수 없다. 박진도와 그와 뜻을 같이하는 친구들이 지향하는 역사의 방향에 많은 사람들의 뜻이 모아져 구체적 결실을 맺기를 바란다.

2021년 3월 25일
뜨락의 살구꽃이 만개하였을 때

추천의 글
포스트코로나 시대, 우리의 나아갈 길

윤호중 국회 국민총행복정책포럼 대표의원/국회의원

지난 2017년 'GNH 국제회의(International conference)' 참석을 위해 부탄을 방문할 기회가 있었다. 당시 부탄에서 보았던 국가 시스템, 사회적 분위기, 정책 결정 과정 등은 방문단 모두에게 신선한 충격을 주었다.

부탄의 모든 국가 정책은 국민총행복(GNH)이라는 척도에 의해 결정되고 운영된다. '국민총행복위원회'를 설치해 국민총행복조사를 벌이며 진정으로 국민이 원하는 행복이 무엇인지 살피고 또 살핀다. 아직 우리나라에서도 실시하지 못하는 무상의

료·무상교육 제도를 부탄은 이미 1970년대부터 시행할 수 있었던 힘이 바로 여기에 있다.

부탄 사람들의 행동과 표정 하나하나에는 편안함이 묻어 있고, 외국인 등 낯선 이들을 대하는 태도에는 경계심보다는 여유로움이 가득하다. 히말라야에서 쏟아지는 아름다운 경관은 마치 선물처럼 사람들의 마음에 보기 좋게 어우러져 있었다. 당연히 국민의 행복도와 삶의 만족도는 높을 수밖에 없고 고스란히 모든 삶 속에서 행복함이 배어 나오게 된다.

그렇다면 우리나라는 어떨까? 우리나라는 2018년 1인당 국민소득이 3만 달러를 돌파했고 경제규모는 세계 10위에 올라와 있다. 그러나 2021년 『세계행복보고서』에 따르면 행복지수는 세계 145개국 가운데 62위에 머물러 있을 뿐만 아니라 빈곤율과 자살률은 매년 최고치를 기록한다.

반면 부탄은 1인당 국민소득이 우리의 10분의 1수준에도 못 미치지만, 누구나 알고 있듯이 세계에서 가장 행복한 국가 중 하나로 꼽히고 있다. 우리나라만큼 성장과 행복 사이의 괴리가 큰 나라는 없을 것이다.

코로나19로 인해 양극화는 걷잡을 수 없이 빠른 속도로 심화되고 있다. 이제는 무조건적인 성장이 아니라 시민의 건강과 행복, 지속가능한 환경과 사회·경제시스템을 설계해야 한다는 목소리가 여기저기서 나오기 시작했다.

코로나19에 잘 대처했던 우리나라는 이제 포스트코로나 시대를 어떠한 모습으로 맞이할 것인지에 대해 토론하고 준비해야 한다. 코로나 방역에 성공했듯 포스트코로나 시대에도 선도국가로 자리 잡기 위해서는 국민 한 명 한 명의 삶을 돌보고 마음을 챙기는 일에 보다 집중해야 할 것이다. 그동안 우리나라의 고질병으로 여겨졌던 양극화와 불평등을 해소하고 부자나라의 불행한 국민이라는 오명을 벗어 버려야 한다.

『GDP 너머 국민총행복』에는 앞으로 우리가 나아가야 할 방향에 대한 진지한 고민이 담겨 있다. 많은 독자가 이 책을 통해 우리나라의 미래를 조금이나마 예상해 보고 진정한 행복이 무엇인지 고민해 보는 시간이 되길 기대한다.

추천의 글
모두 함께 행복한 나라를 꿈꾸며

김영종 행복실현지방정부협의회 상임회장/서울 종로구청장

박진도 (사)국민총행복전환포럼 이사장을 비롯해 여러 전문가들이 함께 집필한 『GDP 너머 국민총행복』은 국민총행복(GNH)을 본격적으로 다룬 국내 첫 개론서이자 행복정책 제안서다. 한국사회를 지금보다 더 행복한 공동체로 만드는 데 관심 있는 시민은 물론 지역에서부터 구현되고 주민이 체감하는 행복정책을 만들고자 밤낮으로 고민하는 지방정부와 정책 입안자들에게 좋은 길잡이가 되리라 생각한다.

'행복'은 인간의 보편적 염원으로 인류역사와 함께 모두가 추

구해 온 가치다. 하지만, 유례를 찾아볼 수 없는 고도의 경제성
장 속에서도 우리나라의 행복지수는 여전히 낮은 것이 현실이
다. 특히 계속되는 코로나19 대유행으로 더 팍팍해진 삶 속에서
행복에 대한 관심과 열망은 더 높아졌다.

이제는 행복에 대한 고찰과 다양한 행복정책에 대한 검토가
필요한 시점이다. 행복실현지방정부협의회는 행복을 개인만의
문제가 아닌 사회적 공공재로 인식하고 주민의 행복 증진을 위
해 무엇을 할 수 있을지 함께 고민하며 연대와 협력을 통해 지난
2년간 다양한 노력을 해 왔다.

이 책에는 아직 행복하지 않은 국민을 위해 왜 행복정책이 필
요한지, 또 어떻게 행복을 정책으로 구현해야 하는지 등에 대해
박진도 이사장과 여러 분야 전문가들의 생생한 목소리가 담겨
있다.

앞으로 『GDP 너머 국민총행복』이 우리사회가 성장지상주의
에서 벗어나 '국민총행복'으로 패러다임을 전환하는 소중한 길
잡이 역할을 하며, 행복정책에 대한 관심을 확산하는 데 작은 불
씨가 되었으면 하는 바람이다.

아직 행복하지 않은
사람을 위한 첫걸음

소빈 박진도

2017년 초겨울, 우국지사(?) 다섯 사람이 서울 서대문 선술집에 모여 소주잔을 기울이며 우리사회 현실에 대해 뜨거운 대화를 나누었다. '행복 국가' 부탄을 다녀온 소회를 나누며, 우리 국민들은 왜 소득 수준에 비해 행복도가 낮은가에 대해 의문을 제기했다.

국제적으로 보면 우리나라의 국내총생산(GDP) 순위는 매년 올라가는데, 행복도 순위는 왜 점점 낮아지는 걸까. 경제개발협력기구(OECD)가 발표하는 각종 삶의 질(자살률, 청소년 행복지수, 노인 빈곤율, 산재 사망률 등) 수치에서 우리나라가 뒤에서 일등인 까닭은 무엇일까. 특히 세계적으로 출산율이 가장 낮은 이유가 무엇인가. 젊은이들은 왜 연애와 결혼, 출산을 포기하는 걸까.

의문은 끝이 없었고, 결국 우리는 경제성장 지상주의가 우리 사회를 지배해 왔고 아직도 성장중독에서 벗어나지 못하고 있기 때문이라는 결론에 도달했다. 경제성장을 위해 삶의 다른 소중한 가치들을 희생하고 있는 것이다. 부탄의 행복지수가 세계 1위라는 말에는 동의하지 않지만, 소득이 한국의 10분 1도 안 되는 부탄이 우리보다 행복하고 무상의료와 무상교육을 전면적으로 실시하는 이유에는 주목할 만하다. "국내총생산(GDP)보다 국민총행복(GNH·Gross National Happiness)이 더 중요하다"(부탄 4대왕 지그메 싱게 왕축)는 국정철학 때문이다.

우리는 작은 포럼을 열어 조심스럽게 국민총행복 담론을 확산해 가기로 했다. 그런데 막상 포럼을 창립한다는 소문이 나자 사회 각계각층 사람들이 참여의사를 밝혔다. 우리사회 저변에 용암처럼 뜨겁게 흐르는 전환에 대한 열망을 확인할 수 있었다. 2018년 4월 11일 200여 명이 참여한 가운데 (사)국민총행복전환포럼을 창립했다. 이날 우리는 "성장주의 시대와 결별을 선언"하고 "경제성장에서 사람 행복으로, 나라 발전의 목표를 대전환할 것을 요구"(창립선언문)했다.

국민총행복전환포럼 창립선언문에는 국민총행복 실현을 위한 두 가지 기본조건이 명시돼 있다. "첫째, 물질적 조건 이외에, 교육, 환경, 건강, 문화, 공동체, 여가, 심리적 웰빙, 거버넌스(좋은 민주주의) 등 다양한 요소들이 균형 있게 발전해야 한다. 어느 것이 더 중하고 덜 중한 것이 없이, 균형 잡힌 발전이 중요하다. 둘째, 내가 행복하기 위해서는 우리 모두가 더불어 행복해야 한다. 나와 네가 행복을 함께 공유해야 국민총행복의 크기가 증진된다. 그래서, '아직 행복하지 않은 사람'에 정부 정책의 초점이 우선 맞추어져야 한다."

2018년 10월에는 주민의 행복을 지방정부 운영의 최우선 목표로 삼는 국내 지방정부 협의체인 '행복실현지방정부협의회'가 발족해, 현재 각 지방정부 실정에 맞는 다양한 행복정책을 추진하고 있다. 2020년 7월에는 국회의원 연구모임인 '국회 국민총행복정책포럼'이 출범했다. 국민총행복 정책과 제도를 연구하고 시행해 나가는 데 주축이 되는 시민사회와 지방정부, 국회 등 '3각 편대'가 구성된 것이다.

코로나19는 우리의 백 마디 말보다 위대한 스승이다. 우리가 신주단지처럼 모신 경제성장이 얼마나 허구인지 드러냈고, 나 혼자서는 결코 행복할 수 없다는 사실을 일깨웠다. 코로나19는 행복이 GDP 순이 아님을 여실히 보여 주고 있다. 세계의 석학들은 우리의 삶이 팬데믹 이전과 같을 수 없고, 그래서도 안 된다고 경고한다. 우리사회의 패러다임을 기존의 성장주의에서 '국민총행복'으로 전환하는 것은 더 이상 미룰 수 없는 시대적 과제가 되었다. 추상적 담론 수준이 아니라 전환을 위한 구체적인 실천이 중요하다. 시민사회와 지방정부, 그리고 국가 차원의 노력이 필요하다.

대한민국 헌법 제10조는 "모든 국민은 인간으로서의 존엄과 가치를 가지며, 행복을 추구할 권리를 가진다"고 천명하고 있다. 이 책은 GDP를 대체할 새로운 패러다임으로서 국민총행복에 대한 관심과 이해를 높이고, 우리 국민의 행복지수를 높일 수 있는 실질적인 정책 방향을 제안함으로써 아직 행복하지 않은 국민을 포함해 모든 국민이 행복한 대한민국으로 나아갈 길을 제시하고자 기획되었다.

제1장 '포스트 코로나 시대, 성장이 아니라 행복이다'에서는 코로나19 팬데믹 위기의 본질과 이로 인해 앞으로 닥칠 사회경제적 변화, 그리고 이러한 위기를 타개할 새로운 패러다임이자 실질적 해법으로서 '국민총행복(GNH)'을 제안한다.

제2장 '행복하려면, 행복을 측정하라'에서는 GDP가 아니라 행복을 번영의 척도로 삼아 사회 구성원들의 행복 수준을 알아보

고 이를 정책과 예산의 근거로 삼으려는 세계 각국의 다양한 시도를 살펴본다. 또한 2010년대부터 국내 지방정부를 주축으로 시작된 '한국형 행복지표' 연구개발과 활용 현황을 전한다.

제3장 '아직 행복하지 않은 국민을 위한 나라'에선 국내 12개 분야 전문가들이 우리 국민들의 행복지수를 높일 수 있는 정책을 제안한다. 모든 국민이 자신의 주치의를 갖고(의료), 누구나 평생 마음껏 배우며(교육), 어디 살든 마음 편히 사는(주거) 나라. 함께 돌보며 존엄하게 나이 들고(돌봄), 안전하고 건강한 먹거리 기본권(먹거리)과 참여와 자치의 민주주의(자치 분권)가 보장되는 나라. 다음 세대를 위한 환경생태 정책(환경)과 시민 공동체 중심의 탈탄소 전략(기후변화), 비용은 줄고 효과는 배가되는 평화 정책(평화 군축)이 시행되며, 모든 세대를 위한 좋은 일자리(일자리)와 적절하고 합리적인 투자(금융)를 기반으로 지역이 살아나고 공동체 문화가 꽃피우는 나라(지역 공동체)를 만드는 일은 먼 미래의 비전이 아니라 지금 우리가 당장 시작해야 할 과제다.

제4장 '국민총행복 정책 제도화 방안'에서는 실질적인 국민총행복 정책 실현을 위한 법과 제도의 문제를 다룬다.

각 분야의 전문지식을 기반으로 뛰어난 혜안과 통찰력을 기꺼이 공유해 준 국민총행복정책연구소 이지훈 소장을 비롯해

14명의 저자에게 마음 깊이 감사드린다. 국민총행복의 개념과 유래에서 출발해 정책적 도구, 나아가 행복정책까지 아우르는 방대한 내용을 짧은 시간 안에 책으로 엮어낸 이미경 기획 편집자의 전문성과 헌신이 없었다면 불가능했을 것이다.

아직은 척박한 토양에서 국민총행복이라는 희망의 나무를 심고 가꿔온 (사)국민총행복전환포럼 회원들과 김영종 행복실현지방정부협의회 상임회장을 비롯한 지방정부 단체장과 공직자들, 윤호중 대표의원을 비롯한 국회 국민총행복정책포럼 회원 국회의원들과도 발간의 기쁨을 나누고 싶다. 국내에선 처음으로 시도되는 국민총행복 관련 책을 기꺼이 발간해 준 한겨레출판에도 감사한다.

끝으로 본문을 압도하는 훌륭한 서문으로 발간을 축하하고 격려해준 벗이자 스승, 도올 김용옥 선생에게 각별한 감사의 인사를 전한다.

2021년 4월
15인의 저자를 대표하여

목차

여는 글 개벽지언(開闢之言) (도올 김용옥) **5**

추천의 글 포스트코로나 시대, 우리의 나아갈 길 (윤호중 국회의원) **13**

모두 함께 행복한 나라를 꿈꾸며 (김영종 서울 종로구청장) **16**

책을 펴내며 아직 행복하지 않은 사람을 위한 첫걸음 (소빈 박진도) **18**

제1장 포스트코로나 시대, 성장이 아니라 행복이다
(박진도 (사)국민총행복전환포럼 이사장)

프롤로그 : 우리에겐 새로운 시스템이 필요하다 **31**

1.1 코로나19 팬데믹 위기의 본질 **37**

1.2 코로나19가 불러온 사회경제적 변화 **43**

1.3 GDP는 틀렸다 **54**

1.4 국민총행복(GNH)의 나라, 부탄 **60**

1.5 한국사회가 국민총행복을 추구해야 하는 까닭 **68**

1.6 행복세 도입과 보편적 증세 **81**

1.7 국민총행복과 기본소득 **86**

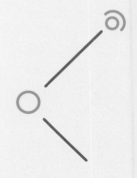

제2장 행복하려면, 행복을 측정하라 :
국내외 행복지표 동향

2.1 행복지표란 무엇인가(이지훈 국민총행복정책연구소 소장) **99**

2.2 전 세계 다양한 행복지표 열전(이지훈 국민총행복정책연구소 소장) **112**

2.3 세계를 놀라게 한 뉴질랜드 행복예산(이지훈 국민총행복정책연구소 소장) **124**

2.4 한국형 행복지표, 어디까지 왔나(이재경 국민총행복정책연구소 연구실장) **133**

제3장 아직 행복하지 않은 국민을 위한 나라 :
행복지수 상승을 위한 전문가 12인의 정책 제안

3.1 의료 | 모든 국민이 자신의 주치의를 가진 나라 **151**
       (임종한 인하대학교 의과대학 학장)

3.2 교육 | 누구나 평생 마음껏 배우는 나라 **162**
       (장수명 한국교원대학교 교육정책전문대학원 교수)

3.3 주거 | 수처작주(隨處作主), 어디 살든 마음 편히 주인처럼 사는 나라 **175**
       (최경호 전(前) 한국사회주택협회 이사 겸 정책위원장)

3.4 돌봄 | 함께 돌보며 존엄하게 나이 드는 나라 **189**
       (유여원 살림의료복지사회적협동조합 상무이사)

3.5 먹거리 | 안전하고 건강한 먹거리 기본권이 보장되는 나라 **203**
       (허헌중 (재)지역재단 상임이사)

3.6 자치 분권 | 참여와 자치의 민주주의 3.0이 구현되는 나라 **218**
（황종규 동양대학교 공공인재학부 교수）

3.7 환경 | 다음 세대를 위한 환경생태 정책이 추진되는 나라 **234**
（박병상 녹색전환연구소 연구이사）

3.8 기후변화 | 시민 공동체 중심의 탈탄소 전략이 실현되는 나라 **248**
（오기출 푸른아시아 상임이사）

3.9 평화 군축 | 모병제와 GDP 2% 전략으로 평화롭고 풍요로운 나라 **267**
（정욱식 평화네트워크 대표）

3.10 일자리 | 모든 세대를 위한 좋은 일자리를 만들고 지키는 나라 **282**
（전병유 한신대학교 사회혁신경영대학원 교수）

3.11 금융 | 돈이 필요한 곳에 흘러 행복한 나라 **294**
（김정현 (재)한국사회가치연대기금 기금사업실장）

3.12 지역 공동체 | 지역이 살아나고 공동체 문화가 꽃피우는 나라 **312**
（조은상 한국직업능력개발원 명예연구원）

제4장 국민총행복 정책 제도화 방안

(이재경 국민총행복정책연구소 연구실장)

4.1 중앙정부 차원의 제도 327

4.2 지방정부에서 추진 중인 '행복정책 패키지' 329

   1. 행복조례

   2. 행복기본계획

   3. 시민행복위원회

   4. 행복정책 전담부서

   5. 행복영향평가

국내 국민총행복 관련 단체 342

박진도 (사)국민총행복전환포럼 이사장

프롤로그: 우리에겐 새로운 시스템이 필요하다

1.1 코로나19 팬데믹 위기의 본질

1.2 코로나19가 불러온 사회경제적 변화

1.3 GDP는 틀렸다

1.4 국민총행복(GNH)의 나라, 부탄

1.5 한국사회가 국민총행복을 추구해야 하는 까닭

1.6 행복세 도입과 보편적 증세

1.7 국민총행복과 기본소득

제1장

포스트코로나 시대,
성장이 아니라 행복이다

프롤로그
우리에겐 새로운 시스템이 필요하다

코로나19 팬데믹이 전 세계에 사회경제적으로 파국에 가까운 충격을 주고 있다. 2019년 12월에 시작된 감염병은 1년여가 지난 지금(2021년 3월 20일 기준) 전 세계 확진자가 1억 2천만 명이 넘고 사망자도 270만 명에 달하지만 여전히 끝이 보이지 않는다. 미국, 브라질, 인도, 유럽을 비롯해 많은 나라에서 확진자가 매일 최대치를 갱신하고 있고, 진정세를 보인 일부 나라들도 아직 안심하기 어려운 상황이다. 더욱이 많은 전문가들은 설사 코로나19가 진정된다고 하더라도 다른 형태의 팬데믹이 주기적으로 발생할 것이고 그 주기가 점차 짧아질 것으로 예측하고 있다.

안토니오 구테흐스 유엔 사무총장은 2020년 7월 17일에 열린

'넬슨 만델라 연례강연'에서 코로나19를 "우리가 만든 사회의 허약한 골격과 골절 부위를 보여 주는 엑스레이(X-ray)"에 비유했다. 코로나19로 인해 "자유시장이 모든 사람에게 건강한 삶을 제공할 거라는 거짓말, 무상의료가 효과가 없다는 주장의 허구성, 우리가 인종차별 시대 이후를 살고 있다는 망상, 모두가 같은 배에 타고 있다는 신화 등 모든 오류와 허위가 낱낱이 밝혀졌다"는 것이다.

코로나19는 문제적 세계를 비추는 거울

이런 문제의식은 코로나19 이후의 삶이 이전과 같을 수 없고, 그래서도 안 된다는 견해로 이어진다. 코로나19 이후 전 세계적으로 큰 변화가 있으리라 예견한 사람 가운데 눈에 띄는 이는 『세계는 평평하다』(2006)는 저서로 유명한 세계화론자 토머스 프리드먼이다. 그는 인류의 역사가 코로나 이전(BC·Before Corona)과

---

[1] 질병관리본부 감염병 포털에 따르면 전 세계적으로 신종 감염병의 수는 지난 60년간 4배 이상 늘었으며 1980년 이후 매년 발생하는 감염병의 유행 건수는 3배 이상 증가했다. 지구온난화와 급격한 기후변화로 신종플루, 사스, 메르스 등과 같은 신종 감염병의 창궐 주기는 갈수록 짧아지는 반면, 확산 속도가 더 빨라지고 확산 범위는 더 넓어지면서 지구촌을 공포로 몰아넣고 있는 상황이다. 〈한겨레〉가 기후변화학회 회원 70명을 대상으로 온라인 조사한 결과에 따르면 응답자 중 94%가 감염병 발생 주기가 빨라질 것이고, 80%는 앞으로 5년 이내(3년 이내라는 응답은 47%)에 신종 감염병이 발생할 것이라 응답했다. 〈한겨레〉 (2020년 5월 19일자)

코로나 이후(AD·After Corona)로 나뉜다고 보았다.[2] 『사피엔스』(2015),
『호모데우스』(2017) 등을 집필한 저명한 역사학자 유발 하라리도
"이 폭풍이 지나고 인류는 살아남겠지만 우리는 전혀 다른 세계
에서 살게 될 것"이라며 혁명적인 변화를 예고했다.[3]

상황을 낙관적으로 보는 사람들도 있다. 코로나19 덕분에 문
제가 심각하다는 걸 알게 됐으니, 이김에 잘 뜯어고쳐서 더 나
은 세상을 만들어 보자는 것이다. 대표적인 사람이 로마클럽 공
동대표인 산드린 딕손-데클레브다. 그는 바이러스가 유럽을 공
포에 몰아넣은 2020년 3월 25일 '세계경제포럼' 온라인 매거진에
기고한 글에서 "코로나19는 지구의 한계를 초과하는 것을 멈추
라고 일깨우는 모닝콜"이라고 말했다. 또한 코로나19 이후 사회
를 다룬 2020년 10월 보고서[4]를 통해 "모든 시민의 웰빙 수준이
가치 기반 지표로 측정되고, 건강과 먹거리, 고용, 교육 등 사람
들의 삶과 생계에 최적화된 인프라가 제공되는 웰빙경제 시스
템을 구축하라"고 각국 정부에 권고했다.

경제협력개발기구(OECD)는 2020년 6월에 『더 나은 재건』

---

2 Thomas L. Friedman, "Our New Historical Divide: B.C. and A.C. — the World Before Corona and the World
   After", 〈뉴욕타임즈〉 (2020년 4월 27일자)

3 Yuval Noah Harari, "the world after coronavirus", 〈파이낸셜타임즈〉 (2020년 4월 20일자)

4 Sandrine-Dixson-Declève and Aileen McLeod, 『21세기 웰빙경제학: 회복의 길, 갱신과 회복력 vol.1』, (로마클
   럽, 2020년 9월)

(Building Back Better)이라는 제목의 보고서를 발표했다.[5] '코로나19 이후 지속가능한 회복력 있는 복구(A Sustainable, resilient recovery after COVID-19)'라는 연구보고서의 부제에서 알 수 있듯이, 재건의 기본방향은 지속가능성과 회복력이다. 코로나19로부터의 경제적 회복은 이전과 같은 방식(Business as usual), 그리고 환경파괴적인 투자 패턴을 피해야만 한다. 기후변화와 생물다양성 손실과 같은 지구적 환경 비상사태는 코로나19보다 더 큰 사회경제적 피해를 가져올 것이다. 회복정책은 미래에 충격이 일어날 가능성을 줄이고 그러한 충격이 발생할 경우에 대비해 사회의 회복력을 높이는 방향으로 추진되어야 한다. 핵심 목표는 "웰빙에 초점을 맞추며, 포용성을 높이고, 불평등을 줄이는 사람 중심의 회복"이다. 또한 기후변화에 대응하여 장기적인 탄소배출 감축 목표를 실현할 수 있어야 한다.

시민들의 인식 변화 "경제보다 웰빙"

일반 대중들도 코로나19의 위험을 몸소 겪으며 변화의 필요성을 체감한 것 같다. 영국의 〈가디언〉은 코로나19 이후 영국사회가 변화해야 한다고 생각하는 영국인의 비율이 69%에 달하

---

5   OECD, 『Building Back Better』 (2020년 6월)

고, 바뀌지 말아야 한다고 생각한 사람은 6%에 불과하다고 보도했다.[6] 영국인들이 원하는 변화의 방향은 "경제성장보다 건강과 웰빙을 더 중요하게 여기는 정부"라는 설문조사 결과도 함께 전했다.

우리 국민들의 의식변화도 눈에 띈다. 한겨레경제사회연구원이 6월에 실시한 '포스트코로나 시대 인식' 조사에 따르면, 응답자의 대다수는 '일상생활이 변할 것'(91.1%), '세계질서도 변할 것'(91.9%)이라 전망하고, '코로나19 이후에도 전 세계적 유행과 같은 팬데믹은 종식되지 않고 앞으로 주기적으로 올 것'(81.5%)이라고 보았다. 대다수 국민들이 더 이상 과거로 돌아갈 수 없음을 받아들이고 있는 것이다.

우리가 달라질 수 있을까

코로나19 위기는 전환의 계기가 될 수 있을까. 유감스럽게도 긍정적인 대답에 주저하지 않을 수 없다. 지금까지 우리는 많은 위기를 경험했지만 한 번도 이를 '더 나은 재건'을 위한 기회로 활용하지 못했다. 국가권력의 적극적 개입에 의해 파국을 면했

---

6 "Just 6% of UK public 'want a return to pre-pandemic economy'", 〈가디언〉 (2020년 6월 28일자)

지만, 그것은 위기의 극복이 아니라 오히려 사회적 불평등과 취약계층의 고통을 심화한 것은 아닌가.

2008년 세계금융위기 당시 우리는 신자유주의 금융 세계화의 위험을 경고했지만, 초국적 금융자본은 죽지 않고 승승장구하여 오늘날 오히려 위세가 더욱 당당해진 것을 목격하고 있다. 코로나19 팬데믹도 백신이 개발되어 그 확산세가 진정되면 다시 이전의 생활(Business as usual)로 되돌아가지 않을까. 위기를 기회로 활용한 소수의 승자(초국적 대기업)는 새로운 부를 축적하고, 대다수의 패자는 더 힘든 날들을 보내게 되지 않을까.

코로나19 위기의 본질을 정확하게 이해하고 전환, 즉 더 나은 재건의 방향과 과제를 올바르게 설정해야 한다. 그에 기초해서 정치권을 비롯한 국가, 지방정부, 시민사회 등 각 부문이 무엇을 어떻게 해야 할지 고민해야 한다.

1.1
코로나19 팬데믹 위기의 본질

오늘날 지구촌이 코로나19 팬데믹으로 위기에 처해 있지만, 문제의 근본원인이 코로나19 때문이라 할 수는 없다. 이미 오래 전부터 전문가들은 신자유주의 세계화에 따른 전 지구적 복합 위기(경제위기, 자원위기, 생태위기의 복합)를 경고해 왔다. 다시 말해, 위기의 본질은 코로나19가 아니라 신자유주의 세계화라는 현대 자본주의 시스템의 위기다. 코로나19는 인간의 무절제한 욕망을 무한자극하는 신자유주의의 산물이며, 코로나19라는 보건위기가 그것을 심화했다고 할 수 있다.

1980년대 이후 세계경제는 과거와는 달리 깊은 경제불황에서 벗어나지 못하고, 양극화가 심화하는 경제위기를 겪고 있다. 경제의 글로벌화는 코로나19 팬데믹을 급속히 전 세계적으로 확산했고, 이는 다시 세계경제에 치명적 타격(마이너스 성장, 실업대란, 불평등과 양극화 심화)을 주고 있다. 코로나19는 또한 식량위기와 에너지위기라는 자원위기를 부채질하고 있다.

신자유주의 세계화가 불러온 복합 위기

세계 기아인구는 코로나19 대유행으로 6억 9천만 명에서 1억 3천만 명 이상 증가할 것이라 한다. 게다가 날로 심각해지는 기후변화는 식량위기를 더욱 심화할 것이다. 화석연료에 기반을 둔 현대문명은 현실로 나타나고 있는 지구온난화로 인해 더 이상 지속가능하지 않다. 에너지 소비를 줄이고 지속가능한 재생에너지로 전환해야 하지만 쉽지 않은 일이다. 코로나19로 인한 경제위기 때문에 일시적으로 에너지 소비가 감소하고 이산화탄소 배출이 줄었으나, 대규모 경기부양책이 온실가스 배출을 가속화할 위험이 있다.

코로나19는 메르스(MERS), 사스(SARS), 에볼라 등과 마찬가지로 인수공통 전염병이다. 동물로부터 시작된 바이러스가 인간에게로 전염되는 것이다. 그 이유는 생태계 파괴 및 기후변화와 밀접한 관계가 있다. 산림생태계가 훼손되고 기후변화로 산불과 가

뭄이 크게 발생하면서 야생에서 살 수 없게 된 동물들이 인간들이 살고 있는 곳으로 서식지를 이동한다. 이 과정에서 야생동물과 인간과의 접촉이 증가하고, 야생에 잠복 중이던 바이러스가 인간에게까지 전파(Spillover)되는 것이다. 여기에 공장형 축산은 항생제의 남용 등으로 바이러스의 변이를 초래한다. 많은 전문가들이 지적하듯이 코로나19와 같은 인수공통 전염병은 생태계를 파괴하는 인간에 대한 자연의 보복이다.[7]

코로나19 위기로 심화한 전 지구적 위기의 본질은 신자유주의 세계화의 위기다. 신자유주의의 본질은 흔히 말하는 시장주의가 아니라 초국적 자본(초국적 기업과 금융자본) 본위주의이며, 인간의 욕망을 무제한적으로 충동질하는 성장주의다. 이러한 초국적 자본의 경제활동 무대를 세계로 확장하기 위한 이데올로기가 세계화다. 그 단적인 표현이 마가렛 대처가 말한 "다른 대안은 없다(TINA·There Is No Alternative)"는 것이다. 코로나19는 신자유주의 세계화의 모순과 위험성을 노정했다. 그래서 적지 않은 사람들이 코로나19를 계기로 신자유주의 세계화가 쇠퇴할 것으로 예측한다. 과연 그럴 것인가.

---

7 생태계 파괴가 코로나19의 원인이라는 데는 이견이 없다. 동시에 지구온난화로 고온다습한 환경이 늘어나면서 신종 바이러스가 출현하고 이를 매개하는 모기나 박쥐 등의 서식지가 넓어진 것이 감염병 확산의 한 원인으로 지목되고 있다.

수그러들 줄 모르는 신자유주의의 위력

1980년대 이후 신자유주의는 지구촌에 많은 문제를 가져왔다. 대표적인 것이 2008년의 세계금융위기다. 금융위기로 인해 수많은 사람들이 집을 잃고 직장에서 쫓겨났다. 당시 "월스트리트를 점령하라(Occupy Wall Street)", "우리는 99%(We are the 99%)"를 외치며 금융자본의 탐욕을 비난하고 불평등 사회를 개선하려는 시위가 전 세계적으로 일어난 것을 우리는 기억한다.

그러나 지구촌에 엄청난 비극을 가져온 금융위기에도 불구하고, 금융자본의 위세는 꺾이기는커녕 오히려 승승장구했다. 미국의 다우존스지수는 금융위기 이후에도 지속적으로 상승했고 코로나19 위기에도 불구하고 최근 3만 포인트를 넘어섰다. 양극화는 악화일로를 걷고 있는 데다, 매킨지연구소는 "지금의 청년 세대는 부모 세대보다 가난하게 살아갈 것"이라며 세대 간 불평등의 문제를 제기했다.

코로나19 위기에도 불구하고 초국적 자본의 위세는 죽지 않고 있다. 최근 아세안 12개국과 한·중·일 3개국이 참여하는 '역내포괄적경제동반자협정(RECP)'이 체결되었다. 초국적 자본을 위한 국경의 벽은 더욱 낮아지고 시장은 확대되었다. 이른바 인공지능(AI)을 이용한 새로운 제품들이 속속 개발되어 인간의 소비

욕망을 부추기고 있다. 하늘을 나는 드론 택시라니, 이 얼마나 멋진 세상인가.

누군가에겐 기회, 누군가에겐 죽음

위기에도 불구하고 초국적 자본이 승승장구하는 이유는 무엇일까. 콜린 크라우치가 『왜 신자유의는 죽지 않는가』(2011)라는 저서에서 말했듯이 "글로벌 기업이 우리의 민주주의를 빈껍데기로 전락시켰기" 때문이다. 이처럼 모든 위기는 취약계층과 피지배계급에게는 생존을 위협하지만, 지배계급에게는 새로운 기회일 따름이다. 글로벌 기업은 국가권력을 이용해서 새로운 축적의 기회를 만들어 낸다.

코로나19도 다르지 않다. 코로나19는 모든 사람에게 위협적이지만, 감염위험과 그 영향은 공평하지 않다. 코로나19는 사람을 두 부류로 나눈다. 감염병으로부터 안전하게 살아가면서 부를 축적해 가는 사람과 바이러스에 노출될 것을 감수하고 생계를 위해 일하지 않을 수 없는 사람으로.

코로나19는 누군가에게는 기회다. 모든 위기는 기득권(자본가 계급)의 재편을 가져온다. 예를 들어, 코로나19는 비대면(Un-tact)

산업(페이스북, 애플, 아마존, 넷플릭스, 구글 등 플랫폼 기업)과 의약계에 엄청난 부를 가져다준 반면 항공, 해운 등 물류 서비스업과 호텔, 여행, 패션업에는 커다란 타격을 주고 있고, 글로벌 공급망에 차질이 생긴 석유화학 등 전통적 중화학공업도 어려움을 겪고 있다. 코로나19 경제위기에 대응한 대규모의 경기회복 정책은 자본가 계급에 새로운 축적의 기회를 제공한다.

그러나 코로나19는 다른 누군가에게는 생존의 위협이다. 코로나19는 사회적 약자(비정규직, 중소기업 및 자영업자, 농어민, 노인, 장애인, 여성 등)의 생존을 위협한다. 코로나19는 양극화를 심화한다. 전문가들은 코로나19로부터 회복되더라도 (그래프가 아래 위로 갈라진) K자형으로 양극화가 심화되리라 예측하고 있다.

1.2
코로나19가 불러온 사회경제적 변화

코로나19는 정치, 경제, 사회문화, 환경 등 모든 분야에 변화를 가져오고 있다. 우선 정치 분야에서 가장 커다란 변화는 국민국가의 귀환이다. 국가는 코로나19 감염병 확산을 방지하고 확진자를 치료하는 방역과 치유를 담당한다. 코로나19로 인한 경기침체에 대해 경기부양을 위한 팽창적인 경제정책(재정지출의 확대와 저금리 정책)을 실시한다. 그리고 코로나19로 인해 일자리를 잃거나 소득을 상실한 사회적 취약계층을 위한 재난대책도 마련해야 한다. 이른바 '빅 스마트 정부'가 나타나고 있다.

국제적으로도 다자주의에 균열이 생기면서 세계 각국은 자국우선주의에 의한 각자도생의 길을 걷고 있다. 세계의 정치경제를 좌지우지하던 미국과 유럽이 코로나19에 매우 취약한 모습을 보이면서 서구 우위 관념도 무너지고 있다.

경제적 측면에서는 글로벌 공급망과 글로벌 가치사슬의 취약성이 나타나면서 리쇼어링(Reshoring·해외진출 기업의 국내 복귀)이 추진되고, 다른 한편에서는 글로벌화에 대응한 지역화(지역경제의 자립성과 순환성 강화)의 움직임이 나타나고 있다. 또한 비대면 산업이 급속히 발달하고, 4차 산업혁명이 가속화하고 있다. 경제적 측면에서 가장 우려되는 것은 실업이 급증하고 노동시장이 양극화되는 점이다.

사회문화적으로는 코로나19에 대한 공동 대응과 재난 극복을 위한 연대와 협력의 필요성이 높아지면서 공동체의 중요성이 새롭게 인식되고 있다. 사회적 거리두기가 일상화하면서 홈 루덴스(Home Ludens·집에서 놀이하는 사람)족이 급증하고, 대면적 인간관계가 어려워져 각자도생의 문화가 강화되기도 했다. 도시의 고밀도 사회가 코로나19와 같은 감염병에 취약성을 보이면서 삶의 공간으로서 농촌이 새롭게 조명되고 있다.

마지막으로 생태환경적 측면의 변화가 매우 빠르게 진행되고 있다. 코로나19와 같은 인수공통 감염병이 인간에 의한 생태계 파괴의 결과라는 사실이 밝혀지면서 생태환경 보전의 필요성이 높아지고 있다. 동시에 기후변화에 대한 위기의식이 높아지면서 지구온난화를 초래하는 온실가스 배출을 막기 위한 노력이 전 지국적으로 가속화하고 있다. 세계 120여 개국이 탄소 순배출을 제로로 하는 '탄소중립(넷제로)' 선언을 했거나 준비 중이다. 우리나라도 최근 문재인 대통령이 2050년까지 탄소중립을 선언하고, 정부 각 부처가 실천방안을 준비하고 있다.

표1-1. 코로나19가 가져온 변화

지구적 자본주의 문명과 신자유주의 세계화에 대한 근본적 성찰			
정치 분야	경제 분야	사회 분야	환경 분야
· 국민국가의 귀환 · 빅 스마트 정부 · 통화정책(Money policy) · 탈세계화와 자국 우선주의 · 탈G2와 서구 우위 균열	· 잠재성장률 저하 · 4차 산업혁명 가속화와 비대면 산업 발달 · 실업과 노동시장 양극화 · 리쇼어링	· 신공동체 · 탈도시화 · 홈 루덴스 · 원격 교육과 재택 근무	· 기후변화와 환경 위기 · 바이러스(팬데믹)의 주기적 발생

성장의 종언을 받아들이라

코로나19가 촉발한 경제 분야의 가장 중요한 변화는 더 이상 성장을 통해 우리가 이룰 수 있는 게 없다는 것, 즉 '성장의 종언'

을 받아들여야 한다는 것이다. 향후 세계경제가 어떻게 될 것인지에 대해서는 학자마다 L자, U자, V자, W자, I자 등 다양한 전망을 하고 있다. 조지프 스티글리츠 컬럼비아대 교수는 충격이 비교적 오래 지속되다가 구조조정을 거쳐 이전 성장경로로 복귀할 것으로 보고 U자형을 전망했고, 2008년 세계경제위기를 예측해 '닥터 둠(Doom·파멸)'이란 별명이 붙은 누리엘 루비니 뉴욕대 교수는 수직낙하를 의미하는 I자형을 전망하고 있다. 향후 경제위기 진행과 회복 과정에 대한 전망은 다양하지만, 코로나19가 세계경제에 치명적인 타격을 주었고 회복에 상당한 시간이 걸릴 것이라는 데는 이견이 없는 듯하다.

우리나라는 코로나19에 대한 효과적 대응(K방역)으로 경제적 타격이 상대적으로 적은 것으로 파악되고 있다. 국제통화기금의 발표에 따르면 2020년 세계경제 성장률은 -4.9%고, 미국과 유럽을 비롯한 선진국은 -8%인데 반해 우리나라는 -2.1%에 그칠 것으로 예상된다. 다만, 2021년에는 기저효과(전년도 경제상황) 때문에 우리나라 성장률이 3% 수준으로, 전 세계 5.4%, 선진국 4.8%의 성장률에는 미치지 못할 것으로 보인다.

사실 우리나라 경제성장률은 코로나19 이전에 이미 2%대로 낮아졌다. 과거 8~9%의 고도성장은 이제는 꿈도 꿀 수 없는 상황이다. 이처럼 경제성장률이 낮아진 이유는 우리 경제의 성장을

그림1-1. 국내 기간별 수출증가율과 경제성장률(연평균 %)

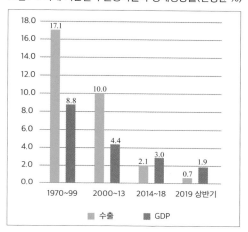

그림1-2. 국내 수출증가율과 경제성장률 추이

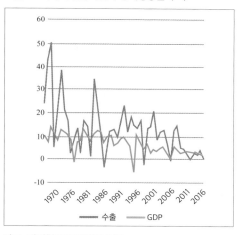

자료: 김현철(2020)에서 인용

주도해 온 수출이 한계에 도달했기 때문이다. 그림1-1과 1-2에서 보듯이 수출의 연평균 증가율은 1% 수준이고, 수출증가율이 낮아지는 것과 경제성장률이 낮아지는 것이 높은 상관관계를 보인다. 우리나라 수출증가율이 둔해진 것은 수출 경쟁력이 약화된 측면도 있지만, 세계 교역량 자체가 크게 줄었기 때문이다.

코로나19로 인해 신자유주의 글로벌 경제 시스템이 타격을 입으면서 세계 교역량은 더욱 축소되었고 앞으로도 크게 늘어날 것으로 보이지 않는다. 따라서 우리나라가 경제위기를 벗어나기 위해서는 수출주도형 경제에서 내수주도형 경제로 전환해야 한다.

"한국사회, 코로나 이후 양극화 심해질 것"

우리나라 경제에 대해 U자형과 L자형 이외에 K자형, 즉 경기가 침체되면서 그래프가 하나는 위로 하나는 아래로 향하면서 불평등과 빈부격차가 심화되리라는 전망도 나온다. 중요한 것은 우리가 더 이상 성장에 기대어 할 수 있는 게 없는 반면 불평등은 굉장히 심해질 거라는 사실이다. 소득과 부의 경제적 불평등뿐 아니라, 교육 불평등과 디지털 격차 등 기회의 불평등이 더 큰 문제가 되고 있다.

『OECD 고용전망 2020』보고서는 이미 상당한 수준이던 우리나라 소득격차가 코로나19의 영향으로 더욱 커졌다고 밝혔다. 보고서에 따르면 2020년 상반기 우리나라 가구소득 하위 20%는 전년 동기와 비슷한 수준인 반면, 상위 20%의 소득은 6.3% 증가해 격차가 크게 벌어졌다. OECD는 코로나19로 인한 경제위기가 특히 저임금 근로자와 임시직, 청년과 여성 등 고용취약 계층에 큰 타격을 입히면서 이 같은 결과가 나왔다고 분석했다. 코로나19로 원격수업이 진행된 기간에 치러진 대학수학능력시험 모의평가에서, 국어·수학·영어 영역의 상위권과 하위권은 늘고 중위권은 줄어드는 '코로나19 교육격차'가 확인됐다는 보도도 있었다.[8]

포스트코로나 시대, 더 나은 세상을 위한 4가지 질문

최근 최재천 교수 등은 『코로나 사피엔스』(2020)라는 저서에서 "코로나19 이후, 인류는 완전히 다른 삶을 살게 될 것이다. 누구도 겪어보지 못한 신세계에서 살아갈 우리를 감히 코로나 사피엔스라 부른다"고 말했다.[9] 개인적으로는 과연 대한민국 국민들이 코로나19 이후에 새로운 삶을 살아가는 '코로나 사피엔스'가

---

8   "중위권 붕괴 심각할 수도…수능 수험생 격차 더 벌어졌다", 〈동아일보〉 (2020년 12월 9일자)
9   최재천 외, 『코로나 사피엔스』 (인플루엔셜, 2020)

될 수 있을지 의문이다. 이와 관련해 4가지 중요한 질문을 하고
자 한다.

첫째, 우리는 연대와 협력의 공동체를 만들어 갈 수 있는가.
K-방역을 통해 우리는 연대와 협력의 중요성을 재인식했다. 그
리고 공적 기구에 대한 신뢰도가 상승했다. 그런데 한편으로 우
리사회는 공정성 논란에 휩싸여 있다. 인천국제공항 정규직화
반대 논란과 공공의대 설립 반대 논란이 대표적이다. 공정성 논
란은 이른바 '능력주의'에 기초하고 있다. 노력과 기량, 즉 능력
에 따라 각자의 직업이 정해지고 합당한 보상을 받는 게 공정하
다는 주장이다.

능력주의가 말하는 공정성은 기회의 평등이 전제돼야 비로소
정당성을 확보할 수 있다. 대니얼 마코비츠가 『능력주의 함정』
(2020)에서 밝혔듯이 능력은 본인의 노력이 아니라 부모의 소득
과 부에 의해 세습된다.[10] 능력은 세습될 뿐 아니라, 승자독식의
불평등 사회를 만들고 있다. 우리사회에 팽배한 능력주의와 그
에 따른 불평등 심화를 어떻게 극복할 것인지가 우리에게 주어
진 커다란 과제다.

---

10 Daniel Markovits, 『The Meritocracy Trap』(『엘리트 세습』 서정아 옮김, 세종서적, 2020). 『정의란 무엇인가』로
우리에게 친숙한 마이클 샌델도 최근 저서 『The Tyranny of Mert』(『공정하다는 착각』, 함규진 옮김, 와이즈베리,
2020)에서 공정담론과 능력주의를 비판하고 있다.

둘째, 성장중독에서 벗어날 수 있는가. 우리사회는 물질주의와 소비주의, 능력주의가 팽배하다. 과연 이러한 생활양식과 가치관에 변화가 올까. 최근 〈한겨레〉 조사에 의하면 코로나19 이후 사람들의 물질주의 성향은 더 강화되고 있다.[11] 사람들이 삶의 질보다는 경제적 성취, 분배보다는 성장, 평등보다는 경쟁력을 더 중시하는 방향으로 바뀌고 있다. 물론 이와 다른 조사결과도 있기 때문에 판단을 신중하게 해야겠지만, 우리사회가 심각한 성장중독에서 벗어나기는 쉽지 않을 것으로 본다. 경제성장으로는 행복할 수 없다는 것을 알면서도 여전히 성장에 올인하고 있기 때문이다. 뒤에서 자세히 언급하겠지만 우리나라 사람들은 소득수준의 상승에도 불구하고 생존가치(물질과 돈을 중시하는 가치)에 경도된 인식체계를 보이고 있다.

셋째, 기후변화와 생태위기에 잘 대응할 수 있는가. 기후변화에 대한 우리 국민들의 위기의식은 아직 약하다. 정부가 '한국형 뉴딜'로 디지털 뉴딜과 함께 그린 뉴딜을 말하고 있지만 성장주의를 벗어나지 못한 일자리 창출 정책에 치우쳤다는 비판이 있다. 한국형 뉴딜은 디지털 뉴딜과 그린 뉴딜을 두 축으로 하고 안전망 강화를 추가했지만, 그 중심은 '성장'과 '일자리'다. 이유진 녹색전환연구소 연구위원은 '차라리 그린 뉴딜이라고 하지

---

11 "삶의 질보다 경제적 성취, 분배보다 성장에 방점", 〈한겨레〉 (2020년 6월 24일자)

말지'라는 기고문에서 "한국판 그린 뉴딜은 기후위기에 대응한 탈탄소사회로의 전환이 아니라 이명박 정부의 녹색성장을 한 발짝도 벗어나지 못한 녹색경기부양책"이라고 혹평했다.[12] 오기출 푸른아시아 상임이사는 정부의 그린 뉴딜이 중앙(한전)과 대기업 위주여서 지역과 공동체의 리더십이 결여된 것을 비판한다.[13] 다만, 최근 문재인 대통령이 '2050 탄소중립' 선언을 함으로써 정책에 실질적 변화가 있을지 주목된다.

넷째, 탈도시화와 지역간 균형발전은 가능한가. 수도권 인구집중과 지역격차가 나날이 심해지고 있지만 뚜렷한 대책이 없다. 코로나19는 고밀도 도시에서 위험성이 더욱 높아진다. 서울, 경기 등 수도권의 감염률이 높고 다음으로 지방 대도시가 위험하다. 반면에 저밀도 사회인 농촌이 상대적으로 감염률이 낮다. 그럼에도 코로나19가 미친 경제적 영향을 보면 수도권보다 지방이 훨씬 취약하다. 산업생산활동은 비수도권의 침체가 수도권에 비해 두드러지며, 수출 감소폭과 실업자 수의 증가폭도 비수도권이 수도권보다 더 크다. 이러한 경기편차 때문에 코로나19를 계기로 수도권으로의 인구이동이 더욱 촉진되고 있다.[14] 지

---

12 이유진, "차라리 그린 뉴딜이라고 하지 말지", 〈오마이뉴스〉 (2020년 8월 13일자)
13 오기출, "한전이 그린 뉴딜을?…시민참여 리더십 없는 그린 뉴딜", 〈한겨레〉 (2020년 8월 17일자)
14 박경 (2020)

역간 균형발전을 위해서는 지역이 스스로 자기 운명을 결정할 수 있어야 하는데, 그에 상응하는 지역 역량과 지방 분권이 갖춰져 있지 않다.

1.3
GDP는 틀렸다

우리는 보통 한 국가의 성공을 측정하는 척도로 GDP(Gross Domestic Product·국내총생산)를 활용한다. 그런데 GDP는 실제 우리 삶이 얼마나 풍요롭고 행복한지 보여 주지 못한다. GDP는 시장에서 거래되는 것만 측정할 뿐, 그것이 우리의 삶에 실제로 도움이 되는지 여부는 따지지 않기 때문이다. 다시 말해 GDP는 가치가 없는 것이라 해도, 심지어 우리를 불행하게 하는 것이라도 시장에서 거래되는 모든 것을 계산한다. 반면 아무리 우리 삶에 가치 있는 것이라 해도 시장에서 거래되지 않는 것은 GDP에 포함되지 않는다.

GDP는 경제성장의 지표로서도 불완전할 뿐 아니라 행복을 측정할 수 있는 지표는 더더욱 아니다. 특히 1인당 평균 GDP 는 황당한 개념이다. 글로벌투자은행인 크레디트 스위스가 펴 낸 『2019년 글로벌 부(富) 보고서』에 의하면 전 세계 성인인구 의 0.9%가 글로벌 부의 43.9%를 보유한 반면, 전 세계 인구의 56.6%(28억 8,300만 명)는 자산 1만 달러(1,172만 원) 미만을 보유하고 있다고 한다. 이처럼 도를 넘은 불평등 상황에서 '평균' GDP가 대체 무슨 의미가 있는가.[15]

로버트 케네디의 담대한 연설

GDP의 문제점을 가장 정확하게 지적한 사람은 로버트 케네 디다. 로버트 케네디는 존 F. 케네디 전 미국 대통령의 동생으로, 형이 암살되고 나서 미국의 민주당 후보로 출마해 대통령 당선 이 유력한 사람이었다. 그는 1968년 3월 캔자스대학교 선거유세 에서 다음과 같은 유명한 연설을 했다.

"미국의 국민총생산(Gross National Product)은 연간 8천억 달러가 넘

---

15 〈한겨레〉 (2019년 10월 22일자). 2015년 2월 〈이코노미스트〉는 옥스팜 조사를 근거로 "지난 2010년에는 세계 최대 갑부 388명의 자산이 하위 50%의 자산을 합한 것과 맞먹었는데, 이후 부호들의 자산가치는 빠르게 상승한 반면, 세계 인구 하위 50%의 자산 총액은 급감했다. 그 결과 2015년에는 세계 거부 80명의 자산이 세계 인구의 절반인 35억 명의 자산 총액과 일치했다"고 보도했다.

지만, 이 GNP는 대기오염과 담배 광고, 고속도로 사고 구급차, 감옥, 삼림파괴, 자연의 경이로움 상실, 네이팜, 핵탄두, 장갑차를 계산한다. 그리고 휘트먼의 소총과 스펙의 칼, 아이들에게 장난감을 판매하기 위해 폭력을 조장하는 TV 프로그램을 포함한다. 반면 국민총생산은 우리 자녀의 건강과 교육의 질, 놀이의 즐거움 같은 것은 계산하지 않는다. 시의 아름다움이나 결혼의 힘, 공개토론의 지성, 공무원의 청렴도 포함되지 않는다. 우리의 재치와 용기, 지혜와 학습, 연민과 국가에 대한 헌신을 측정하지 않는다. 한마디로 GNP는 우리의 삶을 가치 있게 만드는 것, 우리가 미국인이라는 것을 자랑스럽게 여기게 하는 모든 것을 제외하고 말해 줄 뿐이다."

놀라울 정도로 담대한 연설이다. 로버트 케네디는 아쉽게도 이 연설을 한 지 3개월 뒤인 1968년 6월 암살당했지만, 만약 그가 대통령이 되었다면 미국의 역사는 크게 바뀌었을 것이다. 우리 나라에서도 이처럼 담대한 정치인이 나오길 기대한다.

GDP 왕관 벗기기

GDP는 1934년 사이먼 쿠츠네츠가 국민경제의 흐름을 파악하기 위해 만들어 낸 개념이다. 이 공로로 그는 노벨경제학상을 받았다. GDP가 가장 대접받던 시절은 1950~60년대다. 우리나라를 포함해 모든 제3세계가 가난하던 시절이었다. 이 무렵에는 경제발전이 경제성장과 동일시되고 경제성장은 1인당 GDP의 증감으로 측정했다.

그런데 1970년대 들어 GDP의 위상이 흔들리기 시작한다. GDP의 기본적인 전제는 트리클 다운(Trickle down), 즉 GDP가 올라가면 낙수효과에 의해 모든 사람이 살기 좋아진다는 것인데, "(알고 보니) 낙수효과라는 게 없는 것 아니냐", "경제발전은 국민들의 필요, 즉 베이직 니즈(Basic needs)를 충족하는 것인데 그렇다면 성장 못지 않게 중요한 것이 분배다"라는 이야기가 나오기 시작한 것이다.

1972년에 발표된 로마클럽 보고서『성장의 한계』는 경제성장이 환경파괴로 인해 지속가능하지 않다고 경고했다. 그리고 그로부터 2년 뒤인 1974년 "행복은 GDP 순이 아니다"라는 말로 요약되는, 저 유명한 '이스털린의 역설'이 나왔다. 이 시기에 우리는 비로소 GDP를 왕좌에서 끌어내리게(Dethroning GDP) 되었다. 이전까지 GDP가 '무엇이든 가능하다'는 왕관을 쓰고 있었다면, 1970년대는 GDP의 이 왕관을 벗겨 버리기 시작한 시기였다.

GDP 너머, GDP를 넘어

1990년대에 들어서는 "GDP 대신 무엇을 가지고 우리 삶의 진보를 측정할 것인가" 하는 논의가 활발해졌다. 경제 일변도에서 삶의 질과 환경에 관심을 갖게 되었다. 유엔개발계획(UNDP)은 1990년부터 소득수준 외에 교육과 기대수명을 반영한 인간개발지수(HDI·Human Development Index)를 개발해 『인간개발보고서』를 발표하고 있고, 1987년 세계환경발전위원회는 '우리 공동의 미래(일명 『부룬트란트보고서』)'에서 경제성장과 환경보존의 조화를 추구하는 '지속가능한 발전(Sustainable Development)'이라는 개념을 제시했다. 그리고 1992년 리우 유엔 환경개발회의에서는 '리우 선언'과 함께 기후변화 협약과 생물다양성 협약 등 지구환경 질서의 새로운 원칙들이 제시되었다.

GDP를 넘어서기 위한 여러 논의 가운데 가장 대표적인 것이 『스티글리츠 보고서』다. 2008년에 프랑스의 니콜라 사르코지 대통령은 경제학자인 조지프 스티글리츠에게 "경제적인 성과와 사회적 진보를 측정할 수 있는, GDP 이외의 다른 지표가 무엇이 있는지 한번 연구해 보라"고 요청했다. 스티글리츠는 아마르티아 센, 장 폴 피투시 같은 노벨경제학상 수상 석학들과 함께 연구에 돌입했다.

스티글리츠 보고서가 제시한 핵심 제안은 두 가지다. 첫째, 우리는 경제적 성과를 측정하는 방법을 개선해야 한다. 특히 재화와 서비스의 질 개선을 반영해야 하고, 정부의 공공서비스를 정당하게 평가해야 한다. 둘째, 경제적 성과와 사회적 진보를 경제적 생산이 아니라 사람들의 웰빙(행복)으로 측정해야 한다. 웰빙은 물질적 생활수준(소득, 소비와 부)뿐 아니라 건강, 교육, 일을 포함한 개인 활동, 정치적 목소리와 거버넌스, 사회적 연결과 관계, 환경(현재와 미래), 안전(경제적, 신체적) 등을 고려해야 한다.

표1-2. GDP와 행복(삶의 질)에 대한 논의 전개과정

GDP의 도입	GDP의 한계	GDP의 대안
1950~60년대	1970년대	1990년대 이후
· 쿠즈네츠의 국민소득 측정(1934) · 경제발전=경제성장=1인당 GDP 증가 · 낙수효과(trickle down)	· 시장에서 화폐로 거래되지 않는 인간 행동을 간과. · 경제발전=기본적 필요의 충족/분배의 중요성. · 로마클럽 보고서 『성장의 한계』(1972) · 이스털린의 역설(1974) · GDP 왕관 벗기기	· 경제 성장에서 삶의 질과 환경으로 관심 변화 - UNDP의 HDI(1990), 센의 역량이론(1999) - 부룬트란드위원회(1987) - 리우 환경개발회의(1992) · 스티글리츠위원회(2009) - 경제적 성과 및 사회적 진보를 GDP가 아닌 행복(Wellbeing)으로 측정 - 웰빙은 다차원적 (물질적 생활 수준 이외에 7개 요소) · 주관적 웰빙

1.4
국민총행복(GNH)의 나라, 부탄

　필자가 처음 행복정책에 관심을 갖게 된 것은 2010년부터 3년 간 충남연구원 원장을 맡은 것이 계기였다. 충남연구원은 충청남도의 주요 정책을 자문하는 싱크탱크인데, 당시 충청남도의 새로운 슬로건인 '행복한 변화'란 어떤 변화인가, 행복이란 무엇일까 하는 의문을 갖게 되어 충남도지사를 비롯한 주요 간부들과 대화를 나눠 보았는데 명확한 답을 얻을 수 없었다. 그 무렵 충청남도는 10년간 연평균 9%라는 전국 최고의 놀라운 경제성장을 이루고 있었지만, 도민들은 전혀 체감하지 못하는 상황이었다. '성장과 행복 사이의 괴리'가 매우 크다는 것을 그때 알았다.

　충청남도뿐 아니라 많은 지방정부들이 슬로건에 '행복'이란 단어를 사용하고 있는 것을 보았는데, 그들이 주민 행복을 위해 구체적으로 무엇을 어떻게 하겠다는 것인지는 알 수 없었다. 그래서 행복연구를 충남연구원의 대표 연구로 선정하고 팀을 꾸려 본격적으로 연구를 시작했다. 우리는 흔히 세계에서 행복한 나라라고 하면 핀란드, 노르웨이, 스웨덴, 덴마크 등 북유럽의 복지국가를 떠올린다. 이들 나라는 유엔 「세계행복보고서」나 OECD 「더 나은 삶 지수」 등에서 모두 최상위에 올라 있는 나라들이다. 우리가 배울 바가 정말 많다.

소득이 높아야 행복하다?

그런데 여기에 빠지기 쉬운 함정이 있다. 이들 나라가 과거 100년 동안 복지국가를 만들기 위해 어떠한 노력을 해 왔는지는 보지 않고 지금의 상황만으로 우리와 비교하는 것이다. 이들 나라는 우리나라에 비해 1인당 국민소득이 2~3배에 달한다. 그래서 이런 나라들을 보면, '아, 우리도 행복하려면 소득이 지금보다 훨씬 높아야 하는구나' 싶어서 이야기가 도리어 성장주의로 흘러가 버릴 위험이 있다.

이런 까닭으로 우리보다 소득수준이 낮지만 행복한 나라들에 관심을 갖게 되었고, 부탄을 알게 되었다. 부탄의 1인당 국민소득은 우리의 10분의 1도 안 되는데 무상의료는 물론 무상교육을 대학까지 하고 있어 놀랐다. 한번은 부탄에 갔다가 아파서 병원에 갔는데 여행객까지 무상으로 치료해 주었다. 더 놀라운 것은 부탄은 무상의료와 무상교육을 1인당 국민소득이 200달러밖에 안 되던 1970년대부터 관심을 갖고 실시했다는 것이다. 국민의 행복을 추구하는 일에 소득이 문제가 아니라는 것을 절감했다.

GDP 대신 GNH를 선택한 부탄 국왕

부탄은 국민총행복(GNH·Gross National Happiness)을 국정운영 철학으로 삼고 있다. 부탄 행복정책의 중심에는 부탄 4대왕인 지그메 싱게 왕축이라는 인물이 있다. 17세에 왕위에 올라 국민총행복 정책을 고민하기 시작했는데, "국내총생산(GDP)보다 국민총행복(GNH)이 더 중요하다"고 강조했다. 또한 300년 전 부탄의 법전에는 "정부가 백성을 행복하게 하지 못한다면 정부가 존재할 이유가 없다"는 말이 나와 있다.

부탄의 국민총행복은 4개의 기둥으로 이루어져 있다. 첫째 기둥은 지속가능하고 공평한 사회경제적 발전이다. 둘째 기둥은 문화의 보전과 증진이다. 문화는 공동체 정체성의 기초이고, 사람들을 하나로 통합하며, 공동체적 유대를 강화하기 때문에 행복을 위해서는 절대적으로 필요하다. 셋째 기둥은 생태계의 보전이다. 부탄 헌법 5조는 정부와 부탄 국민 모두가 현 세대와 미래 세대를 위해 환경을 가꿀 책무가 있다고 규정하고 있다. 넷째 기둥은 좋은 거버넌스(Good governance)이며 이는 위의 세 기둥을 실현하기 위한 수단이다.

그림1-3. 부탄의 「국민총행복(GNH) 프레임워크」

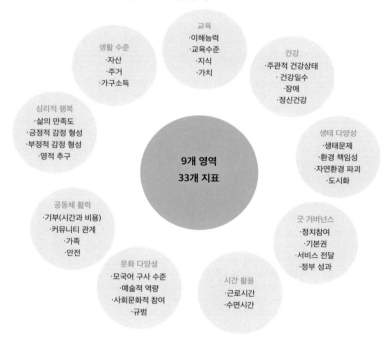

부탄정부는 이러한 4개의 기둥을 토대로 9개의 GNH의 영역(Domain)을 설정했다. 9개 영역은 생활수준, 교육, 건강, 문화 다양

성, 공동체 활력, 시간 활용, 심리적 행복, 생태 다양성, 굿 거버넌스로 구성된다.

부탄 정부는 국민이 느끼는 행복의 수준을 측정하고 그것을 정책에 반영하기 위해 정기적으로 국민총행복조사를 실시하고 있다. 이 조사를 통해 얻은 국민총행복지수와 각 영역 및 지표들은 두 가지 방법으로 부탄의 발전을 이끈다. ①관심과 지원이 필요한 분야에 자원을 배분하기 위한 토대를 제공하고, ②정책과 프로젝트 심사도구(Policy/Project Screening Tools)를 사용하여 정책을 점검함으로써 GNH를 새로운 정책과 계획에서 주류(Mainstream)가 되도록 한다.

부탄의 행복정책, 세계가 배우다

부탄 정부의 이러한 시도는 세계적으로 큰 파장을 불러일으켰다. 2011년 11월, 부탄의 주도로 열린 유엔 총회는 '행복: 전체론적 발전(Holistic Development)을 위하여'라는 특별결의를 했다. 특별결의의 주요 내용은 다음과 같다.

"행복은 인간의 근본적 목표이고, 보편적인 열망이다. 그러나 국내총생산(GDP)은 그 성질상 그러한 목표를 반영하지 않는다. 지속가능성을 높이고, 빈곤을 줄이고, 웰빙과 행복을 증진하기 위해서는 보다 포용적이고 공평하고 균형 잡힌 발전이 필요하다."

2011년 유엔 총회를 계기로 수많은 나라들이 행복정책을 추진하게 되었다. 유엔이나 OECD, UNDP와 같은 국제기구뿐 아니라, 캐나다, 일본, 호주 등 세계 여러 나라가 국가와 지방정부 차원에서 다양한 행복정책을 고민 중이다. 우리나라는 아직 국가차원의 행복정책은 실시하고 있지 않지만 여러 국책연구원을 비롯해 각 지방정부들이 저마다 행복정책을 도입하기 위해 고심하고 있다.

포스트코로나 시대, 국민총행복이 필요하다

코로나19 대유행을 계기로 전 세계적으로 경제성장이 아니라 건강과 행복(웰빙), 지속가능한 환경에 초점을 맞춘 새로운 사회경제 시스템을 설계해야 한다는 목소리가 높아지면서, '국민총행복(GNH)'의 가치와 중요성이 새삼 주목받고 있다. 포스트코로나 시대를 이끌어 갈 새로운 패러다임으로서 국민총행복의 핵심은 행복을 두 가지 측면에서 파악한다는 데 있다.

첫째, 행복은 다차원적(Multidimensional)이다. 행복은 주관적 개념에 해당하나, 객관적 여건 역시 중요하다. 행복은 물질적, 문화적, 정서적 필요의 조화로운 균형을 통해 달성된다. 물질은 행복을 위한 수단이지 그 자체가 목적은 아니다. 스티글리츠 보고서도 "행복은 8가지 차원으로 이루어진다"고 했다. 행복은 물질적 조건과 더불어 교육, 환경, 건강, 문화, 공동체, 여가, 심리적 웰빙, 정치적 민주주의 등 다양한 요소들이 균형을 이루어야 달성될 수 있다는 의미에서 다차원적이다.

둘째, 행복은 다른 사람과 공유하는 것이란 점에서 집단적(Collective)이다. 인간은 사회적 존재이기 때문에 내 이웃이, 다른 사람이 불행한데 혼자 행복할 수는 없다. 남의 불행이 나의 행복이라는 농담도 있지만 그것은 불행하고 두려운 마음을 감추기 위해 나보다 더 힘든 다른 사람을 떠올려서 자신의 감정을 회피하는 것일 뿐 진정한 행복은 아니다. 부탄의 초대 수상이었던 지그메 틴레이의 다음과 같은 말은 우리에게 진정한 행복이 무엇인지 알려 준다.

"행복은 한 사람이 다른 사람과 공유하지 않으면서 사적으로 혹은 개인적으로 얻을 수 있는 것이 아니다. 당신이 다른 사람의 행복에 기여할 때 당신 자신의 행복이 증진될 기회가 많아지고 그만큼 공동체 구성원으로서 사회적으로 책임감 있고 가치 있는 사람이 될 것이다."[16]

이것이 국민총행복이 지향하는 행복의 기본 개념이다. 우리
는 아이를 키우면서 때로 "너만 잘되면 된다"고 말하곤 한다. 하
지만 "절대로 너만 잘되어서는 행복할 수 없다"는 이야기를 지
그메 틴레이 전 부탄 수상이 이야기하고 있는 것이다. 또한 국민
총행복은 추상적이고 막연한 것이 아니라, 많은 나라들이 이미
정책으로 실현하고 있는 구체적이고 실질적인 목표다.

---

16 박진도, 『부탄 행복의 비밀』 (한울, 2017)

1.5
한국사회가 국민총행복을
추구해야 하는 까닭

필자가 대학에 입학했던 1972년, 박정희 전 대통령은 10월 유신을 통해 집권하면서 "대망의 1980년대가 되면 1백억 달러 수출, 1인당 국민소득 1천 달러, 마이카(My Car) 시대가 열릴 테니 노동운동을 탄압하고 인권을 제한하고 독재를 하더라도 참으라"고 했다. 당시 대학생들은 '마이카'는 고사하고 '마이 바이시클'이라도 생기면 좋겠다면서 10월 유신을 조롱하고 박정희 독재에 반대했다.

그런데 박정희 대통령의 덕이 아니라, 우리 모두가 노력해서 지금은 1인당 국민소득이 3만 달러가 넘고 경제규모 세계 10권의 경제대국이 되었으며, 정말로 '마이카 시대'가 열렸다. 그런데 과연 우리는 행복해졌을까. 요즘 젊은이들은 이전 세대보다 더 행복할까. 젊은이들이 3포(연애, 결혼, 출산 포기), 5포(3포+인간관계, 내 집 포기), 7포(5포+꿈, 희망 포기), 나아가 N포 세대니 하는 말을 들으면 마음이 아프다. 심지어 우리는 우리가 살고 있는 대한민국을 '헬조선'이라고 자조하기에 이르렀다. 예전에는 중학교, 고등학교만 졸업해도 취직을 해서 나름대로 꿈과 희망을 갖고 살았는데, 80%가 대학에 진학하는 요즘 세상에 N포 세대에 헬조선이 웬 말인가.

선진국 됐다는데 행복하지 않은 대한민국

우리 국민이 행복하지 않다는 것은 국제비교를 통해서도 확인할 수 있다. 국제적으로 나라별 행복수준을 비교할 수 있는 대표적인 자료가 유엔 「세계행복보고서」(World Happiness Report)와 OECD 「더 나은 삶의 지수」(Better Life Index)인데, 우리나라의 행복순위는 오르기는커녕 점점 떨어지고 있다. 「세계행복보고서」는 2013년에 41위였던 것이 2021년에는 62위로 떨어졌고, OECD 조사에서는 2011년 24위에서 2018년 30위로 하락했다.

유엔 「세계행복보고서」는 1인당 GDP(구매력 평가), 사회적 지원, 건강기대수명, 삶을 선택할 자유, 관용, 부패 인식 등의 지표를

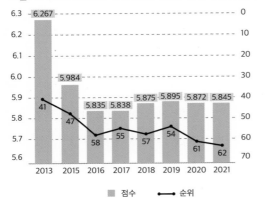

그림1-4. 2013~2021년 「UN 세계행복보고서」 한국 순위 변화

점수 ■ 순위 ●

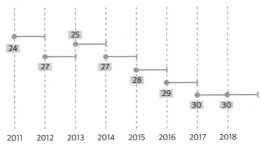

그림1-5. 2011~2018년 「OECD 더 나은 삶 지수」 한국 순위 변화

사용해서 각국의 삶의 만족도를 측정한다. 이에 따르면, 우리나라는 삶의 만족도가 145개국 가운데 62위(2021년 기준)이며, 1인당 GDP는 28위로 상위에 속하지만 사회적 지원(관계)이나 삶을 선택할 자유, 부패 인식에서 하위권을 맴돌고 있다. 특히 행복을 결정하는 데 아주 중요한 요소인 자율성(삶을 선택할 자유)이 매우 낮다는 것은 심각하게 받아들여야 한다(표1-3 참조).

표1-3. 한국의 「유엔 세계행복보고서」 항목별 순위(2019~2021)

	삶의 만족도	1인당 GDP	사회적 지원	건강 기대 수명	삶을 선택할 자유	관용 (기부)	부패 인식
2019	54위	27위	91위	9위	144위	40위	100위
2020	61위	27위	99위	10위	140위	42위	73위
2021	62위	25위	97위	7위	128위	50위	92위

표1-4. 한국의 「OECD 더 나은 삶 지수」 항목별 점수와 순위(2019)

분야	지수	순위(40개국)
주거	7.6	5위
소득	3.1	22위
고용	7.4	17위
공동체	0.0	40위
교육	7.6	11위
환경	2.4	40위
시민 참여	7.8	2위
건강	4.7	36위
안전	7.7	23위
워라밸	4.1	37위
삶의 만족도	1.0	33위

OECD의 「더 나은 삶 지수」는 11개 지표를 사용하는데, 우리
나라는 공동체 점수가 꼴찌다. 이는 유엔 「세계행복보고서」에
서 한국의 사회적 지원(관계) 점수가 낮은 것과 비슷한 맥락이다.
OECD 「더 나은 삶 지수」에서도 우리나라의 순위를 낮추는 것은
소득이 아니라 공동체, 환경, 건강, 워라밸(일과 삶의 균형), 삶의 만
족도다(표1-4 참조).

더 심각한 문제는 청소년들의 행복감이 매우 낮다는 것이다.
표1-5에 나와 있는 OECD 「국제학생평가프로그램」(PISA·Program for
International Student Assessment)' 조사결과를 보면 우리나라 학생들의
성적은 최상위권에 속하고 물질적 웰빙은 상위권이지만, 삶의
만족도는 매우 낮은 편이다.

표1-5. 「OECD PISA」 조사결과(2015)

학업성과	행복지수
읽기·수학·과학 능력은 최상위권	삶의 만족도는 최하위
· 과학: 여학생 10위(69개국)	· 삶의 만족도: 46위(47개국)
· 수학: 남학생 9위, 여학생 5위(69개국)	· 학업 관련 걱정: 40위(43개국)
· 독서: 남학생 9위, 여학생 5위(59개국)	· 물질적 웰빙 9개 항목: 최상위
· 정규 수업시간 수: 5위(55개국)	· 학교 외의 활동 참여 비율: 5위(55개국)

헝그리 사회에서 앵그리 사회가 되다

이처럼 우리나라는 성장과 행복 사이에 괴리가 매우 크다. 1960년대 이후에 우리사회를 지배해온 이데올로기, 즉 지배담론인 '경제성장 지상주의' 때문이다. 경제성장 지상주의는 3가지 요소로 구성된다. 첫째, 경제는 무한히 성장한다. 둘째, 경제가 성장하면 모든 것이 해결되고 살기 좋아진다. 셋째, 따라서 경제성장을 위해서는 다른 가치들은 희생해야 한다 혹은 희생해도 좋다.

이런 경제성장 지상주의에 힘입어 우리나라는 소득이 100달러도 안 되던 아시아 최빈국에서 다른 나라를 원조하는 국가로 발돋움했다. 그런데 지금은 성장동력이 현저히 떨어졌다. 더 이상 고도성장은 물론 저성장조차 기대하기 어렵다. 재벌 대기업 중심의 수출경제가 한계를 드러내고, 수도권 중심의 지역 불균형이 경제의 발목을 잡고 있다. 더욱이 성장주의로 인해 극도로 나빠진 불평등과 양극화가 성장 자체를 저해하고 있다.

이러한 가운데 공동체는 붕괴하고 사회적 갈등이 심화되고 있다. 사정이 어려워지니 사람들은 각자도생을 외치고 그럴수록 외톨이 사회가 되어 간다. 청년들이 결혼해서 아이 낳기를 두려워하니 출생률이 세계에서 가장 낮아졌다. 사회적 관계가 무너지고 불안과 불만이 가득해서 사람들은 작은 일에도 화를 내고 싸운다. 경제성장 지상주의로 인해 우리사회는 "빈곤사회(hungry society)에서 분노사회(angry society)로"[17] 바뀐 것이다. 우리나라의 '화병'은 전 세계에서 통용되는 고유명사다. 사전을 찾아보면 영어로 'Hwa-byung(화병)'이라고 쓰고, '억압된 분노나 스트레스로 인한 정신적 또는 정서적 장애'라고 설명해 놓았다. 말하자면 우리 국민에게 고유한 병이다.

GDP 신화와 성장중독에서 벗어나자

어떻게 해야 할까. 무엇보다 GDP 신화와 성장중독에서 벗어나야 한다. 경제성장은 GDP, 즉 국내총생산의 증대로 측정한다. 'GDP 신화'란 GDP가 증대하면 모든 게 좋아진다고 믿는 것이다. 그리고 '성장중독'이란 GDP 증대로는 우리가 더 이상 행복해지지 않는다는 것을 알면서도 경제성장에 매달리는 현상을 말한다. 우리사회는 '기(起)-승(承)-전(轉)-경제성장'이라는 심각한 성장중독에 빠져 있다.

---

17 김찬호,『모멸감: 굴욕과 존엄의 감정사회학』(문학과지성사, 2014)

그림1-6. 세계가치관조사[18] 결과

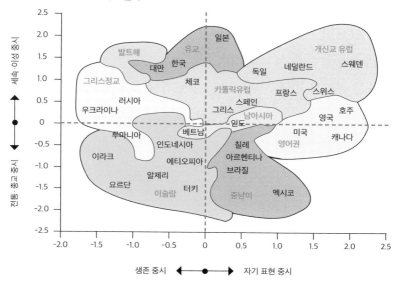

대부분의 나라가 소득이 증가하면 개인의 자유와 권리를 존중하는 방향으로 다양성을 확대하고, 개인의 선택을 존중하는 방향으로 발전한다. 그런데 그림1-6을 보면 한국은 높은 소득수준에도 불구하고 여전히 생존가치(경제적 안전 중시하면서 낮은 신뢰와 관용)가 높게 나타나고, 자기표현가치(환경보호, 성 평등 등)가 낮게 나타난다. 이대로라면 우리사회는 코로나19 이후에도 크게 달라지지 않을 것이다. 정치의 역할, 국가의 역할이 대단히 중요하다.

18 자료: 세계가치관조사((2015) www.worldvaluessurvery.org.

얼마 전 문재인 대통령이 코로나19 이후 국가의 역할로서 '인간 안보'를 강조했다. 인간 안보는 UNDP가 1994년 『인간개발보고서』에서 처음 사용한 개념으로 국가 안보 개념에서 벗어나 인간의 존엄과 인권을 바라보는 안보의 새로운 패러다임이다. 인간 안보는 경제 안보, 식량 안보, 보건 안보, 환경 안보, 개인 안보, 공동체 안보, 정치 안보, 사이버 안보 등 8가지 요소로 이루어져 있다.[19] 이러한 인간 안보는 보편성, 상호의존성, 예방, 인간 중심 등 4가지 특징을 지닌다.[20] 인간 안보는 앞서 말한 스티글리츠의 '웰빙'이나 부탄의 '국민총행복'과 유사한 개념이라고도 할 수 있다.

---

19 ①경제 안보: 개인에게 기본적인 소득이 보장되어야 한다. ②식량 안보: 모든 사람이 언제나 기본적인 식량을 물리적으로, 그리고 경제적으로 확보할 수 있어야 한다. ③보건 안보: 질병이나 건강하지 못한 생활에 대해 최소한의 보호를 보장하는 것을 목적으로 한다. ④환경 안보: 자연환경의 파괴나 고갈로부터 인간을 보호하는 것을 목적으로 한다. ⑤개인 안보: 사람들을 물리적 폭력에서 보호하는 데 그 목적이 있다. ⑥공동체 안보: 대부분의 사람은 어느 집단(가족, 공동체, 조직, 인종 혹은 종족)의 구성원으로서 안전을 얻는다. ⑦정치 안보: 사람들이 인간의 기본적인 인권이 존중받는 사회에 살고 있는가. ⑧사이버 안보: 사이버 공간에서 개인의 표현 자유가 보장되는 것과 동시에 개인정보 보호, 불법 유해정보 차단, 저작권 보호 등을 받고 있는가.

20 ①보편성: 인간 안보는 전 세계 어느 나라 사람에게나 보편적인 문제다. ②상호의존성: 인간 안보는 전 세계적으로 상호의존적이며 인간 안보의 위협 요소는 국경 안에 국한된 것이 아니라 전 세계적인 문제다. ③예방: 인간 안보는 사후적 대처보다 사전적 예방이 더욱 효과적이다. ④인간 중심: 인간 안보는 인간 중심적이다.

성장주의와 단절해야

모든 국민이 행복한 대한민국을 만들려는 정부가 해야 할 일은 우선 '성장이 국가의 목표가 아니라는 것'을 분명히 하는 것이다. 단절하지 못하면 성장주의를 벗어나기 어렵다. 2019년 노벨경제학상 수상자인 아비지트 배너지는 그의 저서『힘든 시대를 위한 좋은 경제학』(2020)에서 "부유한 국가들에 대해서도 그랬듯이 가난한 국가들에 대해서도 어떻게 하면 성장하게 할 수 있는지 우리(경제학자)는 알지 못한다"[21]고 했다. 그는 또 다른 노벨경제학상 수상자인 마이클 스펜서가 이끈 '성장과 발전 위원회'의 2000년 최종보고서 중에서 "경제성장에 대한 일반 원칙은 존재하지 않으며 어떤 두 성장 사례도 동일하지 않다는 것을 인정한다"는 대목을 상기시키면서, 경제학자 윌리엄 이스털린의 다음과 같은 말을 인용했다.

"2년 동안 21명의 세계적인 지도자와 전문가, 11명으로 구성된 실무자 그룹, 300명의 학계 전문가, 12차례의 워크숍, 13차례의 자문회의, 400만 달러의 예산을 투입한 뒤 어떻게 하면 높은 성장을 일굴 수 있을 것인지 논의한 끝에 최종적으로 나온 결론은 대략 이렇다. '우리는 모른다. 하지만 전문가들이 알아낼 수

---

21 아비지트 배너지·에스테르 뒤플로,『힘든 시대를 위한 좋은 경제학』(생각의 힘, 2020), 31쪽.

있으리라 믿어 달라.'"[22]

배너지의 이 말은 각국이 성장을 위해 여러 정책을 수립하지만, 사실 그것 때문에 성장하는 것은 아니라는 얘기다. 그럼에도 왜 대부분의 나라가 성장주의를 벗어나지 못하는 걸까.

배너지는 같은 책에서 "빠른 성장에 집착하느라 미래의 성장이라는 이름으로 현재의 가난한 사람들을 희생시키는 정책을 추진할 가능성"을 비판하고, "성장을 유지하기 위해 '기업친화적'이 되어야 한다는 말은 자칫 성장에는 도움이 되지 않으면서 다른 이들의 희생 위에 부유층만 살찌우는 온갖 종류의 반(反)빈민정책과 친(親) 부유층 정책의 물꼬를 열어야 한다는 식으로 해석될 수 있다"[23]고 우려했다. 다시 말하면, 성장주의는 본질적으로 부유층, 기업, 기득권을 위한 이데올로기라는 것이다.

아직 행복하지 않은 사람들을 위한 정부 만들기

많은 사람들이 코로나19 대유행으로 인해 우리사회가 더욱

---

22 같은 책, 320쪽.
23 같은 책, 348~349쪽.

불평등해지고 격차가 확대될 것을 우려하고 있다. 이미 우리나라는 미국과 함께 세계적으로 불평등이 심한 나라로 꼽힌다. 세계 상위소득 데이터베이스에 따르면, 우리나라는 2019년 상위 1%의 소득점유율이 12.23%로 세계 3위고, 상위 10%의 소득점유율은 44.97%로 세계 2위였다. 불평등 정도를 보여주는 지니계수는 시장소득을 기준으로 하면 중간 수준이지만, 가처분소득을 기준으로 하면 세계 5위 수준으로 올라간다. 이는 현재 우리나라에서 소득재분배 정책이 제대로 이루어지지 않고 있다는 것이고, 소득불평등을 해소하기 위한 국가의 역할이 더욱 강화되어야 한다는 얘기다. 자산불평등도 매우 심각하다. 김낙년 동국대 경제학과 교수의 연구에 따르면, 2013년 상위 10%의 자산점유율은 66%인 반면 하위 50%의 점유율은 1.9%에 지나지 않는다.[24] 소득불평등보다 자산불평등이 훨씬 심각하다.

토마 피케티는 『21세기 자본』(2013)에서 지난 200년간 자산수익률이 경제성장률보다 커지면서 부와 소득불평등이 점점 심화됐다는 사실을 실증했다. 정태인 칼폴라니사회경제연구소 소장은 '피케티지수(β값)'를 계산해 우리사회의 불평등 정도가 세계

24 김낙년, 「한국의 부의 불평등」, 『경제사학』 62권, (2016) 393-429쪽.

에서도 높은 수준임을 밝힌 바 있다.[25] 정태인 소장에 의하면 β 값 7은 세계사적으로 가장 불평등이 심했던 프랑스의 벨에포크 시대, 미국의 도금 시대 수준이다. 게다가 최근 자료에 따르면 우리나라에서 피케티지수가 급상승하고 있다.[26] 우리나라는 소득과 자산의 불평등뿐 아니라, 대기업과 중소기업의 격차, 노동 시장에서 정규직과 비정규직, 성별·학력별 격차, 수도권과 지방 그리고 도시와 농촌간의 지역격차도 매우 심각하다.

코로나19 이후 국가가 국민총행복을 위해 해야 할 가장 중요한 일은 이처럼 심각한 불평등과 격차를 해소(완화)하는 것, 즉 아직 행복하지 않은 사람들을 위한 행복정책을 추진하는 것이다. 우리를 불행의 늪으로 이끄는 성장주의와 깨끗이 결별하고, 모든 국민의 행복(GNH)을 목표로 담대하게 나아가야 한다.

---

25 피케티의 자본주의 제1기본법칙은 α=r×β. α는 국민소득 중에서 자본에 돌아가는 몫이고, r는 자본의 수익률, β는 자본/소득 비율이다. 국민소득(Y)은 노동소득(W)과 자본소득(P)으로 구성되므로 Y=W+P. P는 자본의 크기(K)에 자본수익률(r)을 곱한 값이므로 P=rK. α=P/Y=rK/Y=rβ. 피케티는 β=s/g(β는 자본/소득 비율, s는 저축률, g는 경제성장률)를 자본주의 제2기본법칙이라고 하였다. 1법칙에 2법칙을 대입하면 α=r×β=r×s/g. 여기서 저축률 s가 일정하다고 할 때 r이 g보다 크면 α는 높아질 것이고, 반대로 r이 g보다 작으면 α는 낮아진다. 피케티는 역사적으로 r은 거의 일정한 경향이 있고(대체로 4~5%), 반면에 g는 20세기 중반 3%를 달성한 시기를 제외하면 대체로 그보다 훨씬 낮다고 보았다. 역사적으로 1700년까지 g는 거의 제로에 가까웠고, 18세기에는 평균 0.5%, 19세기는 1.5% 수준이었다. 앞으로 21세기는 인구성장과 기술진보의 한계로 1.5%를 넘기기 어려울 것으로 예측했다. 그렇다면 r은 4~5%, g는 1.5%라면 21세기에도 α가 높아질 수밖에 없다. 정태인은 우리나라의 β값이 7.5가 넘는다고 추정했다. 선진국의 β값이 대개 5~6 정도인 것에 비하면 우리나라의 불평등이 더 심하다는 것을 알 수 있다. 정태인 (2014)

26 2020년 10월 30일 국정감사에서 기본소득당의 용혜인 의원은 피케티지수가 2009년 이후 연평균 2.2%, 최근 2년은 9.3% 증가했다는 자료를 제출했다. 피케티지수는 2013년 7.4에서 2019년에는 8.8로 급상승했다. 〈경향신문〉 (2020년 10월 31일자)

1.6
행복세 도입과 보편적 증세

  불평등과 격차 해소, 아직 행복하지 않은 사람을 위한 각종 사회서비스의 제공, 기후변화 대응과 그린 뉴딜 등 국민 모두의 행복을 위해 국가가 할 일은 무궁무진하다. 이러한 일에는 당연히 재정이 소요된다. 우리나라가 저부담 저복지 사회에서 중부담 중복지, 그리고 고부담 고복지 사회로 나아가기 위해서는 증세가 불가피하다.[27] 증세가 인기 없는 정책이라고 피해가는 것은 비겁한 일이다. 필자를 비롯해 (사)국민총행복전환포럼에서는

---

[27] OECD 사회지출데이터베이스에 따르면 2018년 기준 한국의 복지지출(OECD 분류 기준 공공사회지출)은 GDP 비중의 11.1%로 OECD 회원국 전체 평균(20.1%)의 절반 수준에 지나지 않는다. GDP 대비 조세부담(사회보장기여금 포함) 비중은 2018년 28.4%로 OECD 평균(34.3%)보다 5.9% 포인트 낮은 수준이다. 사회복지연구자들에 의하면 우리나라의 복지비 지출은 빠르게 늘어나고 있으며 2050년에는 최저 20~40%에 달할 것으로 예측한다. 따라서 증세가 불가피하다.

그동안 '1%가 납부해서 모두가 행복한 세금'인 행복세 도입을 제안해 왔다.

행복세란 쉽게 말하면 부유세와 같은 것인데, 굳이 행복세라고 하는 이유는 부유세에 대해 '부자라는 이유로 세금을 내야 하는가' 하는 거부반응이 있기 때문이다. 앞서 행복은 공유하는 것이고, 내가 행복하기 위해서는 다른 사람이 행복해야 한다고 말한 바 있다. 따라서 부자가 행복세를 내는 것은 다른 사람뿐 아니라 자신의 행복을 위해서라는 것을 강조하기 위한 것이다. 행복세를 상위 1%를 대상으로 할 것인지 아니면 상위 0.1%부터 시작할 것인지는 구체적인 논의가 필요하다.

하지만 상위 0.1% 자산가부터 먼저 행복세(부유세)를 부과하는 게 좋을 듯하다. 자산은 당연히 부동산과 동산 모두를 포함해야 한다. 토마스 페인은 '토지정의(Agrarian Justice)'란 글에서 "인간은 땅을 만들지 않았으며, 설령 땅을 점유할 자연적 권리가 있다 해도 땅의 일부를 영구히 자기 자산으로 삼을 권리는 없다"고 주장했다. 미개간 상태의 땅은 인류 공동 재산(Common property of human race)이므로 경작 토지의 소유자는 누구나 자신이 소유한 토지에 대해 공동체에 지대(Ground-rent)를 내야 한다고 했다. 나아가 페인은 토지 자산(Landed property)과 개인 재산(Personal property)을 포함한 국가기금을 만들어, 21세가 되면 모든 사람에게 15파운드씩 나눠주고 50세 이상에게는 평생 매년 10파운드씩 줄 것을 제안했다. 그가 토지 자산 이외에 개인 자산을 포함한 이유는 "개인 재산은 사회적 활동의 결과물이므로 한 개인이 사회의 도움 없이 개인 재산을 획득하기란 토지를 송두리째 만들어내는 것처럼 불가능한 일"이기 때문이다. 그는 "자신의 손으로 만들어내는 것을 제외한 모든 개인 재산의 축적은 사회 속에서 살아감으로써 가능한 것"이고 "개인은 정의, 감사, 문명의 원칙에서 혜택을 입고 있으므로 축적의 일부분을 부의 원천인 사회에 환원하는 것은 당연하다"고 말한다. 페인은 유럽의 문명은 극심한 불평등(풍요와 빈곤)으로 혁명의 위험이 있고, "재산도 보호하고 정의와 박애도 실행하기 위해서는 사회의 한 부분이 빈곤에 처하지 않도록 방지하고 다른 부분이 약탈되지 않도록 보호하는 제도가 반드시 필요하다"고 했다.

토마 피케티는 불평등 해소를 위해서는 누진소득세와 함께 누진소유세, 누진상속세 등 '누진세 3종 세트'가 필요하다고 주장한다.[28] 그는 억만장자(평균 자산이나 소득의 1만 배)에게는 90%의 실효세율을 부과하자고 한다. 그의 말처럼 실제 세율은 집단적 숙의와 심층적 실험을 거쳐 결정해야 하겠지만 누진세율의 인상은 필요하다. 피케티는 자산에 대해 상속세뿐 아니라 매년 누진

---

28 토마 피케티, 『21세기 자본』 (글항아리, 2019), 1037쪽.

소유세를 부과할 것을 제안한다. 소유 및 상속에 대한 누진세는 어떠한 예외도 없이 전체 자산(부동산, 사업자산, 금융자산 전체의 총가치에서 부채를 뺀 것)을 대상으로 하는 것이 핵심이다. 피케티가 전체 자산에 대한 소유세 및 상속세를 부과해야 한다는 논리는 위에서 말한 페인이 '토지정의'에서 토지 자산과 개인 자산 모두를 포함해서 국가기금을 마련해야 한다는 것과 같은 맥락이다. 즉 "재화의 축적은 언제나 사회적 과정의 결실이며, 이는 공적 기간체계(특히 법, 조세, 교육제도), 사회적 분업, 수세기 동안 인류가 쌓아온 지식에 의존한다. 이러한 조건들에서 철저히 그 논리대로라면, 막대한 재산을 쌓아 온 사람들은 그 일부를 공동체에 매년 되돌려주어야 하고, 그렇게 함으로써 소유는 더 이상 영구적이지 않고 일시적이 된다."[29]

부유세 논의는 우리나라에서도 진보정당을 중심으로 제기된 바 있지만, 필자는 특히 지난 미국 대선과정에서 민주당의 유력 주자들에 의해 제기된 부유세 논의에 주목한다. 미국의 민주당 후보로 나섰던 엘리자베스 워렌은 부유세를 거둬 전 국민 의료보험정책인 '메디케어 포 올(Medicare for All)'을 위해 사용하자고 제안했다. 또 다른 후보인 버니 샌더스는 워렌보다 더 강력한 부유세를 주장했다. 그는 3,200만 달러가 넘는 순자산에 1%의 세금을

---

29 같은 책, 1043쪽.

물리기 시작해 순자산 규모에 따라 세율을 점차 높여 가며 5억 달러 이상의 재산에는 4%, 100억 달러(약 12조 원) 이상의 재산에는 8%를 부가하자고 주장했다. 샌더스의 부유세는 과세 대상이 18만 가구로 상위 자산가 0.25%에 해당한다. 재미난 것은 조지 소로스를 비롯한 미국의 상위 0.1% 억만장자 19명이 자신들에게 부유세를 부과해 달라고 대선 주자들에게 2019년 6월 공개서한을 보냈다는 점이다.

하지만 행복세(부유세)만으로는 국민총행복을 위한 재원 마련이 매우 제한적이다. 재원이 불충분할 뿐 아니라, 부자들이 과세 형평성을 이유로 지속적으로 반발할 수 있기 때문이다. 부자들이 행복세를 내면, 이를 출발점으로 본질적인 보편증세 논의를 시작해야 한다. 상위 1%의 사람들이 '내가 행복하기 위해서는 다른 사람이 같이 행복해야 한다는 의미에서 내가 먼저 세금을 내겠다'라는 의미의 행복세가 도입돼야 하고, 그것이 가능할 때 일반 국민들도 '내가 세금을 더 내겠다'는 쪽으로 갈 수 있는 것이다. 보편증세를 위해 재산세와 소득세의 누진율과 부가가치세율을 높이고, 기후변화에 대응한 탄소세, 국토보유세, 로봇세, 데이터세 등 새로운 재원을 검토해야 한다. 우리나라는 상대적으로 조세부담이 낮은 편이므로 증세 여력은 충분히 있다고 본다. 다만 국가에 대한 국민의 신뢰와 사회적 합의를 얻기 위한 지난한 노력이 필요할 것이다.

1.7
국민총행복과 기본소득

　세계적으로 불평등이 심해지면서 기본소득의 필요성이 제기
되어 왔다. 더욱이 코로나19 대유행으로 우리사회에도 기본소
득 논의가 활발하다. 기본소득에 대한 이해(정의)가 사람마다 다
르기 때문에 일률적으로 논하기는 어렵다. 기본소득제의 도입
을 글로벌 차원에서 논의하기 위해 만들어진 기본소득지구네트
워크(BIEN·Basic Income Earth Network)는 기본소득을 '자산조사와 근로
에 대한 요구 없이 모든 개인에게 무조건 교부되는 주기적 현금'
으로 정의한다. 여기서 기본소득 개념은 무조건성, 보편성, 개별
성, 정기성, 현금 이전 등 5개의 지표로 구성된다.[30]

30　BIEN (2016)

우리 정부는 코로나19 위기에 대응하여 국민 생활안정과 경제 회복을 목적으로 2020년 5월에 긴급재난지원금을 소득과 재산에 상관없이 4인가구 100만 원을 기준으로 가구원 수별로 차등 지급했다. 긴급재난지원금을 기본소득으로 오해하는 사람들이 많은데, 긴급재난지원금은 무조건성, 보편성, 현금 이전이란 측면에서는 기본소득적 성격을 지니고 있지만 개별성과 정기성을 지니고 있지 않다. 다만, 긴급재난지원금이 우리사회에 기본소득 논의를 활성화했다는 점에서는 의의가 있다.

기본소득은 매우 논쟁적이고, 이 책은 기본소득을 논하는 것이 아니기 때문에 논쟁에 개입하지는 않겠다. 다만, BIEN의 기본소득지표에 '충분성'이 빠져 있는 것은 유감이라 생각한다. 불평등 해소라는 관점에서 볼 때 기본소득은 '재산이나 소득이 많든 적든, 일을 하든 안 하든 정부가 모든 국민이 인간으로서의 존엄과 가치를 지키며 최소한의 인간다운 생활을 할 수 있도록 보장하기 위해 모두에게 지급하는 돈'이란 점에서 충분성이 중요하다고 본다. 그런데 BIEN은 2016년 정책결의를 통해 충분성은 기본소득에 대한 분석적 지표는 아니고, 지급수준이 낮은 부분기본소득(PBI·Partial Basic Income)부터 출발할 것을 제안하고 있다.

재정부담 능력이 아니라 우선순위의 문제

　기본소득 논의에서 빠지지 않고 등장하는 것이 국가의 재정 부담 능력이다. 재정부담 능력은 매우 중요하다. 아무리 좋은 정책이라도 재정이 뒷받침되지 않으면 안 된다. 그런데 기본소득이 원래의 정신대로 '충분'하게 지급된다고 가정하면 어떤 나라도 감당하기 어려울 것이다.

　예를 들어, 우리나라 기본소득당은 매월 1인당 60만 원을 조건 없이 지급하자고 한다. 월 60만 원이면 연간 360조 원의 예산이 필요하다. 2021년 우리나라 예산이 560조 원가량 되는데 연간 360조 원은 감당하기 어려울 것이다. 부분기본소득부터 출발해서 충분기본소득으로 발전해 가기를 제안한다. 이재명 경기지사는 처음에는 1년에 1인당 60만 원으로 시작해서 횟수를 늘려가며 충분성에 접근하자고 제안한다. 1년에 1인당 60만 원이면 연간 30조 원의 예산이 필요한데 국민적 합의가 이루어진다면 재정적으로 부담 가능한 수준이라 생각한다.

　하지만 필자가 기본소득 논의에서 주목하는 것은 재정부담 문제가 아니다. 돈은 늘 부족한 것이니 어디에 사용할지가 중요하다. 기본소득론자들은 기본소득을 도입하더라도 현재의 복지제도가 후퇴해서는 안 된다고 말한다. 그래서 지금의 복지예산을 기본소득으로 돌리는 것에 반대한다. 지금의 복지제도는 유지하면서 기본소득제를 추가로 도입하자는 것이다. 이런 주장은 매우 의미가 있다. 1962년 시장근본주의자인 밀턴 프리드먼은 일종의 기본소득인 부의 소득세(Negative Income Tax)를 도입해 기존의 복지예산을 대체하자고 주장한 적이 있다. 얼마 전 미래통합당(지금 국민의힘)이 발표한 기본소득 초안도 프리드먼의 주장과 다르지 않다. 그런데 이것은 지금 우리가 말하는 기본소득과는 상당히 거리가 있고, 매우 기만적이라 생각한다.

기본소득론자들이 주장하는 대로 현재의 복지제도를 현상 유지하면서 기본소득을 주는 게 과연 좋을까. 국민총행복을 위해서는 아직 행복하지 않은 사람을 행복하게 하는 게 중요하므로, 우리는 아직 행복하지 않은 사람을 위한 현물형태의 사회복지서비스(의료, 교육, 주거 등)가 대폭 확대되어야 한다고 주장한다. 이러한 전제 위에서 기본소득 논의가 전개되어야 한다.[31]

우리나라는 세계에서 출생률이 가장 낮은 나라다. 여러 이유가 있겠지만 젊은 사람들이 결혼을 하려 하지 않고 결혼을 하더라도 아이를 낳으려 하지 않기 때문이다. 젊은이들이 결혼을 기

---

31 최한수(2017)에서 보듯이 각국에서 최근 활발하게 전개되고 있는 기본소득 논의들은 기본적으로 의료, 교육, 돌봄, 기타 현물 지원은 유지하면서 현금성 사회보장급여를 기본소득으로 통합하는 방식이다. 그런데 이들 나라와는 달리 우리나라는 사회복지 서비스가 매우 취약한 상황이라는 인식에서 출발해야 한다.

피하거나 아이를 낳지 않으려는 것은 소득계층에 관계없이 공통적인 현상이다. 그렇지만 저소득층일수록 결혼하지 않고 아이를 낳지 않으려고 한다. 왜 그럴까.

가장 큰 이유 중 하나는 주거 문제다. 결혼해서 살 만한 집이 없어서다. 이들에게 공공주택을 값싸게 분양하거나 임대해서 주거 문제를 해결해 주어야 한다. 아이를 낳으면 가장 큰 문제는 아이를 기르기 어렵다는 것이다. 특히 저소득층의 경우 어떤 형태로든 맞벌이가 불가피한데, 아이를 안심하고 맡길 보육시설이 매우 부족하다. 국공립 유치원과 어린이 집에 다니는 아이들(만 3~5세)의 비중은 21.1%(2018년)로 OECD 평균(66.9%)의 3분 1에 불과하다.

우리나라는 노인빈곤율은 44%(2017년 기준)로 OECD 평균(14.8%)의 3배에 달해 OECD 회원국 중에서 가장 높다.[32] 새벽 어둠 속에서 폐지를 줍는 노인을 쉽게 발견할 수 있다. 65세 이상 인구가 이미 15%에 달할 뿐 아니라, 고령화율이 세계에서 가장 빠른 속도로 높아지고 있다. 우리나라 노인은 세계에서 가장 늦게까지 일한다. 65세 이상 노인고용률은 31.3%로 OECD 평균(14.9%)의 두 배가 넘는다. 많은 노인들이 너무 늙도록 일하고, 제대로 보호받지 못하고, 비참한 상태로 방치되고 있다. 자살률(인구 10만 명당)은

---

32 프랑스 3.6%, 독일 10.2%, 캐나다 12.2%, 미국 23% 등이다.

24.6명으로 OECD 회원국(평균 11.5명) 중 가장 높지만, 그중에서도 노인자살률이 유난히 높다. 경제적 육체적 어려움으로 자살하는 노인은 인구 10만 명당 53.3명으로 OECD 회원국 가운데 가장 높고, OECD 평균(18.4명)의 2.9배에 달한다. 아동과 함께 노인들을 사회가 잘 돌봐야 한다. 저출산 고령화에 제대로 대응하지 못하면 우리 사회는 지속가능하지 않다.

소득불평등 못지 않게 교육불평등도 심각하다. '개천에서 용난다'는 말은 옛말이다. 미꾸라지도 나지 않는 게 현실이다. 공부는 잘하는데 집이 가난해서 좋은 교육을 못 받는 일은 없어야 한다.[33] 공교육을 강화하고 대학까지 무상교육을 실현해야 한다. 몸이 아파도 병원에 못 가는 일이 없도록 무상의료를 실시해야 한다. 안심하고 원하는 일을 할 수 있도록 전 국민 고용보험도 실시되어야 한다. 이밖에도 국민총행복을 위해 국가가 해야 할 일이 많다. 여기에는 당연히 많은 재정이 필요하다. 그러나 재정에는 한계가 있다. 그렇다면 우리는 무엇을 먼저 해야 할까. 아직 행복하지 않은 국민들을 위해 돌봄, 의료, 교육, 주거, 일자리 등의 복지제도를 선진국 수준으로 끌어올리기 위한 노력이 선행되어야 하지 않을까.

---

33 유럽 국가들의 경우 국공립 대학의 비율이 대부분 90% 이상이고, 심지어 미국도 72%인데 반해 우리나라는 20% 수준에 지나지 않는다.

보편적 복지 확대와 아직 행복하지 않은 사람들을 위한 기본소득

핀란드 정부는 실업자 2천 명에게 매달 560유로의 기본소득을 지급하는 사회적 실험을 추진했다. 자산이나 소득, 노동 의지 등과 무관하게 모든 실험 대상자에게 최소 생활비를 지급했다. 세계에서 가장 발달한 복지제도에 기본소득을 추가하는 실험을 한 것이다. OECD 내에서도 복지제도가 매우 취약한 우리나라의 기본소득 논의와는 근본적인 차이가 있다. 아직 행복하지 않은 사람들은 위한 현물성 복지를 대폭 확충한 위에서 기본소득을 논의하는 게 순서가 아닐까.

대표적인 기본소득론자인 강남훈 교수는 〈오마이뉴스〉와의 인터뷰에서 "기본소득도 사회안전망을 강화하는 제도다. 기존의 사회안전망과 공존해야 한다"면서 "전 국민 고용보험도를 빨리 도입해야 한다. 기본소득과 전 국민 고용보험은 둘 중 하나만 선택해야 하는 문제가 아니"라고 밝혔다. 또한 "오히려 기본소득은 전 국민 고용보험이 실시된 이후에 더 필요성을 느끼게 될 것"이라며 "여전히 사각지대에 있는 사람들이 생기기 때문"이라고 설명했다. 이는 기본소득에 앞서 전 국민고용보험이 먼저 시행되어야 한다는 것으로 읽힐 수도 있다.

국민총행복(GNH)은 선별적 복지가 아니라 보편적 복지를 지향한다. 그런데 보편적 복지가 모든 사람에게 똑같이 제공되는 복지를 의미하지는 않는다. '모든 사람은 인간으로서의 존엄과 가치를 가지며 행복을 추구할 권리를 갖는다(헌법10조)'는 의미에서 보편적 복지를 이해해야 한다. 따라서 국가는 기본권에 속하는 의료, 교육, 돌봄, 주거 등에 대해 모든 사람이 인간다운 삶을 영위할 수 있도록 무상으로(혹은 최소한의 비용 지불), 무차별적으로 보장해야 한다. 그리고 그 다음으로 모든 사람에게 인간으로서 존엄을 유지할 수 있는 최소한의 소득을 보장해야 한다는 의미에서 기본소득 논의를 해야 한다.

의료, 교육, 돌봄, 주거 등 사회서비스가 충분히 제공된다면, 현금성 급여(아동수당, 노인수당 등)를 통합해 기본소득으로 전환하는 것을 검토해 볼 수 있다. 그러나 기본소득이 충분이 지급되지 않는다면, 오히려 많은 사람들이 지금처럼 현금성 급여를 받느니보다 못할 수 있다.[34] 기본소득을 모든 국민에게 충분하게 지급한다는 것은 증세를 고려한다고 해도 지금의 재정 형편으로는 거의 불가능에 가깝다. 따라서 기본소득은 모든 국민이 아니라 '아직 행복하지 않은 사람'(그 기준은 추후 토론이 필요함)을 대상으로 하는 게 바람직하다.

---

34 OECD (2017)

토마 피케티는 『자본과 이데올로기』(2021)에서 '기본소득과 정의로운 임금'에 대해 다음과 같이 기술하고 있다.

"서유럽 대부분의 나라에 최저소득 보장제도인 기본소득이 존재한다는 사실은 훌륭한 일이다. … 비임금 소득과 저임금 근로자들을 중심으로 기본소득을 일반화하고, 이에 해당하는 이들이 신청하지 않아도 (역시 자동적으로 원천징수되는) 누진세제와 연동하여 그들의 급여명세서에 따라 기본소득을 자동지급하는 것을 가능한 한 체계적 방식으로 확립하는 일이 필수다. 과감한 기본소득 버전에 따르면 여타의 자원이 없는 사람에게는 세후 평균소득 60%에 상응하는 최저소득을 보장할 수 있다. 최저소득 지급액은 소득에 따라 줄어들 것이고, 지급받는 자는 인구의 약 30%가 될 것이다."[35]

이처럼 피케티의 기본소득은 기본소득론자가 말하는 기본소득과는 차이가 있다. 기본소득을 모든 국민이 아니라 비임금 소득과 저임금 근로자들에 한해(노숙인 포함) 지급할 것을 주장한 것이다. 이러한 피케티의 주장은 2020년 6월 10일 KBS와의 인터뷰에서 더욱 명료하게 드러난다.

---

35 토마 피케티, 『자본과 이데올로기』 (문학동네, 2020)

"저는 기본소득이란 표현보다 최저소득이란 단어를 선호합니다. 왜냐하면 기본소득이라는 단어는 마치 그것이 모든 복지와 불평등의 문제를 해결할 수 있는 것 같은 뉘앙스를 지닙니다. 하지만 단지 최소한의 기초생활비일 뿐이죠. 굉장히 낮은 금액이고, 나라마다 그 비용은 조금 다르지만 월 550~600유료(약 67~80만 원)를 넘지 않습니다. 이것만으로는 사회적 불평등을 시정하기 위한 야심찬 시도로 충분치 않다고 봅니다. 모든 사람에게 줄 필요는 없습니다. 이미 월 3천 유로를 버는 사람에게 5백 유로를 더 주는 건(세금만 더 내게 할 뿐) 의미가 없습니다."

모든 사람에게 최저소득을 보장하자는 피케티의 이러한 주장에 기본적으로 동의한다. 다시 말해 의료, 교육, 돌봄, 주거 등 기본권적 사회서비스를 충분히 제공하고, 저소득층에게 기본소득을 지급함으로써 헌법 10조의 행복추구권을 보장하자는 것이다. 여기에 자산불평등을 완화하기 위해 피케티가 주장하듯이 모든 청년(25세)에게 기본자산을 지급하는 것이 좋겠다.

2.1 행복지표란 무엇인가
　- 이지훈 국민총행복정책연구소 소장

2.2 전 세계 다양한 행복지표 열전
　- 이지훈 국민총행복정책연구소 소장

2.3 세계를 놀라게 한 뉴질랜드 행복예산
　- 이지훈 국민총행복정책연구소 소장

2.4 한국형 행복지표, 어디까지 왔나
　- 이재경 국민총행복정책연구소 연구실장

제 2 장

행복하려면,
행복을 측정하라 :
국내외 행복지표 동향

2.1
행복지표란 무엇인가

이지훈
국민총행복정책연구소 소장

수년 전부터 정부정책을 추진하는 데 행복지표가 중요하고 필요하다고 역설하니, "추상적이고 주관적인 개념인 행복을 어떻게 측정하고 지표로 만든다는 말이냐"며 고개 젓는 분들이 많았다. 일반적으로는 식자연하는 이들이 주로 이런 얘기를 한다.

이게 우리나라에만 있는 현상은 아니었던 듯, 유엔이 2012년부터 매년 발간하는 『세계행복보고서』에도 "행복은 개인적 선택에 달렸고, 정부 정책의 문제라기보다는 개인이 추구해야 할 어떤 것이라 믿는 이들이 많다. (따라서) 행복은 국가적 목표의 기준으로 삼거나 정책적 내용을 담기에는 지나치게 주관적이며 모호한 것으로 보인다는 주장을 하는 경우가 있다. 하지만 이는 전통적 견해에 불과하다."[36]고 밝히고 있다.

그러나 이는 "행복이 주관적 경험이기는 하지만 객관적으로 측정되고 평가될 수 있다"는 사실을 잘 모르는 주장이다. 그동안 많은 심리학자, 경제학자, 사회학자, 여론조사 전문가들이 이와 관련한 연구조사를 수행해 왔다. 특히 심리학 분야에서 상당한 양의 연구가 진척되었다. 심리학자들은 주관적 웰빙 측정이 지닌 의미와 신뢰성과 타당성에 대해 깊이 탐구해 왔으며, 이러한 자신들의 학문적 연구 성과를 바탕으로 주관적 웰빙에 대한 데이터의 측정과 활용이 필요하다고 강력히 주창해 왔다.[37]

행복도 측정은 보통 0점에서 10점까지 척도를 측정하는 사다리 방식(Ladder Scale)을 사용한다. 최악의 상황을 0점으로 하고 최상(선)의 상황을 10점으로 설정하여 스스로 점수를 매기는 방식이다. 개발자의 이름을 따서 캔트릴 사다리(Cantril Ladder) 측정 방식이라 부르는데, 갤럽이 전 세계 국가를 대상으로 조사하는 방식이 바로 이것이며, 이 조사 데이터를 바탕으로 유엔 자문기구인 지속가능발전해법네트워크(SDSN)는 매년 『세계행복보고서』를 발간하고 있다.

---

36 SDSN, 『세계행복보고서 2012』 제1장 입문. 제프리삭스 외, 『세계행복지도』 (서울:간디서원, 2016), 43쪽. 재인용.
37 같은 책, 67쪽.

이러한 주관적 만족도 조사는 신뢰할 수 있을까? 이에 대해 『세계행복보고서 2012』는 '그렇다'고 단언한다. 먼저 신뢰도(Reliability) 측면에서는, 개인적 차원은 물론, 집단이나 국가 수준에서도 신뢰도가 (개인보다) 더 높게 나타난다고 강조한다. 유효성(Validity) 측면에서도 많은 연구들이 주관적 웰빙에 대한 측정치들의 타당성이 높다는 것을 입증해 주고 있다고 밝히고 있다.[38]

실제로 여러 나라와 지역에서 오래 전부터 행복지수를 조사하고 있는데, 그러한 사실(정보)을 모른 채 조사의 신뢰도를 이야기하는 경우가 많다. 혹은 부탄처럼 인구가 적고 가난한 나라에서만 시행하는, 즉 우리나라에는 적용불가능한 특별한 정책으로 알고 있는 경우도 있다.

유엔은 2012년부터 전 세계 160여 개국을 대상으로 행복도를 조사해서 매년 3월 20일 '세계 행복의 날'에 국가별 순위를 발표하고 있다. OECD도 2011년부터 OECD판 행복지수라 할 수 있는 「더 나은 삶 지수」(BLI · Better Life Index)를 발표해 왔다. 개별 국가 차원에서는 국민총행복지수로 유명한 부탄을 비롯해 영국과 프랑

---

38 같은 책, 68~69쪽.

스 등 유럽 여러 나라와 캐나다, 호주, 일본, 태국 등이 일찍부터 행복지수를 개발해 공공정책의 안내자로 활용해 왔다.

미국 시애틀 시와 산타모니카 시, 버몬트 주, 영국의 브리스톨 시, 캐나다 빅토리아 시와 크레스톤 시, 르딕 시는 물론 이웃나라인 일본의 아라카와 구와 이와테 현 등 세계 각국의 많은 지방 정부들 또한 행복지수를 정책의 기초로 삼고 있기도 하다.

행복지수는 주관적 만족도와 객관지표를 종합한 수치

행복지수와 관련한 또 하나의 오해가 있다. 행복지수 조사를 단순히 사람들의 주관적 만족도(행복감)을 묻는 조사로 이해하는 경우가 그것이다. 이는 첫 번째 오해(추상적, 주관적 개념을 어떻게 측정할 수 있는가?)와 직접 연관되는 내용이다.

행복하려면 소득뿐만 아니라 건강과 교육, 환경과 문화, 공동체와 민주주의 등이 고르게 발전해야 한다. 따라서 행복지표는 응답자의 주관적 만족도만 조사하는 게 아니라, 사람들의 행복에 영향을 미치는 여러 요소를 측정한 객관지표도 함께 조사하고 분석한다.

『세계행복보고서』는 행복도 조사가 "무엇이 좀 더 나은 삶을 만드는지(what makes for better lives)'에 관한 충분한 정보와 결합되지 않는다면 그다지 도움이 되지 않는다"고 얘기한다. 따라서 행복은 더 넓은 의미의 웰빙 개념과 연관지어 이해되어야 한다. 그래서 행복을 측정하고 증진하려는 국가적, 국제적 노력은 웰빙(행복)지표에 사용된 여러 변수들에 대한 조사내용을 포함한 광의의 프레임워크를 사용해 왔다. 부탄의 「국민총행복(GNH) 프레임워크」가 대표적인데, 개인과 공동체의 삶의 질 증진에 기여하는 여러 요소들을 거의 모두 포괄하고 있다. OECD 「더 나은 삶 지수」도 그러하다.[39]

부탄의 「GNH 프레임워크」는 지속가능하고 공평한 사회경제 발전, 문화의 보전과 증진, 생태계 보전, 굿 거버넌스라는 4개의 기둥 하에, 생활수준, 건강, 교육, 문화적 다양성, 공동체 활력, 심리적 웰빙, 시간 활용, 생태적 다양성, 굿 거버넌스 등 9개 영역을 설정하고 있다. 또한 영역 당 각각 2~4개의 지표로 이루어져, 모두 33개의 지표와 123개의 하위 변수로 구성돼 있다(이 책 63쪽 참조).

---

39 SDSN, 『세계행복보고서 2012』, 제2장 세계 행복 현황. 존 헬리웰 외, 『세계행복지도』 (서울: 간디서원, 2016), 79쪽. 재인용.

OECD 「더 나은 삶 지수」는 주거와 소득, 고용과 공동체, 교육, 환경, 시민참여, 건강, 안전, 일과 삶의 균형, 삶의 만족 등 모두 11가지 항목을 조사한다. 대부분의 행복지표 구성항목은 부탄의 「GNH 프레임워크」나 OECD 「더 나은 삶 지수」와 유사하다.[40]

행복지수는 왜 조사할까

질병과 범죄의 축소, 빈곤과 전쟁 타파 등이 여전히 세계가 해결해야 할 과제로 제기되고 있는 지금, '행복을 측정하는 건 사치가 아닌가'하는 질문이 제기될 수 있다. 이에 대해 『세계행복보고서』는 다음과 같이 단호하게 답한다. "바로 그런 이유 때문에 행복문제를 진지하게 다루어야 한다." 행복 연구는 더 나은 세계를 만드는 해법을 제공해 줄 수 있다. 빈곤, 질병, 전쟁 등의 문제에 대한 효율적 해결방안을 제시해 준다는 것이다.[41]

개인적으로는 행복에 대한 자가 측정을 통해 삶의 질 상태에 대해 자가점검을 해 볼 수 있는 기회를 갖게 된다는 의미가 있

---

40 유엔 「세계행복보고서」는 삶의 질과 관련된 모든 변수를 측정하지는 않지만, 긍정적 정서 외에 인간의 행복에 가장 큰 영향을 미치는 6가지 핵심변수들을 측정한다. 1인당 GDP, 사회적 지원, 건강기대수명, 삶을 선택할 자유(자율성), 관용(기부), 부패 인식이 그것이다.
41 같은 책, 77쪽.

다. 이런 점에서 행복에 대한 주관적 평가는 약점이라기보다 강점이 된다. 행복에 대한 중요한 지표는 당신이 얼마나 행복한지 느끼고 생각하는지에 달렸으며 무엇이 의미 있는 삶인지 새삼 확인할 수 있는 기회가 되기 때문이다.

공동체와 국가의 관점에서 주관적 웰빙 점수는 공동체와 국가의 삶의 질에 대한 공동체 구성원들이나 국민들의 직접적이고도 민주적인 측정치로 볼 수 있다. 국가 정책에 대한 직접적인 평가로 삼을 수 있는 것이다. 따라서 이러한 측정 정보는 정책 판단과 수립에 매우 필요한 참고자료가 되며 그렇기 때문에 지속적으로 광범위하게 축적되어야 한다.[42] 이를 좀 더 구체적으로 살펴보자.

『세계행복보고서 2012』는 4장 '행복연구의 몇 가지 정책적 함의'에서 행복을 측정하는 이유를 보다 분명하게 드러낸다. 이 장을 공동집필한 세계적인 행복경제학자 존 헬리웰 캐나다 브리티시컬럼비아대학교 교수와 리처드 레이어드 영국 런던정경대학교 교수, 제프리 삭스 미국 컬럼비아대학교 교수는 다음과 같이 말한다.

---

42 같은 책, 80~81쪽.

"행복을 측정하는 일차적 이유는 시민들과 정책 입안자들로 하여금 그들의 문제와 기회가 무엇인지, 어려움이 얼마나 잘 해결되고 있는지, 그리고 미래로의 창문이 잘 열리고 있는지 알게 하기 위해서다. 측정은 행복이 국가와 지역에 따라 어떻게 다른지, 그 국가와 지역의 인구통계학적, 사회적 집단에 따라 어떻게 변화하는지를 보여 주기 위해 심도 있게 수행되어야 한다."[43]

이만큼 중요한 조사인 만큼 심도 있게 체계적으로 조사해야 한다는 것이다. 앞에서 살펴본 「더 나은 삶 지수」나 「세계행복보고서」가 말해 주듯 어떤 점이 국민들을 고통스럽게 하는지를 생생하게 보여 주기 때문에, 정책의 우선순위를 정하는 데 필수적이라는 것이다.

실제 효율적인 정책 수립과 집행에도 행복지수는 꼭 필요하다. 예를 들어, 정부의 "대부분의 공공지출은 건강, 사회복지, 법과 질서, 환경, 아동복지, 소득지원 등에 쓰인다. 그런데 이런 분야에서는 지불하고자 하는 의지가 발생하는 편익에 대한 충분한 지침이 제공되지 않는다. 행복은 이러한 지출을 평가하기 위한 매우 훌륭한 추가기준이 된다."[44]

---

43 SDSN, 『세계행복보고서 2012』 제4장 행복연구의 몇 가지 정책적 함의(Chapter4. Some Policy Implications), 존 헬리웰 외, 『행복의 정치경제학』 (서울: 간디서원, 2017), 86쪽에서 재인용.
44 같은 책, 88쪽.

행복을 측정한 정보가 축적될수록 행복을 증진하고 불행을 감소시키는 정보 또한 동시에 획득할 수 있기 때문에 정책수립에 매우 도움이 된다. 실제로 세계 여러 나라에서 많은 연구자들이 보다 나은 정책을 형성하고 그런 정책의 성공을 측정하기 위해 주관적 웰빙 척도를 활용하고 있다.[45] 추상적인 듯 보이는 웰빙 측정이나 행복지수 개발이 효율적인 공공예산 집행에 도움이 된다는 말이다. 이를테면 다음과 같은 사례가 있다.

첫째, 웰빙효과를 고려하도록 보건예산을 재조정하는 데 유용하다. 정신질환은 개인뿐만 아니라 사회적 불행을 야기하는데, '웰빙'에 초점을 맞추게 되면 신체적 건강에 치우쳐 있던 자원이 정신적인 건강으로 이동될 것이고 '사회적 처방'을 보다 많이 이용하게 될 것이다.

둘째로, 보건의료 예산을 질환이 발생한 다음 치료에 쓰는 게 아니라 예방쪽으로 바꾸게 되면, 국민들의 보다 나은 건강과 행복은 물론 공공지출 측면에서도 효율적이다. 즉 공공지출을 치료(Care)보다는 예방(Prevention)으로 바꾸고, 결손(Deficits)보다 자산기반(Asset-based)의 공동체 발전전략을 세울 수 있다. 이는 건강 이

---

45 같은 책, 96쪽.

외의 다른 많은 정책 영역에도 적용할 수 있다.[46]

이렇게 해서 행복과 소득이라는 두 마리 토끼를 다 잡을 수 있으니 얼마나 좋은 일인가? 행복지표 조사결과에 따라 취약분야와 취약계층, 취약지역이 도출되므로 정책의 우선순위를 잡는 데 유용하고 사회서비스 또한 효율적으로 연계 관리할 수 있다.[47] 이에 따라 행복지수를 정책수립에 반영한 나라들이 생산성이 높아지고 사회통합이 잘 이루어지고 있다는 사실도 눈여겨 볼 필요가 있다.

또한 "공공정책이 어떻게 수립되고 집행되느냐에 따라 행복의 수준과 양태에도 큰 차이가 날 수 있다. 따라서 국민소득을 높이고자 하는 정책이 그러하듯, 행복을 증진코자 하는 정책도 중요한 의미를 지닌다."[48] 게다가 소득은 행복의 여러 요소 중 일부에 불과하므로 행복정책은 오히려 몇 배 더 중요하다.

제프리 삭스 교수는 "지속가능한 발전(Sustainable Development)은 '인간의 웰빙'과 '환경의 지속가능성'을 조합하기 위해 탄생한 용

---

46 같은 책, 97쪽.

47 변미리·민보경·박민진, 『서울형 행복지표 구축과 제도화 방안』 (서울연구원, 2017), 111쪽.

48 『세계행복지도』 45쪽.

어"[49]라 얘기한다. 즉 행복의 추구는 지속가능한 발전과 밀접히 연결돼 있으며, 행복조사는 "지속가능한 발전의 시대에 적합한 정책입안을 위한 새로운 단초"라는 것이다.[50] 다시 말해 행복 연구는 지속가능한 발전의 4대 기둥을 설계하고 성취하는 데 디딤돌이 돼야 한다고 역설하고 있다. 대단한 의미 부여라 하겠다.

2015년판 『세계행복보고서』 4장에는 리처드 레이어드 교수와 거스 오도넬이 함께 쓴 '행복을 목표로 하는 정책을 만드는 방법'이 실려 있다. 이 장의 결론인 4가지 중요한 정책 권고를 소개한다.

1. 정부의 목표는 국민의 행복을 증진하는 것과 특히 고통을 줄이는 것이어야 한다.
2. 지불할 의사가 있는 가격으로 편익을 측정할 수 없는 영역에서는 정부가 행복을 편익의 측정치로 하는 새로운 정책 분석방법을 개발해야 한다.
3. 모든 정책 변화는 행복이 미치는 영향이 일상적으로 측정되는 통제된 실험을 통해 평가되어야 한다.
4. 사회과학의 주요 목적은 행복의 원인, 어떻게 행복을 증진

---

49 같은 책, 37쪽.
50 『행복의 정치경제학』 89~91쪽.

할 수 있는지, 어떤 비용을 치러야 하는지를 밝혀 내는 것이어야 한다.[51]

지방정부들이 앞다퉈 행복지수를 조사하는 이유

중앙정부는 물론 특히 지방정부들이 앞다퉈 행복지수를 조사(해야)하는 이유는, "실제 삶에서 문제가 되는 것은 대부분 지방적 수준의 것들"이기 때문이다. "따라서 많은 지방정부가 주관적 웰빙을 측정하고 있으며, 또한 공공정책을 디자인하고 공공서비스를 공급하는 데 행복연구를 안내자로 활용하고 있다."[52]

OECD 보고서는 행복의 측정을 위해 지역적 관점이 중요하다 얘기한다. 지역과 지방정부들은 사람들의 삶과 가장 직접적인 관계가 있는 많은 정책에 대한 중요한 책임을 지고 있기 때문이다. 또한 지역 차원에서의 행복 측정은 정책 입안자들이 개선이 가장 필요한 곳에 대한 정책 개입의 우선순위를 정하고, 유리한 점들과 불리한 점들의 공간적 집중도를 더 잘 평가 및 감시하고, 정책이 활용할 수 있는 시너지를 확인함으로써 정책의 일관성

---

51 SDSN,「세계행복보고서 2015」 제4장 (Chapter 4. How to make policy when happiness is the goal by Richard Layard And Gus O 'Donnell),「행복의 정치경제학」, 134쪽. 재인용

52 「세계행복지도」 200쪽.

을 개선하는 것을 돕는다. 나아가 지역 행복지수 조사결과는 일상생활의 조건들과 관련되므로, 그 조사결과를 토대로 시민들이 자신의 기대와 욕구(Needs)에 부합하는 조치를 취하도록 요구할 수 있게 할 뿐만 아니라, 그렇게 함으로써 긴급한 문제들을 처리하는 지방정부의 역량에 대한 주민들의 신뢰 회복을 돕는다.[53]

　이렇듯 행복지수는 단지 형식적 실태조사로 끝나는 것이 아니라, 실제 정책 수립과 집행(예산 책정)에서 훌륭한 지침이 될 수 있다. 행복지수가 '정책의 안내자'라 불리며 '선택이 아닌 필수'라 하는 이유다.

---

53 OECD, 『How's Life? 2015: 웰빙의 측정』 (OECD 대한민국 정책센터 옮김, 2016), 264쪽.

전 세계 다양한 행복지표 열전

이지훈
국민총행복정책연구소 소장

　행복과 관련해 국제적으로 가장 공신력 있는 조사는 유엔 산하 자문기구인 지속가능발전해법네트워크(SDSN)가 세계 154~160개국을 대상으로 조사해 매년 발표하는 「세계행복보고서」(World Happiness Report)와 OECD가 회원국 등을 주 대상으로 조사 발표하는 「더 나은 삶 지수」(BLI·Better Life Index)를 들 수 있다.

UN SDSN 「세계행복보고서」

　2012년 최초 발간된 이후 2014년을 제외하고 매년 발표되는 보고서다. 유엔 자문기구인 지속가능발전해법네트워크(SDSN)가 매년 세계 행복의 날을 맞아 발간하는 「세계행복보고서」는 세계 각국의 '행복 순위'를 매기는 것으로 유명하다. 154~160개국을 대상으로 1인당 GDP, 사회적 지원, 건강기대수명, 삶을 선택할 자유, 관용(기부), 부패 인식도를 기준으로 국가별 행복지수를 조사 발표한다.

여기서 '1인당 GDP'는 실질구매력 기준이며, '사회적 지원'이란 "만약 당신이 곤경에 처했을 때 언제든 도와줄 친척이나 친구가 있는가" 하는 질문에 대한 결과다. '삶을 선택할 자유'는 "당신은 하고 싶은 일을 하면서 살고 있는가, 아닌가?" 하는 질문으로 생애 선택의 자율성을 뜻한다. 둘 다 양자택일적 질문으로 갤럽 조사 데이터를 사용한다. '관용'은 "당신은 지난달 기부한 적이 있나?" 하는 질문에 대한 답이다.

2012년 처음으로 「세계행복보고서」가 발표된 이후 덴마크가 2012년, 2013년, 2016년에 1위를 차지했고, 2015년에는 스위스, 2017년에 노르웨이에 이어 2018년부터 2021년까지 4년 연속으로 핀란드가 세계 최고의 행복국가로 선정되었다. 이들 4개 나라가 세계 최고 행복국가 자리를 두고 매년 경쟁한 셈이다. 특히 핀란드와 덴마크는 매년 치열한 선두경쟁을 벌이고 있다.

한국은 2016년 58위, 2017년 56위, 2018년 57위, 2019년 54위 등

줄곧 50위권을 맴돌다 2020년 일곱 계단 하락해 61위로 내려앉았고, 2021년에는 62위로 한 계단 더 떨어졌다. 총점은 그다지 차이가 없거나 오히려 조금 올랐는데 이처럼 순위가 낮아진 것은, 우리가 다른 나라들의 삶의 질 개선 속도보다 늦거나 제자리걸음이기 때문이다. 특히 사회적 지원, 삶을 선택할 자유, 환경 분야가 여전히 취약해서 그렇다.

왜 유엔은 2012년부터 매년 「세계행복보고서」를 발간하는 것일까? 해답은 『세계행복보고서 2012』 제4장인 '(행복연구의) 몇 가지 정책적 함의(Some Policy Implication)'에 나와 있다.

유엔은 2011년 7월 13일 총회 결의를 통해 "행복과 웰빙의 추구가 중요하니 이를 공공정책에 반영하는 데 도움을 줄 새로운 척도를 개발할 것"을 회원국들에게 권장했다.[54] 자국 국민들의 행복을 측정하여 이를 공공정책의 안내자로 활용할 것을 권유한 것이다. 또한 3월 20일을 '세계 행복의 날(International Day of Happiness)'로 정하고, 매년 이날 「세계행복보고서」를 발표하고 있다.[55]

---

54 존 헬리웰 외, 『행복의 정치경제학』 77쪽.

55 2012년에 처음으로 발간된 『세계행복보고서』는, 부탄왕국의 제안에 따라 2012년 4월 2일 열린 '행복과 웰빙을 위한 유엔 고위급회담'을 지원하기 위해 발간되었다는. 이 회담은 2011년 행복지수를 권장한 유엔 총회의 후속회의 성격이다.

OECD「더 나은 삶 지수」

OECD가 2011년부터 매년 발표하는「더 나은 삶 지수」(BLI·Better Life Index)는 주택, 소득, 일자리, 공동체(사회적 관계), 교육, 환경, 거버넌스, 건강, 생활 만족도, 안전, 일과 삶의 균형 등 모두 11개 분야 지표로 측정된다.

BLI 순위는 노르웨이(1위), 덴마크(2위), 호주(3위), 스웨덴(4위), 캐나다(5위) 등 북유럽 국가들이 강세를 보인다. 2019년 보고된 대한민국의 BLI 순위는 조사대상 40개국 중 30위로 나타났다. 이는 이전 6년여간 보고된 순위와 별반 다르지 않다.

한국은 주택, 소득, 교육과 거버넌스, 일자리에서 평균을 상회하지만 생활만족도, 환경, 건강, 사회적 관계, 안전, 일과 삶의 균형에서 평균 이하 점수를 보여 주고 있다. 2019년 보고서를 기준으로, 대기오염은 OECD 회원국 가운데 가장 심하고(40개국 중 40위)고 수질도 OECD 평균에 못 미친다. 공동체 영역(사회적 관계)과 관련해서는, '도움이 필요할 때 의지할 수 있는 사람이 있다'고 답한 한국인들이 78%밖에 안 되었는데, 이는 OECD 국가(평균 89%) 중 가장 낮은 수치였다(40개국 중 40위). 또한 '삶의 전반적 만족도'를 0에서 10점으로 평가할 때 한국인들은 OECD 평균인 6.5보다 낮은 평균 5.9점을 주었다(40개국 중 33위).

한편 OECD 더 나은 삶 연구소의 「2020년 삶의 질 보고서」(How's Life in 2020?)에서도 한국인의 삶의 만족도는 OECD 최저 수준(33개 국 중 32위)으로 드러났다. '자신의 삶의 만족도를 0점에서 10점 사이에 점수 매겨 보라'는 질문에 한국인들은 평균 6.1점을 매겼다. 동일한 질문에 북유럽 국가나 중남미 국가들은 대부분 7~10점 사이를 매기는 데 주저함이 없는데, 한국인들은 대부분 중간보다 조금 나은 정도인 6점 정도를 선택했다.

영국 「국가웰빙지표」와 「지역웰빙지표」

2009년 스티글리츠위원회가 『경제성과와 사회진보 측정을 위한 보고서』를 통해 GDP가 아니라 국민총행복을 높이는 새로운 지수를 찾아야 한다는 권고를 제출한 이후 유럽연합 집행위원회의 'GDP 넘어서기 프로젝트'나, OECD의 '사회적 진보 측정을 위한 글로벌 프로젝트' 등 삶의 질 측정을 위한 새로운 접근법을 모색하는 움직임이 활발하게 전개되었다.

이 중에서도 이를 가장 선도적으로 실행에 옮긴 나라가 영국이다. 특히 영국은 국가 통계청(ONS·Office for National Statistics)이 중심이 되어 이를 적극적으로 추진해 왔는데, 국가웰빙지표(National Well-being Indicators)뿐만 아니라 지역웰빙지표(Local Wellbeing Indicators)

도 구축하여 행복정책 수립에 적극적으로 활용하고 있다.

영국 통계청은 국민의 삶의 질 향상과 국가 웰빙, 사회진보에 관한 측정도구를 새롭게 개발하라는 데이비드 카메론 총리의 지시에 따라 2010년부터 본격적인 조사연구에 착수했다. GWB(General Well-Being)의 중요성이 제기됨에 따라, 영국 통계청은 국가 웰빙 측정방법으로 '국가 웰빙 측정 프로그램(Measuring National Wellbeing Programme)'을 수립했다. 이를 계기로 영국 통계청은 2013년부터 6개월과 1년 단위로 국가 웰빙 측정결과를 발표하고, 3년에 한 번씩 종합보고서를 내고 있다.

또한 2017년 영국 통계청과 공공보건국(PHE·Public Health England)은 비정부 민간단체인 웰빙실현센터(What Works Centre for Wellbeing), 행복한 도시(Happy City)와 함께 지역웰빙지표를 구축하였다. 지역웰빙지표는 삶의 만족도에 대한 표준편차 외에도 각 지표에 대해 지역별 차이 분석 결과를 알려 주고 있어 지방정부들이 취약분야를 인지하여 정책 우선순위를 설정하는 데 도움을 주고 있다.

영국 국가웰빙지표는 개인웰빙, 관계, 건강, 일, 주거, 개인금융, 경제, 교육·기술, 거버넌스, 자연환경 등 10개 영역 41개 지표로 구성돼 있고, 지역웰빙지표는 개인웰빙, 사회관계, 건강, 경제, 교육·아동, 평등, 장소 등 7개 영역 26개 지표로 구성돼 있다.

표2-1. 영국 국가웰빙지표와 지역웰빙지표[56]

구분	구성	영역
국가웰빙지표 (National Well-being Indicators)	10개 영역 41개 지표	① 개인 웰빙(Personal Well-being) ② 관계(Our Relationships) ③ 건강(Health) ④ 우리가 하는 일(What we do) ⑤ 우리가 사는 곳(Where we live) ⑥ 개인 재정(Personal Finance) ⑦ 국가 경제(Economy) ⑧ 교육과 기술(Education and Skills) ⑨ 거버넌스(Governance) ⑩ 자연환경(Environment)
지역웰빙지표 (Local Wellbeing Indicators)	7개 영역 26개 지표	① 개인 웰빙(Personal wellbeing) ② 사회관계(Social relationships) ③ 건강(Health) ④ 경제(Economy) ⑤ 교육과 아동(Education and childhood) ⑥ 평등(Equality) ⑦ 장소(Place)

국가웰빙지표를 영역별로 나누어 살펴보면 다음과 같다.

① 개인 웰빙: 삶의 만족감, 삶의 의미, 행복감, 전날의 불안, 전 인구의 정신적 웰빙
② 인간관계: 가정생활 만족, 사회생활 만족, 의지할 사람
③ 건강: 건강기대수명, 병과 장애, 건강 만족감, 우울이나 불안 증거
④ 하는 일: 실업률, 직업 만족도, 여가시간 만족도, 자원봉사, 문화예술 참여, 스포츠 참여
⑤ 사는 곳: 개인에 대한 범죄, 일몰 이후의 안전한 도보, 자연환경 접근성, 이웃에 대한 소속감, 교통 접근성, 주거 만족
⑥ 개인 재정: 평균수입의 60% 이하 가구 수, 평균 가구 재산, 실제 평균 가구 수입, 수입에 대한 만족도, 재정적 어려움
⑦ 국가 경제: 순가처분 수입, 공공 부문 순부채, 인플레이션 비율
⑧ 교육과 기술: 인적 자본, 5이상의 GCSEs(중등 졸업시험)
⑨ 거버넌스: 투표율, 정부에 대한 신뢰
⑩ 자연환경: 온실가스 배출량, 자연보호지역, 재생에너지 소비, 재활용 비율

---

56 출처: www.ons.gov.uk/peoplepopulationandcomm유엔ity/wellbeing/articles/measuresofnationalwellbeing dashboard/2018-09-26, www.centreforthrivingplaces.org//wp-content/uploads/2017/12/understanding-wellbeing-locally-Nov-2017-links.pdf. 〈서울시 시민행복증진 기본계획〉 26쪽에서 재인용.

영국의 지역웰빙지표를 영역별로 좀 더 세부적으로 살펴보면 그림2-1과 같다.

그림2-1. 영국의 지역웰빙지표[57]

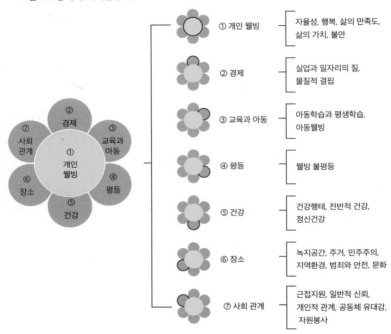

57 그림 출처: https://whatworkswellbeing.org/blog/find-your-areas-wellbeing-scores-new-data-release/

세계 각국의 행복지표와 행복정책 동향

국민총행복(GNH) 지표의 원조 국가인 부탄과 앞서 소개한 영국에 이어, 브라질에서도 국민총행복(GNH) 혹은 포르투갈어로 국내총행복(FIB) 지표가 개발되었다. 캐나다도 2011년부터 웰빙지수(CIW·Canadian Index of Wellbeing)를 발표하고 있다.

이웃나라인 일본도 2011년부터 내각부 차원의 '행복도 지표'를 발표하였고, 2013년에는 행복정책을 지향하는 52개 기초자치단체들 모여 행복리그(幸せリーグ)라는 연합조직을 발족시켰다. 이들은 대개 '행복실감도시(幸福實感都市)'라는 슬로건을 공통적으로 사용하고 있는데, 2019년 현재 96개 기초자치단체의 참여로 확대되었다.[58]

아랍에미리트연방(UAE)은 2016년 '행복부(State for happiness)'를 세계 최초로 신설해, 사회 전체의 행복도를 높일 수 있는 법률을 제정하고 다양한 행복정책을 추진해 왔다. 공공기관마다 행복위원회 설치하고 각 부처에 행복사무관을 배치했다. 2017년에는 유엔『세계행복보고서』공동편집자인 제프리 삭스 콜롬비아 대학 교수를 수장으로 하는 '세계행복협의회(World Happiness Council)'를

---

58 출처: 행복리그 홈페이지(rilac.or.jp).

창설하고, 매년 독자적인 『세계행복보고서』를 발간하고 있기도 하다.

표2-2. 해외 행복지표 사례

주체	지표명	지표의 구성
UN	World Hapiness Report	· 6개 변수 (1인당 GDP, 사회적부조, 건강수명, 사회적자유, 관용, 부패인식)
OECD	Better Life Index	· 3개 범주(수명, 교육 수준, 생활 수준) · 11개 영역
UNDP	Human Development Index	· 3개 범주
캐나다	Canadian Index of Welling	· 8개 영역
일본	Measuring National Well-Being Proposed Well-bing Indicators(2010)	· 3개 범주(사회경제적 조건, 건강, 관계) · 11개영역 · People's Life Index(1992), · life Reform Index(2002)
호주	Measures of Australia's Progress	· 4개 범주(사회, 경제, 환경, 거버넌스) · 26개 영역
태국	Green and Happiness Index	· 6개 범주(건강, 따뜻하고 다정한 가정, 지역사회 역량, 굿 거버넌스를 지닌 민주사회, 생활환경 및 생태계, 경제발전 및 공평) · 18개 영역

홍콩	Quality of life Index	· 3개 영역(사회, 경제, 환경) · 21개 지표
부탄	Gross National Happiness	· 9개 영역(심리적 웰빙, 건강, 시간활용, 교육, 문화적 다양성 및 회복력, 굿 거버넌스, 공동체 활력, 생태학적 다양성 및 회복력, 생활 수준) · 33개 지표
지방 정부		· 미국의 도시별 지속가능성 지표: 샌프란시스코, 시애틀, 볼티모어, 산타모니카 · 호주의 빅토리아커뮤니티 지표, 온카파링가 커뮤니티 웰빙지표 · 영국의 지속가능한 삶의 질 지표: 런던, 스코틀랜드 · 일본 아라카와구, 구마모토현, 후쿠오카현, 교토부, 요고현, 미에현 등 22개 지방정부

행복지수 상위권 국가들을 보면 정부 차원에서 국민행복을 오랫동안 연구해 온 국가들이 많다. OECD나 유엔 차원의 논의가 진행되기 시작한 2011년 훨씬 이전부터 부탄은 물론 영국, 네덜란드, 뉴질랜드, 캐나다 등의 국가들은 일찍부터 행복을 연구해 왔다. 이러한 개별국가들의 오랜 준비와 국제기구의 결의가 모아지면서, 행복지표 개발은 이제 '선택이 아닌 필수'로 자리매김하게 된 것이다.

2.3
세계를 놀라게 한 뉴질랜드 행복예산[59]

이지훈
국민총행복정책연구소 소장

    지난 2019년 5월 뉴질랜드는 세계 최초로 행복예산(Wellbeing Budget·웰빙예산)[60]을 확정 공개해 세계적인 주목을 끌었다. 이에 대해 영국 일간지 〈가디언〉은 "영국과 같은 서구 국가들이 국가의 행복(웰빙)지수를 측정하기 시작했지만, 뉴질랜드는 행복 우선순위를 기준으로 국가 예산 전체를 설계하고, 부처별로 행복 개선 정책을 설계하도록 지시한 최초의 서구 국가"라며 뉴질랜드 행복예산을 높이 평가했다.

---

59 이지훈, 『행복한 나라 8가지 비밀』(한울, 2020)

60 글과 도표 및 자료는 전적으로 아래 뉴질랜드 재무부의 웹자료을 참조했다.
   THE TREASURY(New Zealand), 「Wellbeing Budget 2019」, (2019년 3월 30일) 〈https://treasury.govt.nz/publications/wellbeing-budget/wellbeing-budget-2019-html#section-1〉

세계 최초로 행복예산을 도입한 뉴질랜드

저신다 아던 뉴질랜드 총리는 "경제성장도 중요하지만 (성장 위주의 정책은) 삶의 질을 측정하거나, 누가 더 혜택을 받고, 누가 낙오하거나 뒤처져 있는지 고려하지 못한다"면서 "뉴질랜드는 수년간 비교적 높은 경제성장률을 보였으나 치솟는 자살률, 감당할 수 없는 노숙자의 증가, 부끄러운 가정폭력 및 아동빈곤율을 경험하고 있다"고 고백했다. 그리고 "성장만으로는 위대한 나라가 될 수 없다"고 선언하면서 행복예산의 당위성을 역설했다.

뉴질랜드가 행복예산을 도입한 이후 아이슬란드 정부도 '웰빙지표'를 토대로 2020년 예산안을 편성했고, 스코틀랜드 자치정부도 탄소배출량을 줄이고 국민 행복도를 높이는 데 중점을 둔 2020~21년 예산안을 발표했다.

이런 배경에는 스코틀랜드, 아이슬란드, 뉴질랜드 세 나라가 주축이 돼 결성한 '웰빙경제 정부(Wellbeing Economy Government)' 네트워크가 있다. 약자로 WEGo라고도 하고, 세 나라의 이름 첫 글자를 따서 SIN(Scotland, Iceland, New Zealand)이라고 불리기도 한다. 니콜라 스터전 스코틀랜드 자치정부 수반, 카트린 야콥스도티르 아이슬란드 총리, 저신다 아던 뉴질랜드 총리 등 3인의 젊은 여성 국가지도자들은 네트워크를 구축해 함께 '행복 의제'를 추진해 왔다. 2020년에는 영국 웨일즈 자치정부와 핀란드가 WEGo에 합류했다.

우리도 언젠가는 행복예산제가 반드시 도입될 것이라는 믿음 속에 뉴질랜드 행복예산의 내용과 그 시행 과정을 살펴보고자 한다. 도입한다면 최우선적으로 벤치마킹해야 할 사례이기 때문이다.

뉴질랜드 행복예산의 5가지 영역

뉴질랜드 행복예산은 5가지 영역(마지막은 중장기 사업)에 중점을 두고 편성돼 있다.

표2-3에서 알 수 있듯이 뉴질랜드 행복예산은 '아직 행복하지 않은 사람들'과 '미래 세대'에 초점이 맞추어져 있을 뿐만 아니라, 경제성장을 넘어 사회와 환경에 미치는 영향까지 고려하고 있다.

61　THE TREASURY(New Zealand), 「Wellbeing Budget 2019」, (2019년 3월 30일)

표2-3. 뉴질랜드 행복예산의 5가지 영역[61] (2019년 기준, 뉴질랜드 달러)

01 **정신건강** **중시**	· 정신건강을 위한 새로운 서비스: $455m(약3,600억 원) 2023~24년까지 32만 5천 명에게 프로그램 제공 · 자살예방서비스: $40m(약 300억 원) 증액 · 학교에 더 많은 간호사 배치: 추가적으로 5,600명의 중학생들을 위해 · 노숙자 문제 해결: 1,044개의 새로운 쉼터 조성으로 2,700명에게 혜택
02 **아동 행복** **증진**	· 가족 및 성폭력 문제 해결 위한 전문서비스, $320m(약 2,500억 원) 패키지의 일부 · 3천 명의 청년들이 독립적 생활을 할 수 있도록 돕는 것을 포함, 국가보호 아동을 위한 주기 개선 · 1~7개 학교에 대한 지원금을 늘려, 기부금을 요구할 필요가 없게 만들어 학부모의 재정적 압박 덜기 · 주요 혜택을 색인화하고 징벌적 제재를 제거하여 소득 증대
03 **원주민** **지원**	· 건강에 초점을 맞추고 재범을 줄이는 것을 포함, Whānau Ora(원주민 지원기관)에 큰 지원 · 마오리어와 태평양 언어가 생존하고 번영하도록 보장 · 태평양고용지원청(PESS)에 2,200명의 청년 추가 고용 · 류마티스열병 치료를 목표로 하는 프로그램에 $12m(약 94억 원)
04 **생산적** **국가 건설**	· $300m(약 2,400억 원) 규모의 펀드 조성으로 벤처캐피탈 격차 해소, 스타트업 성장·성공지원 · 미래 저탄소 사회로 전환할 수 있도록 혁신에 $106m(약 800억 원) 투입 · 견습과 무역 훈련 증진하기 위한 직업교육 개혁에 약 $200m(약1,600억 원) · Mahi에 있는 Mana(고용지원청)를 통해 약 2천 명의 청년들을 위한 견습 기회 제공
05 **경제 혁신**	· 키위레일(KiwiRail)에 $1b(약 7,900억 원) 이상의 자금 지원 · 과학 연구에 투자, 농민이 기후변화 문제를 해결하도록 지원 · $229m(약 1,800억 원) 패키지로 지속가능한 토지 사용 장려 · 위험에 처한 집수원에서 수질을 개선, 맑은 물 초점

06 뉴질랜드 투자(중장기)	· 향후 2년간 병원시설 개선 위해 $1.7b(약 1조 3,400억 원) · 학교에 10년간 $1.2b(약 9,400억 원) 투자, 올해 신축사업에 　$287m(약 2,300억 원)부터 투입 시작 · 5개의 추가 DHB(지역보건위원회)로 확장된 대장 검사 프로그램 · DHB에 $2.9b(약 2조 2,800억 원) 투입, 더 나은 건강관리에 투자

행복예산 수립의 원칙과 프로세스

2019년 뉴질랜드 행복예산은 다음과 같은 3가지 원칙 하에 수립되었다.

첫째, 부처별 칸막이 예산수립 관행을 깨고 정부 부처 전체의 협력을 통해 행복을 개선하는 정책을 개발·구현한다.

둘째, 현 세대의 요구를 충족하면서도 미래 세대에 대한 장기적 영향을 고려하여 예산계획을 수립한다.

셋째, 금융자본·자연자본·인적자본·사회자본을 포함, 광범위한 성공척도를 통해 진행 상황을 추적한다.

지금까지 뉴질랜드 정부의 각 부처(장관)들은 예산 계획을 세울 때 거의 전적으로 자기 부처의 책임 영역에 중점을 두어 예산을 편성했으나, 행복예산이 도입된 2019년부터는 자신들의 계획이 어떻게 행복 우선순위를 달성할 수 있는지 보여주어야 했다.

그런 다음 '삶의 질(표준) 프레임워크(LSF· Living Standards Framework)'에 따라 예산계획 우선순위를 평가하고, 내각회의는 각 우선순위 중 행복 증진에 가장 도움이 되는 계획을 함께 모으는 데(패키지) 주력했다.

또한 뉴질랜드 정부는 처음으로 예산 우선순위 결정에 웰빙 측정 수단을 사용했다. LSF가 그것이다. 미래세대를 위한 장기적 전망과 함께 다양한 경제적, 사회적, 환경적, 문화적 고려 사항도 평가한 것이다. 즉 뉴질랜드 정부는 경제적이고 재정적인 전망만 고려한 것이 아니라, 처음으로 '행복렌즈'를 예산 결정의 근거자료로 삼았다.

뉴질랜드 정부는 이에 그치지 않았다. 행복예산의 도입과 함께, 이를 계기로 국민행복을 위한 지속적인 혁신을 이루기 위해, 새로운 업무 방식에 맞춰 공공 부문과 시스템 개혁에 나섰다. 뉴질랜드 정부는 행복예산제를 지원하기 위한 여러 법안을 통과시켰다. '아동빈곤법'은 이미 통과시켰고, '공공재정법'을 개정하여 행복을 미래 예산에 초점을 맞추도록 할 계획이다. 이는 향후 정부가 예산과 재정 정책을 수립함에 있어 재정 목표와 함께 행복 목표를 동시에 설정해야 함을 의미한다. 또한 재무부는 적어도 4년마다 뉴질랜드의 행복지수를 보고하도록 했다. 또한 정부는 '공공섹터법(State Sector Act)'을 개혁해 시민 중심의 서비스가 예산집행의 중심에 놓이도록 공공서비스를 지원할 계획이다. 또한, 뉴질랜드 정부는 정부 전체의 업무 프로그램에 웰빙을 포함시키는 프로그램을 시행하기로 했다.

요약하면, 뉴질랜드 정부는 행복예산을 수립하면서 과학적 준거틀(LSF) 개발과 적용, 부처간 협업을 통합 행복예산 편성의 효율성 추구, 국민 행복 증진을 장기적이고 지속적인 과제로 추진하기 위한 각종 제도적 장치 마련 등의 종합적 실천전략을 수립했다. 이 가운데 행복예산 계획 수립의 가장 중요한 명분과 근거를 제공한 것이 '삶의 질 프레임워크'다.

뉴질랜드 행복지표 '삶의 질 프레임워크(LSF)'

앞서 말한 대로 뉴질랜드 정부는 행복예산 수립의 타당성 근거로 삼기 위해 재무부에 강력한 준거틀을 만들 것을 요구했고, 이에 따라 재무부는 '삶의 질 프레임워크(LSF·Living Standards Framework)'를 개발했다(직역하면 '삶의 표준'이 되겠지만, 국내에서는 관련 분야에서 '삶의 질'로 일반적으로 사용되고 있어 이렇게 표현한다).

LSF는 행복을 결정하는 다양한 요소의 정책 영향과 장기적 전망까지 고려한 유연한 프레임워크다. 여기에는 다음이 포함

된다. 첫째, 현재의 행복에 영향을 주는 12가지 영역, 둘째, 현재
와 미래의 웰빙을 지원하는 4개의 자본이 그것이다(표2-4 참조).

눈여겨 볼 것은 뉴질랜드는 행복예산의 결정 근거로 현재의
행복지표뿐만 아니라 미래까지 고려한 프레임워크를 사용하고
있다는 점이다. 앞으로 우리나라도 행복예산을 도입하게 된다
면 주의 깊게 살펴봐야 할 대목이다.

표2-4. 뉴질랜드 재무부의 LSF 행복지표의 대시보드[61]

뉴질랜드의 현재 삶의 질에 대한 지표(웰빙의 영역)			
시민참여 및 거버넌스 ·유권자 투표율 ·정부기관에 대한 신뢰 ·인식된 부패	**문화적 정체성** ·마오리어 사용자수 ·정체성 표현 능력	**환경** ·대기 질 ·자연환경 접근성 ·수질(수영) ·인식된 환경의 질	**건강** ·건강기대수명 ·건강 상태 ·정신건강 ·자살률
주택 ·세대 밀집 ·주거 비용 ·주거의 질	**소득과 소비** ·가처분 소득 ·경제적 웰빙 ·소비	**직업과 수입** ·실업률 ·고용률 ·시간별 수입	**지식과 기술** ·교육적 성취(대학) ·교육적 성취(고등) ·15세 인지 능력
안전과 보안 ·고의적 살인율 ·가정 폭력 ·직장 사고율 ·안전감	**사회적 연결** ·사회적 지원 ·외로움 ·차별 ·marae(마오리마을 회관)과 연결된 마오리족	**주관적 웰빙** ·일반적 삶의 만족도 ·목적있는 삶	**시간 활용** ·레저 및 개인적 돌봄 ·유급 노동 ·무급 노동

62 THE TREASURY(New Zealand), 「Wellbeing Budget 2019」, (2019년 3월 30일)

뉴질랜드의 지속가능한 세대간 웰빙 지표(자본)			
금융 및 물적 자본	**인적 자본**	**자연 자본**	**사회적 자본**
·총 순고정 자산	·교육적 성취(대학)	·자연 위험요소 통제	·타인의 신뢰
·순 무형고정 자산	·교육적 성취(고등)	·기후 규제	·인식된 부패
·가계 순자산	·교육적 성취 기대	·지속가능한 식품	·차별
·다요소 생산성 성장	·비전염성 질병	생산	·정부기관에 대한
·순 국제 투자 유치	·15세 인지 능력	·식수	신뢰
·총 크라운 순 가치	·기대수명	·생물다양성과	·소속감
		유전자원	
		·폐기물 관리	

　　뉴질랜드 재무부는 기존의 LSF를 2021년에 갱신해, 마오리족 등 원주민의 세계관을 더 잘 반영하고 아동 행복에 중요하며 문화가 국민의 웰빙에 기여하는 다양한 방법을 반영한 틀을 개발할 계획이다. LSF를 고정된 틀로 두지 않고 계속 변화 발전시켜 나가려 하는 것이다. 뉴질랜드 재무부는 LSF가 기존 예산계획 과정에 사용했던 기존의 분석 틀을 '대체'하는 것이 아니라, 뉴질랜드 사람들의 삶의 질을 높일 수 있는 기회를 제공하는 '보완재'라고 긍정적으로 받아들이고 있다. 재무부가 행복예산제의 중심이 되고 있는 점도 인상적이다.

2.4
한국형 행복지표, 어디까지 왔나

이재경
국민총행복정책연구소 연구실장

전 세계적으로 행복을 측정하기 위한 방법으로 행복지표가 많이 활용되고 있다. 그러나 행복을 측정하는 완벽한 척도로서 행복지표는 존재하기 어렵고 다만 최대한 과학적으로 행복을 측정할 수 있는 지표를 개발하는 것이 핵심이다.[63] 그런 의미에서 행복지표 연구는 앞으로도 끊임없이 이루어져야 할 끝을 모르는 지난한 과제라 할 수 있다.

한국형 행복지표는 지난 10년간 꾸준한 개발을 통해 다양화되었고 선행지표에 대한 분석과 비교연구를 통해 상당한 수준

---

[63] 박승민 (2019), 153~155쪽.

제2장 행복하려면, 행복을 측정하라

으로 발전했다. 초기에는 유엔과 OECD 등의 글로벌 차원의 행복지표를 수용하는 정도에 그쳤지만 점차 국가와 지방정부 차원으로 확산되고 토착화되는 과정이 진행되었다.

국가 차원에서는 통계청이 주도적 역할을 했지만 행정안전부, 한국보건사회연구원 등이 새롭게 참여했고 지역 차원에서는 광역지자체에서 기초지자체로 점차 다양한 행위자들이 행복지표개발에 나서기 시작했다. 특히 ㈔국민총행복전환포럼 설립, 행복실현지방정부협의회 창립 등과 맞물려 기초지자체 차원의 행복정책 추진이 본격화되면서 지역 맞춤형 행복지표 개발이 활성화되는 양상을 보이고 있다.

2010년부터 본격 개발된 국내 행복지표

2010년대 발표된 국내 행복지표는 표2-5처럼 25개가 넘는 것으로 파악된다. 행복지표의 대상은 중앙정부-광역지자체-기초지자체로 다양하고 지표개발 역시 대학과 민간연구기관 그리고 중앙정부와 지방정부 소속 연구소로 다원화되는 양상이다. 서울과 전주, 고양시의 경우에는 행복지표를 두 번 이상 발표했고 발표 때마다 지표의 내용과 구성이 변화하는 양상을 보였다.

표2-5. 국내 행복지표 목록

개발 연도	지역	명칭	주관지표	객관지표
2012	충청남도	충남도민 행복지표	41	40
	강원도	강원 행복지수	0	26
2013	하동군	하동의 행복지수	12	0
	고양시	삶의질 지표	11	19
2014	강원도	강원 행복지수	10	40
2015	충청북도	충청북도민 행복지수	34	36
	한국지방행정연구원	지역공동체 행복지표	92	0
	서울특별시	서울형 행복지표	6	18
	세종시	세종 행복지표	8	62
2016	전라북도	전북형 행복지표	12	38
	대전광역시	대전형 행복지표	23	21
	전주시	전주형 행복지표	92	0
2017	통계청	국민 삶의 질 종합지수	24	56
	한국보건사회연구원	행복지수	36	0
	제주도	제주 행복지표	0	21
	서울특별시	서울형 행복지표	25	16
	인천 부평구	부평구민총행복(BGH)지표	30	0
2018	고양시	삶의질 지표	20	23
	경제인문사회연구회	국민행복지표	6	30

2019	서울 강남구	강남구 행복지표	0	61
	국민총행복전환포럼	지역 행복전환지표	50	42
2020	서울특별시	서울형 행복지표	38	31
	고양시	고양시민 행복지표	57	25
	전주시	전주형 행복지표	42	5
2021	태백시	태백시 지역행복지표	23	0

　지금까지 연구개발된 국내 행복지표를 분석한 결과, 지표의
규모는 최소 12개(하동군)부터 100개 이상(국민총행복전환포럼[64])까지
다양하며 대부분 주관적 만족도와 객관적 지표 모두를 포함하
고 있다. 과거에 행복은 주로 주관적 만족으로 이해되었고 이에
따라 행복지표 역시 주관지표 위주였다. 그러나 점차 행복의 객
관적 조건이 중요하다는 인식이 확대되고 주관적 행복감만으로
는 총체적인 행복을 정확히 측정하기 어렵다는 반성 속에서 객
관지표가 포함되기 시작했다. 다만, 아직까지 객관적 지표를 어
떻게 행복도에 반영할 것인지에 대해서는 충분한 연구가 부족
한 것으로 보인다. 한국보다 행복연구가 발전한 일본의 사례에

64　객관지표와 주관지표(주관적 만족감) 외에 10개 내외의 지역별 특성지표를 포함.

서도 객관지표는 주관적 만족감을 보완하는 참고지표로 활용될 뿐 직접적인 행복도에 반영되지는 않는 것으로 확인된다.

　객관지표를 행복 측정에 어떻게 반영할 것인지보다 더 어려운 것은 기초지자체 차원의 절대적인 데이터 부족이다. 국가차원과 광역지자체 차원의 객관적 데이터는 비교적 풍부한 데 반해 시·군·구 차원의 데이터는 매우 부족하다. 이에 따라, 기초지자체에서는 행복지표에 객관지표를 활용하려고 해도 자료의 부족이나 부재로 인해 할 수 없는 상황이 발생하기도 한다.[65]

행복지표의 수렴화 경향

　행복지표의 내용구성에도 상당한 합의가 나타나고 있는 것으로 파악된다. 2010년대에는 다양한 행복지표가 개발되었는데 일부 차이가 존재하지만 동시에 표2-6처럼 상당한 내용적 유사성을 나타내고 있다. 예를 들어, 재산·소득, 건강, 교육, 일, 여가·문화, 기반시설, 참여, 안전·신뢰, 참여, 사적관계, 자연환경, 주관적 행복감 등은 대부분의 행복지표에 공통적으로 포함되었다.

65　2016년 전북대학교에서 개발한 「전주시 행복지표」는 개발과정 초기에는 객관지표를 포함했지만 진행과정에서 기초지자체 차원의 객관지표 파악이 어렵다는 현실적 이유로 객관지표를 삭제한 바 있다.

표2-6. 국내 행복지표 구성 Ⅰ

	국민 총행복 전환포럼 (2019)	통계청 (2017)	한국 보건사회 연구원 (2017)	경제 인문사회 연구회 (2018)	한국 지방행정 연구원 (2015)	충청북도 (2015)	충청남도 (2012)	강원도 (2012)	강원도 (2014)
재산 소득	O	O	O	O	O	O	-	O	O
건강	O	O	O	O	O	O	O	O	O
교육	O	O	-	O	-	O	O	O	O
일	O	O	O	O	O	O	O	O	O
여가 문화	O	O	O	O	O	O	O	-	-
공공 서비스	O	O	-	-	O	O	O	O	O
기반 시설	O	O	O	O	O	O	O	O	O
참여	O	O	O	O	O	O	O	-	-
안전 신뢰	O	O	O	O	O	O	O	O	O
사적 관계	O	O	O	O	O	O	O	-	O
자연 환경	O	O	O	O	O	O	O	-	-
지속 가능성	O	O	-	-	O	O	-	-	-
주관적 행복감	O	O	O	O	O	-	O	-	O
기타	-	-	-	소득격차 세대갈등	-	-	개인적 성격 등	-	-

표2-6. 국내 행복지표 구성 II

	전라 북도 (2016)	제주도 (2017)	대전 광역시 (2016)	서울시 (2015)	서울시 (2017)	서울시 (2020)	전주시 (2016)	전주시 (2020)
재산 소득	○	○	○	○	○	○	○	○
건강	○	○	○	○	○	○	-	○
교육	○	○	○	○	○	○	○	○
일	○	○	○	○	○	○	○	○
여가 문화	○	○	○	○	○	○	○	○
공공 서비스	○	-	○	-	-	○	○	-
기반 시설	○	○	○	-	○	○	○	○
참여	○	○	○	○	○	○	○	○
안전 신뢰	○	○	○	○	○	○	○	○
사적 관계	○	○	○	○	○	○	○	○
자연 환경	-	-	○	○	○	○	○	-
지속 가능성	○	-	○	-	-	○	○	-
주관적 행복감	-	-	○	○	○	○	○	○
기타	-	-	-	-	-	사회통합 (포용)	지역문화 와 정신적 유산이 주는 행복 등	전주 정체성 (한옥마을) 포용·포함 (다양성 수 용도, 인심 정도 등)

표2-6. 국내 행복지표 구성 III

	고양시 (2013)	고양시 (2018)	고양시 (2020)	세종시 (2015)	태백시 (2021)	인천 부평구 (2017)	서울 강남구 (2019)	하동군 (2013)
재산 소득	O	O	O	O	-	O	O	O
건강	O	O	O	O	-	O	O	O
교육	O	O	O	O	O	O	O	O
일	O	O	O	O	O	O	O	-
여가 문화	O	O	O	-	O	O	O	O
공공 서비스	-	-	O	O	O	O	-	O
기반 시설	O	O	O	O	O	O	O	O
참여	-	O	O	-	O	O	O	O
안전 신뢰	O	O	O	O	O	O	O	O
사적 관계	O	O	O	O	-	-	O	O
자연 환경	-	O	O	O	-	O	O	O
지속 가능성	-	-	O	-	-	-	O	-
주관적 행복감	-	O	O	-	O	O	O	-
주관지표	11	20	57	8	23	30	0	12
객관지표	19	23	25	62	0	0	61	0
기타	-	-	-	물가가계(민간아파트 분양가격), 소비자물가지수, 지가변동률 등 광공업에너지	-	-	-	-

국내에서 개발된 행복지표들의 이러한 공통점은 행복이 개인적 차원에 국한되지 않고 사회(또는 공동체)와 자연적 차원까지 포괄하는 복합적인 성격을 가진다는 것에 대한 문제의식과 공감대에 기반한 것으로 풀이된다.

(사)국민총행복전환포럼에서 개발한 행복전환지표는 이런 문제의식을 가장 잘 드러내고 있다. 행복전환지표는 사람(개인)—사회(공동체)—자연(환경) 영역으로 지표체계를 구축하고 주관적 행복감을 개인—사회—자연의 요소들이 종합적으로 영향을 미치는 요인으로 분류하고 있다.

그림2-2. 국민총행복전환포럼 행복전환지표 기본틀 개념도

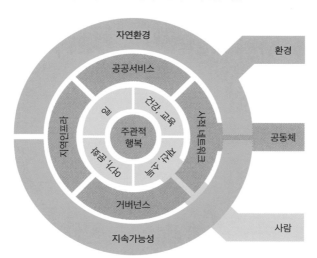

국내 행복지표 연구에 관한 몇 가지 쟁점

그러나 이런 공통점과 달리 국내의 행복지표에 관해서는 몇 가지 논쟁지점도 동시에 존재한다. 첫째, 어떤 지표를 포함할 것인지 그리고 각각의 지표에 가중치를 얼마만큼 부여할 것인지에 대한 합의가 부재하다. 행복지표의 선정과 가중치는 전문가와 일반인이 참여하는 델파이조사, 설문조사, FGI 등을 통해 진행되는 경우가 일반적이다. 전문가와 일반인의 뜻이 비교적 일치할 경우는 문제가 덜하지만 만약 양자가 불일치를 나타내는 경우, 이를 어떻게 조정할 것인지에 대해서는 명확한 해법이 존재하지 않는다. 가중치에 관해서는 가중치를 꼭 부여해야 한다는 입장과 지표별 가중치를 부여하는 것과 그렇지 않은 것 사이에 별다른 차이가 없기 때문에 굳이 가중치를 부여하지 않아도 된다는 견해가 공존하고 있다. 이에 따라, 행복지표 연구마다 가중치를 부여한 것과 그렇지 않은 연구로 나뉜다.

둘째, 행복의 측정 결과를 단일지수로 정리할지 아니면 여러 지표의 결과를 제시할 것인지에 대해서도 저마다 의견이 다르다. 예를 들어, 국회미래연구원의 연구처럼 단일지수로 정리할 경우, 각 지역별 행복도를 명료하게 보여주기 때문에 직관성이 높다는 장점이 있는 반면에 지역 간 비교를 유발하여 행복이라는 근본적 가치를 훼손하는 문제가 존재한다. 반면 단일지수는 발표하지 않고 행복을 구성하는 분야별 지표들의 수치를 각각 발표할 경우, 명확성이 떨어진다는 단점이 있지만 지표간 비교를 통해 행복 취약분야를 발견하는 데 유용하다는 장점을 가진다. 후자가 행복이라는 가치에 보다 부합하지만, 행복연구의 확산 측면에서는 전자의 효용성도 높다고 볼 수 있다.

오늘날 행복지표 연구에서 아쉬운 점은 도시-농촌-도농복합지역으로 구성된 유형별 맞춤형 행복지표의 개발이 충분히 이루어지지 못했다는 사실이다. 유형별로 행복감과 행복에 영향을 미치는 요인에서 상당한 차이가 있을 것이라고 예상되지만 이를 맞춤형 지표개발을 통해 다룬 연구는 거의 전무하다. 2019년 (사)국민총행복전환포럼의 연구는 부족하지만 이를 일정하게 시도한 바 있다. 그러나 유형별로 정확하게 행복의 요소들을 뽑아낼 만큼 정교한 지표를 개발하지는 못한 것으로 판단되며 향후 이 부분에 대한 더 많은 관심이 요구된다.

또한 아쉬운 부분은 생애주기별 행복지표 연구가 미진하다는 것이다. 한국사회가 발전하고 고도화되면서 점차 세대간 이질성이 커지고 있고 세대갈등도 점차 첨예화되는 추세다. 청소년-청년-중장년-고령 집단 각각의 인식과 세계관이 다른 만큼 같은 지표를 통해 모든 세대의 행복을 파악할 수 없다. 그런 의미에서 세대 맞춤형 행복지표 개발이 필요하다.

일련의 내용을 종합하면, 2010년대 이후 행복지표 및 지표개발연구는 상당한 유사성을 가지고 수렴되고 있지만 가중치, 지표분석에 대해서는 일정한 이견이 포착된다. 향후 지표연구가 발전할수록 이러한 이견이 해소될 수도 있지만 동시에 더 많은 차이점이 발생할 가능성도 무시할 수 없다. 고정불변의 지표는 없고 시대변화를 반영하는 것이 논리적으로 타당하기 때문에 앞으로도 행복지표의 수렴과 발산은 계속될 것으로 예상된다.

불평등 해소, 아동청소년 행복에 대한 고민 필요

한국형 행복지표의 발전방향에 대한 몇 가지 제언으로 결론을 대신한다. 첫째, 한국형 행복지표는 불평등과 다중격차를 어떻게 포착하여 반영할 것인지에 대한 고민이 필요하다. 기본적으로 불평등은 행복을 저해하는 요인이고 한국에서 양극화와 불평등이 점차 심화되고 경제적 측면을 넘어 삶의 다양한 영역으로 확산되고 있다는 점에서 이를 좀 더 다각적이고 풍부하게 파악할 수 있는 지표개발이 요구된다.

둘째, 아동청소년들의 행복도를 정확히 포착하기 위한 지표개발이 필요하다. 아동청소년들의 낮은 행복도는 국제비교에서도 분명하고 한국사회 구성원이라면 아마 대부분 동의할 것이다. 그러나 이에 대한 충분한 연구는 이루어지지 못하고 있다. 한국청소년정책연구원이 주도적으로 연구를 진행하고 있고 부산시와 성남시 등에서 지표개발연구가 이루어졌지만 아직 성인의 행복연구에 비해 현격하게 부족한 것이 현실이다.

또한 한국형 행복지표는 향후 코로나19와 같은 전염병의 만연, 기후위기라는 거대한 위협에 따른 국민행복을 측정하기 위한 지표개발에 더 많은 관심과 노력을 기울일 필요가 있다. 이번 연구를 통해 지표에 '지속가능성'을 포함하지 않은 사례가 많다는 것을 확인할 수 있었다. 자연환경에 대한 질문 역시 비교적 단순한 편이다. 행복에서 환경의 중요성은 점차 커지고 있고 앞으로 지속적으로 비중이 커질 것으로 예상된다. 이 부분에 대한 더 많은 고민이 요구된다.

'진정한 행복'을 보여 주는 지표를 위하여

마지막으로 행복지표를 고도화하는 노력과 함께 지표를 통한 계량연구가 가진 한계도 분명하다는 사실을 언급하고자 한다. 100% 정확하게 행복도를 측정할 수 있는 지표는 기본적으로 불가능하지만 또한 지표에 기반한 조사는 여러 가지 외부변수와 개인적 경험 등에 의해 객관성을 담보하기 어렵다는 지적이 있다.[66] 또한 계량연구의 결과가 실질적인 행복의 원인을 파악하는 데는 한계가 존재한다. 즉, 가능한 최대한 질적연구를 통해 수치 결과에 대한 보다 복합적인 분석이 진행될 필요가 있다.

기존의 행복연구는 행복의 추상성에 대한 비판, 행복은 주관적이라는 인식 등에 맞서기 위해 기존의 행복지표 개발을 필두로 과학화를 추진했다. 앞으로도 과학적인 연구를 지속적으로 추진해야겠지만 이제는 동시에 진짜 행복을 파악하기 위해 보다 다원적인 방법론에 문을 열어 둘 필요가 있다.

---

66 박승민 (2019), 160~162쪽.

3.1 의료 | 모든 국민이 자신의 주치의를 가진 나라
– 임종한 인하대학교 의과대학 학장

3.2 교육 | 누구나 평생 마음껏 배우는 나라
– 장수명 한국교원대학교 교육정책전문대학원 교수

3.3 주거 | 수처작주(隨處作主), 어디 살든 마음 편히 주인처럼 사는 나라
– 최경호 전(前) 한국사회주택협회 이사 겸 정책위원장

3.4 돌봄 | 함께 돌보며 존엄하게 나이 드는 나라
– 유여원 살림의료복지사회적협동조합 상무이사

3.5 먹거리 | 안전하고 건강한 먹거리 기본권이 보장되는 나라
– 허현중 (재)지역재단 상임이사

3.6 자치 분권 | 참여와 자치의 민주주의 3.0이 구현되는 나라
– 황종규 동양대학교 공공인재학부 교수

3.7 환경 | 다음 세대를 위한 환경생태 정책이 추진되는 나라
– 박병상 녹색전환연구소 연구이사

3.8 기후변화 | 시민 공동체 중심의 탈탄소 전략이 실현되는 나라
– 오기출 푸른아시아 상임이사

3.9 평화 군축 | 모병제와 GDP 2% 전략으로 평화롭고 풍요로운 나라
– 정욱식 평화네트워크 대표

3.10 일자리 | 모든 세대를 위한 좋은 일자리를 만들고 지키는 나라
– 전병유 한신대학교 사회혁신경영대학원 교수

3.11 금융 | 돈이 필요한 곳에 흘러 행복한 나라
– 김정현 (재)한국사회가치연대기금 기금사업실장

3.12 지역 공동체 | 지역이 살아나고 공동체 문화가 꽃피우는 나라
– 조은상 한국직업능력개발원 명예연구원

아직 행복하지 않은 국민을 위한 나라:

행복지수 상승을 위한 전문가 12인의 정책 제안

3.1 의료
모든 국민이 자신의 주치의를 가진 나라

임종한
인하대학교 의과대학 학장

한동안 줄어들던 우리나라 자살률이 다시 증가하며 OECD 1위로 올라섰다[67]. 소득불평등이 악화되어 소득 상위 10%가 전체 소득의 50.6%를 차지[68]하는 등 미국과 견줄 정도로 심한 소득 불평등 구조를 보이면서, 건강 불평등 또한 더욱 악화될 것으로 예상된다. 평소에 건강관리에 소홀하기 쉬운 취약그룹과 취약 지역의 건강 위험도가 높아질 수밖에 없는 상황이다.

우리사회는 코로나19와 사투를 벌이고 있다. 2003년 사스

---

67 통계청, 『2019년 사망원인 통계 결과』 (2020년 9월 21일)
68 한국노동연구원, 『2017년까지의 최상위 소득 비중』 (2019년 2월)

(SARS·중증급성호흡기증후군)와 2015년 메르스(MERS·중동호흡기증후군)에 이어 2020년 코로나19 감염사태에 이르기까지 글로벌 유행병의 발병주기가 짧아지는 추세다. 이번 코로나19 사태를 통해 극명하게 드러난 것은 장애인 시설과 요양병원의 집단감염처럼 건강 취약계층의 건강관리가 거의 방치돼 왔다는 사실이다. 특히 정신장애인과 고령층의 만성질환이 제대로 관리되지 않을 때 어떤 일이 벌어지는지 이번 사태에서 분명하게 드러났다. 2021년 2월 1일 기준으로 국내 코로나19 사망자 수는 1,425명에 달하는데, 주로 만성질환을 앓던 이들이다.

세계에서 가장 빠른 속도로 진행 중인 고령화와 갈수록 악화되는 건강 불평등, 상시적 위험요소가 되어 버린 글로벌 감염병 확산 속에서 우리 국민의 건강을 지키기 위해서는 일차의료를 강화해야 하고, 그 핵심은 '전 국민 주치의제도'를 확립하는 데 있다. 코로나19 사태로 인해 이는 미룰 수 없는 과제가 되었다.

국민 건강의 해법은 일차의료 강화

우리나라 의료서비스 이용체계가 제대로 확립되지 못한 것은 양질의 포괄적인 일차의료(Primary Care)[69]가 작동하지 않고, 전문 과목 중심의 분절화된 일차진료(Primary Medical Care)만 존재하기 때문이다. 의료서비스는 건강증진과 질병예방, 질병의 조기발견, 조기치료, 재활치료 등을 모두 포괄해야 한다. 그런데 우리 국민들은 제도적으로 포괄적인 의료서비스를 받아본 경험이 거의 없다. 질병의 발병원인에 지속적으로 노출되고, 조기치료와 재활치료을 받을 수 없는 상태에서 건강관리 효과는 제한적일 수밖에 없다.

일차의료 단계에서 동일한 의료진에게 지속적으로 진료와 돌봄 서비스를 받고, 이를 통해 환자에 관한 각종 진료정보가 체계적으로 누적되고 이어져야 지속적이고 포괄적인 양질의 진료가 가능하다. 하지만 방문 의료기관을 자주 바꾸고 명의를 찾아다니는 왜곡된 의료서비스 이용 행태, 수시로 생겼다가 없어지는 의료기관들, 이와 함께 사라지는 진료기록들, 동일한 질병으로 다른 의료기관을 방문하면 처음부터 문진과 각종 검사를 다시 시작하는 우리나라 '동네의원 시스템'에서 의료서비스의 지속성을 기대하기는 어려운 실정이다.

---

69 일차의료(Primary Care)는 인구집단에서 성별, 질병 유무와 종류, 신체 장기별 구분 없이 제공되는 보건의료 서비스로 최초 접촉(first contact), 포괄성(comprehensiveness), 지속성(longitudinality), 조정 기능(coordination)을 핵심 속성으로 한다.

일차의료에 대한 개념이 부재한 데다 동네의원에 대한 국민의 만족도와 신뢰도가 낮다 보니 환자는 여러 의료기관을 전전하게 된다. 필요한 경우 다른 의료기관에 환자를 의뢰하고 사후관리를 하는 등의 체계적인 시스템이 없으니 의료서비스 이용 과정에 혼선이 생기고 자원이 낭비된다. 여기에 의료기관들간의 무차별적 생존경쟁까지 겹쳐, 현재 우리사회는 낭비를 조장하는 비효율적인 의료공급체계를 갖게 되었다.

같은 의료진이 나와 가족을 지속적으로 돌보는 '전 국민 주치의제도'

국민의 신뢰와 만족도가 높은 양질의 보건의료 시스템을 갖고 있는 대부분의 의료 선진국들은 잘 갖추어지고 제도화된 일차의료 시스템, 즉 '주치의제도'를 운영하고 있다. 환자의 가족과 지역사회까지 잘 알고 있는 주치의가 환자와 관계를 지속하면서 보건의료 자원을 모으고 조정해 주민의 건강을 돌보고 관리하는 것이다. 이러한 주치의제도는 전문의 중심의 현행 우리나라 동네의원 체계보다 훨씬 효율적이다.

모든 국민이 주치의가 있고 언제든 도움을 받을 수 있는 '전 국민 주치의제도'가 확립되어야 비로소 우리나라 일차의료 체계가 제대로 정립되었다고 볼 수 있으며, 이를 기반으로 더욱 효과적이고 효율적인 의료서비스 이용체계를 공고히 할 수 있게 될 것이다.

이를 위해서는 무엇보다 일차의료의 질적 향상을 위한 투자와 노력이 필요하며, 의료서비스 제공자 중심이 아닌 시민 소비자 중심으로 일차의료를 재구성해야 한다. 주치의제도 도입은 공급자 위주의 기존 의료정책을 시민 소비자 위주로 전환한다는 의미고, 치료 중심으로 이루어지던 질병관리를 예방 중심으로 전환한다는 뜻이다. 또한 병원 중심 의료에서 지역 중심 의료로, 거대한 패러다임의 전환이 필요하다. 이와 같은 전 국민 주치의제도를 확립해야 환자와 의사 간 신뢰관계, 환자 의뢰와 역의뢰 체계, 의원과 병원 간의 역할분담 등이 가능해질 것이다.

고령층이 늘고 여러 건강위험이 상존하는 현대사회에서 시민들은 건강에 대한 위험을 인지하고 자신과 이웃을 위해, 나아가 지구 생태계를 위해 건강한 생활습관을 기르고 돈독한 인간관계를 형성하는 것 외에는 다른 해답이 없다. 이렇게 조성된 지역 공동체 안에서 주치의들은 부지런히 시민과 소통하며 건강 위기를 극복해 나가야 한다. 시민들이 이러한 변화의 주체가 될 수 있도록 지지하고 돕는 것이 주치의의 역할이다.

2020년 8월 10일, 국내 92개 보건의료단체와 보건의료학회, 소비자·시민단체, 장애인단체, 언론 등이 모여 '주치의제도 도입을 위한 범국민운동본부'를 창립했다. 이전까지 주치의제도 도입 운동은 일부 의료계에 국한돼 있었으나 범국민운동본부 출범을 계기로 여러 시민사회 영역으로 확대됐다. 이는 우리나라에서 본격적인 주치의제도 도입 운동이 시민들에 의해 자발적으로 시작되었음을 의미한다.

고령화 시대의 돌봄과 주치의제도

급격한 인구구조의 고령화에 따른 고령인구의 증가와 이에 따른 만성질환 증가가 진행되고 있다. 노인가구의 빈곤율이 높아지면서 건강불평등 구조도 더욱 심각해지고 있다. 65세이상 노인들의 의료비가 건강보험 지출의 40%를 넘어 가파른 증가세를 보인다. 문재인 정부가 보장성 강화 정책을 추진해온 결과, 오히려 종합병원으로의 환자 쏠림현상은 더욱 심화되고 있다.

최근 관심을 모으고 있는 커뮤니티케어(지역사회 통합돌봄)는 주거, 의료, 복지, 돌봄 등 여러 서비스가 연계된 통합 서비스 형태를 갖춰야 하고, 이러한 연계와 통합에 적합하도록 각 분야별 준비가 필요하다. 현재 국내에서 추진 중인 커뮤니티케어 시범사업은 이 부분에 대한 면밀한 검토가 부족한 상태에서 진행되고 있는 것이 사실이다.

특히 지역사회 통합돌봄의 법적인 근거로 「지역사회 통합돌봄법」이 발의되어 심의 중인데, 사례관리에 보건의료(주치의와 간호사 등 코디네이터)의 역할을 고려하지 않고 행정과 복지 인력 중심으로 추진하려고 한다. 돌봄을 필요로 하는 이들은 대부분 고령자나 장애인이고 가장 절실한 부분이 건강돌봄이므로, 주치의와 같은 보건의료 인력 없이 진행되는 사례관리는 실질적인 효과를 거두기 어려울 것이다.

주치의는 커뮤니티케어에 가장 적합한 전문인력이다. 하지만 국내에서는 주치의제도 도입에 대한 로드맵조차 마련되지 않은 실정이다. 사전준비가 전혀 되어 있지 않은 의료환경에 주치의제도를 도입하려면 이에 대한 준비가 없이는 불가능하다. 우선 주치의제도 도입을 위한 보건의료 인프라 개편을 설계하고 실행에 옮기기까지 준비기간이 필요하다.

국내에 커뮤니티케어가 전면적으로 시행되는 2026년 이전에 주치의제도 도입을 위한 준비를 해야 한다. 주치의제도 도입은 준비기(3년)-시범사업(2년)-전면적 주치의제도 시행 등의 과정이 필요할 것으로 예상되므로, 전면적 주치의제도 시행에 도달하기까지는 최소 5년이 필요할 것으로 보인다. 그러므로 전 국민 주치의제도 도입에 대한 의료계와 시민, 정치권의 대합의를 1~2년 안에는 반드시 이루어 내야 한다.

주치의제도 도입을 위해 무엇이 필요할까

주치의제도를 시행을 위해선 관련 법과 제도의 개선이 필요하다. 우선 국가보건의료체계 전환에 필요한 인력 수급 계획을 세우고 일차의료 전문의 수련이 안정적으로 이루어질 수 있도록 의료인력 양성에 대한 법률적 기반을 마련해야 한다.

환자 의뢰와 회송 체계에 관한 법안도 제정돼야 한다. 이는 주치의가 의뢰한 환자들에게는 강력한 인센티브를 제공하고, 환자 자의로 병원을 방문할 경우 금전적 불이익을 받도록 하는 법률적 근거가 될 것이다. 또한 병원에서의 치료가 종료된 환자가 퇴원할 때는 주치의에게 치료 경과와 퇴원 요약서가 전달되도록 하는 법률적 근거도 마련해야 한다.

주치의는 환자의 동의 하에 환자 건강관리에 필요한 개인병력을 파악할 수 있는 권한을 부여받아야 한다. 국민건강보험공단 건강검진 기록 등 환자의 진료기록들을 진료에 활용하기 위해서 참고할 수 있도록 보장 받아야 하는데, 이를 위한 법률적 근거 또한 필요하다.

국내 의원에 종사하는 의사들은 90% 이상 단독진료를 하고 있다. 단독진료로는 일차의료 서비스의 질적인 향상을 기대하기 어렵고 장비나 시설의 활용도가 떨어질 수밖에 없다. 그룹진료를 권장하기 위한 세제혜택 등의 장려방안을 담은 법과 제도가 마련돼야 한다. 그밖에 학교보건법, 노인복지법, 의료급여법, 암관리법, 국민건강보험법, 그리고 최근에 제정된 건강검진기본법 등에도 주치의의 역할과 기능에 대한 기술이 필요하다.

전 국민 주치의제도 도입을 위한 로드맵

전 국민 주치의제도 도입은 준비기(3년)−시범사업(2년)−전면적 주치의제도 시행 등의 과정이 필요하다. 준비기와 시범사업 기간에 해야 할 일들은 다음과 같다.

01. 준비기(3년) 주치의제도 도입에 적합한 환경을 조성하기 위한 기간으로, 약 3년이 소요될 것으로 예상된다. 주치의제도 실행방안과 매뉴얼 마련, 의료진 대상 공청회·설명회·연수 및 교육 실시, 관련 소프트웨어 개발 및 정보체계 구축, 주치의제도 기반

구축을 위한 입법 활동 등이 이 시기에 이루어져야 한다.

표3-1. 주치의제도 도입 준비기간과 과제

| | 준비기 | | | | | |
| | 1년차 | | 2년차 | | 3년차 | |
	전기	후기	전기	후기	전기	후기
정치권 정책 합의 과정	o	o				
관련 당사자 의견수렴		o	o	o		
관련법 제정·개정		o	o	o	o	
제도 홍보		o	o	o	o	o
제도 실행방안 설계			o	o		
행정업무 지침서 완성				o	o	
임상진료 지침서 완성				o	o	
정보체계 구축				o	o	
운영조직 구성				o	o	
시범사업 지역선정 참가자 모집					o	
참가자 설명회 연수교육					o	o

02. 시범사업(2년) 전면시행 전 2년간의 시범사업을 통해 운영 상의 문제점이나 부족한 부분을 파악해 보완한다. 시범사업 1년차에는 광역시 1곳의 희망하는 모든 의원급 의료기관을 대상으로 하고, 시범사업 2년차에는 광역시가 포함된 도내 희망하는 모든 의원급 의료기관을 대상으로 시행한다.

표3-2. 주치의제도 시범사업과 전면적 주치의제도 시행

	시범사업 기간		전면적 주치의제도 시행
	1년차	2년차	
대상지역	광역시	광역시 포함한 1개 도	대한민국 전역
대상 환자	광역시민 중 희망자	광역시민과 도민 중 희망자	모든 국민과 장기 거주민 중 희망자
원칙	자발적 참여, 일차의료 강화, 수가체계 개편 등		
참가기관	의원급 의료기관		
대상 의사	의원 종사 의사 중 희망자		
중점 과제	현실 수용성 ≥ 근거 기반		근거기반 합리성

단, 시범사업을 시행하는 데는 몇 가지 원칙이 있다.

① 제공자와 환자의 자발적 참여(예: 의료복지사회적협동조합)

② 일차의료 기반 강화

③ 수가체계 개편: 기존의 행위별 수가제에서 환자 인당 수가제와 성과급제의 비중을 확대해 혼합형 방식이 되도록 한다.

④ 제공자들이 다양한 진료비 지불체계를 선택해 경험할 기회 제공

⑤ 제도의 현실 수용 가능성과 근거에 기반을 둔 합리성을 동시에 고려

3.2 교육
누구나 평생 마음껏 배우는 나라

장수명
한국교원대학교 교육정책전문대학원 교수

이 나라에서 교육은 모두에게 무거운 짐이 되었다. 공적인 교육투자와 사교육비를 모두 합하여 계산하면 시민들이 생산해낸, 시장에서 거래할 수 있는 총가치의 매우 높은(아마 OECD 국가에서 가장 높은) 비율을 교육에 지출하고 있다. 개별 가정마다 교육에 쓰는 돈이 참 많고 부담스럽다.

이렇게 많은 돈을 교육에 쓰고 있음에도 시민들은 우리의 교육, 교육이 돌아가는 실상에 그리 만족하지 못한다. 개인과 공동체가 교육을 통해서 더 생산적으로 활동하며 의미가 충만한 삶을 누리고 있지 못하기 때문일 것이다. 이는 미국인들의 의료비 부담이 GDP에서 차지하는 비중이 다른 나라와 비교해 매우 높지만, 정작 미국 시민들은 미국의 의료체제에 불만이 많고 미국인들의 건강 상황이 열악한 것과 유사하다.

돈이 너무 많이 드는 한국의 교육

왜 우리는 교육에 불만이 많은 것일까? 우선, 교육에 드는 돈이 부담스럽다. 학업 중인 자녀가 있는 가계에서 교육비는 무거운 짐이다. 영유아 단계와 대학의 교육비, 그리고 특히 사교육비가 매우 부담이 된다.

영유아의 경우는 최근 들어 시민들의 절박한 요구와 매우 낮은 출산율에 대한 대응으로 국가가 가계에 대한 지원을 늘렸다. 영아 수당, 유아의 돌봄기관 및 교육기관에 보내는 학비, 이를 대신해 집에서 아이를 키우는 경우를 위한 양육수당과 아동수당, 출산과 가계 지원이 늘었다. 아직은 소득 기준에 따라 주어지고 있지만, 이 부분도 점차 개선되고 있다. 영유아 영역에서 가계 부담이 줄어드는 쪽으로 나아가고 있어 한 걸음 진전한 상황이다.

또한 2021년 고등학교 무상교육이 완성됨으로써 초등부터 고등까지 학교 교육비에서 개인의 부담이 사실상 사라진다. 교복

지원비와 급식비 등 다양한 복지비 지원까지 포함하면, 초등과 중등의 교육비 부담 경감은 획기적인 수준이라 할 수 있다.

교육의 질은 낮고 학비는 비싼 대학

한국 교육문제의 핵심은 대학교육이다. 정부는 국가장학금을 주로 가계소득 수준에 따라 지원하고 있고 학자금도 시장보다 저리로 빌려 주고 있다. 전문대학 학생들이 국가장학금의 혜택을 더 많이 보는 것으로 나타났다.

취약층에게 특별히 지원하는 것은 문제가 아니다. 하지만 학업능력이 있는 사람들이 좋은 교육을 받도록 지원하는 것이 아니라는 데 문제가 있다. 학업능력이나 대학이 제공하는 교육의 질이 아니라 가계의 소득수준이 장학금 지급의 주요한 기준인 것이다. 이는 선별을 위한 행정비용을 높이고 상층의 조세 불만을 불러올 수 있다. 유럽의 다수 국가에서는 엄격한 대학입학 자격과 양질의 국·공립 교육을 전제로 무상의 대학교육을 제공하고 있으며, 이것이 사회적 타협의 핵심 요건이었다. 미국 바이든 행정부도 커뮤니티 컬리지의 점진적 무상교육을 지향하고 있다.

국가 차원의 자격요건이 없는 대학입학은 높은 취학률과 고등교육의 부실을 초래했다. 전문대학의 경우 재학생 기준 97%, 4년제 대학의 경우 75% 이상이 사립대학에 다니는데, 이 대학들은 높은 학비를 받고 있으나 교육의 여건은 전반적으로 열악하고 운영비의 상당 부분을 등록금 수입에만 의존하고 있다. 한편 학생들이 선호하는 서울 소재 대학들은 지방에 거주하는 학생들이 접근하기 매우 어렵다.

한국 대학의 교육 수준이 높지 않은 구조적 이유

우리나라 교육에 대한 두 번째 불만은 교육의 질에 있다. 특히 직업교육, 대학과 전문대학 교육의 질이 문제다. 불만을 가지는 이유는 경제적 부담과 비교할 때 '내가 다닌' 대학에 큰 매력이 없다는 점이다. 대학을 졸업한 후에도 일자리를 찾고 있거나 실업 상태거나 심지어 아예 일자리를 포기한 졸업자들이 많아도 너무 많다. 4년제 대학을 졸업하고도 이렇게 많은 실업자를 양산하는 나라는 우리나라 이외에 없다고 보면 된다. 졸업자의 70%가 취업하는 대학은 소수고, 전공에 일치하는 직업을 가진 졸업생의 비율은 더욱 낮다. 그나마 명성 있는 대학을 다니거나 졸업하면 혜택을 누릴 수 있다.

낮은 교육의 질은 우리나라 고등교육 체제와 연관이 있다.

1995년 '5.31 대학설립준칙주의'와 정원 자율화 시기를 거치면서 각 대학이 학생 수(정원)를 대학의 여건에 따라 자율적으로 결정했다. 열악한 사립대학들은 재단의 운영비 지원 없이 학생들의 등록금만으로 운영하니 학생 수를 늘리고 학비를 인상하는 데에 유난히 관심을 갖는다. 동시에 비용의 대부분을 차지하는 교수진 인건비를 줄이고자 하니 대학교육의 질이 좋아지기 어렵다.

서울 소재 대학들과 의과대학 등 특정 전공대학이 명성을 유지하는 이유는 그나마 기부금과 국가의 간접투자가 있고, 교수 경쟁에서 선호되며, 성적 좋은 학생들이 지원하여 교육상품의 생산재로서 동료효과를 통해 시장에서 가치를 높여 주고, 젊은 이들이 좋아하는 전문직 일자리의 상당수가 서울과 수도권에 존재하기 때문이다.

아이들을 경쟁지옥으로 내모는 어른들

셋째로, 이런 교육체제 속에서 어쩔 수 없다고만 하기에는 우리 스스로가 만드는 교육에 대한 의식과 문화도 문제다. 대학의 경제적이고 정치적인 권력 배치에는 사회에서 통용되는 의식과 문화가 자리 잡고 있으며, 우리는 대학과 전공 선택을 일생일대의 도박으로 생각하여 너무 일찍 아이들을 경쟁에 내몰고 있다.

부모들은 명문대학이나 좋은 전공(의과대학)에 입학한 자녀들을 자랑하는 데 열을 올리고 그렇지 못한 자식들은 마치 그림자 아이처럼 남에게 이야기도 잘 하지 않는다. 중고등학교의 사교육비는 '이웃집'의 경쟁효과가 유발한 것일 수 있다. 중고등학교 학생들의 가장 긴 학습시간(학원 및 과외 자습을 포함해서), 대학생들의 가장 짧은 공부시간, 성인들의 낮은 문해력과 적은 독서활동이 우리 교육의 실체를 보여 준다. 성적은 가족 구성원들을 불행하게 만드는 큰 요인 중 하나다.

우리 교육은 수석과 1등 이외의 모두를 패배자로 만들어 버린다. 대학도 지방에 소재하면 '지잡대'라고 거침없이 부른다. 심지어 기회균등을 위한 차등 선발자인 '사회적 배려 대상자'와 '기회균등' 선발자에게 "사균충", "기균충"이란 낙인을 찍는 가슴 아픈 일이 벌어지는 것이 대학의 현실이다. 교육에 관련된 우리 자신의 언어, 문화와 정신도 이제 함께 변해야 한다. 사람들의 교육에 관한 왜곡된 언어, 의식, 문화 때문에 모두 마음에 무거운 돌을 얹은 채 살고 있다.

삶에 힘이 되는 배움을 위한 3가지 제안

문제투성이 한국 교육을 어떻게 바꿔야 할까? 이 글에서는 교육이 우리 국민들의 행복한 삶, 아니 행복까지는 바라지도 않고 그저 우리 삶에 도움이 되는 교육을 위한 몇 가지 방안만을 이야기하려 한다.

첫째, 학습에 어려움을 겪는 어린 학생들을 학습의 최고 전문가들이 돌보도록 하자. 어린 시절에 학습 때문에 어려움을 겪은 기억이 한 번쯤 있을 것이다. 특정 과목에서, 특정 시기에, 특정 상황과 신체적 심리적 이유로 수업을 따라가지 못했던 경험은 누구에게나 있다. 그것이 신체적 이유든, 가정적 이유든, 개인적 경험의 이유든, 당시 수업이 어렵고 막막했다면 이는 어린 시절 학습 때문에 행복하지 못한 경험을 한 것이다. 학습에 곤란을 겪는 미숙한 학습자들에게 최고의 전문가를 붙여 주어 이를 조기에 극복하도록 도와줄 필요가 있다. 핀란드는 어린 시절에 최고의 전문가인 '특별 교사'들을 붙여 조기에 극복하도록 도와주는데, 그 효과가 대단하다. 핀란드는 교사가 워낙 존중 받는 사회지만, '특별 교사'들은 더욱 존중 받는다. 이 같은 정책은 아직 학습에서 행복하지 않는 사람들을 행복하게 만들 수 있는 유효한 일이다.

둘째, 비율이 매우 낮은 국립대학교만이라도 우선 학비를 없애고 양질의 교육을 제공할 수 있으면 사람들이 더 행복해할 것이다. 앞서 설명했듯 우리나라는 사립대학이 너무 많고, 대학 학생 수가 인구에 비해 너무 많아서 모든 대학의 학비를 없애기는 어렵다. 하지만, 지방에 있으면서 학생들에게 인기 있는 대학들은 지금도 학비가 없거나 매우 낮다. 과학기술특성화대학들, 한국과학기술원(KAIST), 광주과학기술원(GIST), 대구경북과학기술원(DGIST) 등과 기술교육을 담당하는 한국폴리텍대학(폴리텍)은 지방 여러 곳에 캠퍼스를 갖고 있으며 학비가 무료다. 누구도 이들 대학을 '지잡대'라고 낮잡아 부르지 않는다. 학생들에게 인기도 좋다.

국립대학 무상교육화는 우선 지방에서 서울로 대학 공부를 위해 진학했으나 비싼 등록금 내고서도 생활고 때문에 교육을 제대로 받지 못하는 학생들이나, 지방 대학에 다니면서 양질의 교육을 받지 못하는 자격 있는 학생들에게 더 나은 기회를 제공할 것이다. 국립대학은 전국에 고루 분포돼 있고 지방의 생활비는 서울에 비해 적게 든다. 서울과 수도권 학생들이 지방 국립대에 진학하고 부모와 떨어져 독립된 생활을 경험함으로써 사회적 고향을 지방에 만든다면, 이는 종국적으로 국토균형발전에도 도움이 될 것이다.

이와 함께 앞서 언급한 과학기술특성화대학과 폴리텍처럼 교수 1인당 학생 수 축소, 학과·전공별 교수와 연구진의 규모 확대, 연구시설에 대한 투자 등을 통해 대학의 연구가 핵분열 반응처럼 폭발적으로 지속되도록 만들어야 한다. 국립대학의 연구 교육비도 늘려 교수들은 양질의 연구를 수행하고 좋은 교육을 제고하며 학생들이 양질의 교육을 받게 된다면, 교육과 관련한 국민적 고통을 해소할 기회가 될 수 있다.

학생들은 양질의 대학교육을 받고, 지역의 산업과 기업들은 우수한 인재를 확보해 세계적으로 경쟁력이 있는 기업들이 지방에서 출현하게 될 것이다. 이후 점차 더 많은 대학을 국립으로 전환하고 이를 전국적으로 분산해서 균형이 잡힌 국토와 국가 발전의 기초로 삼는 것도 필요하다. 국립대학에 투자하면 세계에서 학생들과 연구자, 기업과 산업이 찾아오는 '지역'이 혁신의 중심이 될 것이다.

문제는 이처럼 수준 높은 국립대학에 입학하는 학생들의 자격을 바로 세우는 일이다. 인구가 약 4천만 명인 미국 캘리포니아주의 캘리포니아주립대학 입학기준이나 유럽 대학들의 입학기준을 참조할 수 있다. 캘리포니아주립대학은 캘리포니아 주립 연구중심 대학(UC·the University of California) 체제와 캘리포니아주립대학(CSU·California State University) 체제, 개방대학이자 비학위와 준학사 중심의 캘리포니아 지역 공동체 대학(CCC·California Community College) 체제로 구성돼 있다. UC 체제는 학업능력 상위 15% 학생을 대상으로 연구와 고급전문가 양성에 무게를 둔다. CSU 체제는 상위 30%, CCC는 개방형 입학체제다. 대학별 입학기준은 해당 대학의 교육 프로그램을 따라갈 수 있는 학습능력과 경쟁지수에 따라 달라진다.

유럽의 경우 대부분의 나라에서 대학입학 자격시험 또는 고교졸업 자격시험 제도를 운영하고 있고, 응용과학대학은 이와 별도로 기술자격이 있어야 입학이 가능하다. 이는 대학교육의 기회를 제한하는 측면이 있으나, 대학교육의 질을 유지하는 한 방편일 수 있다. 과거 우리나라에서 예비고사 합격자에 한해 대학입학을 허용했던 것은 이 유럽제도의 변형으로 볼 수 있다.

국립대학의 교육비를 국가와 사회가 부담하는 것은 개인의 교육비 부담을 획기적으로 줄이고 대학의 질을 높이는 전략이다. 대학의 질은 낮고 교육비 부담은 큰 현재의 고등교육체제를 바꾸는 것이 더 행복한 대한민국 교육으로 가는 첫걸음이 되리라 본다.

셋째로, 우리는 누구나 언제 어디서든 자신이 원하는 좋은 교육에 접근할 수 있는 기회를 가져야 하며, 이를 '지역 시민대학'이라는 이름으로 제안한다. 사람들은 자신이 새로운 길과 새로운 기회를 찾을 수 있을 때 행복하다. 또 몇 번 실패해도 일어설 기회가 있다면 행복하다. 자신과 환경의 탓으로 기회를 놓친 이들, 새로운 삶을 살고 싶은 사람에게 그 길을 탐색하고 필요한 역량을 준비할 수 있는 교육과 경험을 제공하는, 평생 시민 교육 기관이 필요하다. 지역마다 누구에게나 열려 있는 공립의 '지역 시민대학'을 설립하여 시민들에게 다양한 비학위 및 학위 교육 프로그램을 제공하는 것이다.

우선 개방적이면서 촘촘한 직업교육이 필요하다. 기존에 존재하는 다양한 직종과 새로이 생겨나는 다양한 직종의 직업교육을 현장과 밀접한 내용으로 제공하는 곳이 있어야 한다. 미국의 커뮤니티 컬리지(CC·Community College)를 다니던 한 농부가 생각난다. 그는 중학교 졸업 후 과수농원을 했는데, 더 이상 수지를 맞출 수 없게 되자 지역의 CC에 입학에서 화훼와 회계학을 배워 꽃가게를 열 준비를 하고 있었다. 또 한 사람은 한국인으로 전문직에 종사하다가 미국으로 이주했는데, CC에서 간호학을 전공하고 미국 대학에 편입해 석사학위를 받고 한국에서 박사학위를 취득한 후 대학에서 교편을 잡았다. CC는 미국의 독창적인 창안품이므로 한국에 맞게 재설계할 필요가 있다.

대통령 직속 국가교육회의는 한국형 CC로 가칭 '지역 시민대학'을 제안한 바 있다. 이 '지역 시민대학'에서 문화교양과 시민교육 겸하여 제공하면 좋을 것이다. 은퇴자를 위한 교육, 새로운 취미와 퇴근 후의 시간을 즐길 기회를 제공하면서 시민들의 교양을 높이고 공동체 참여를 위한 포럼을 여는 것도 좋겠다. 또한 대학에 진학할 수 있는 다양한 경로를 열어 주기 위해 여러 전공의 대학교 1~2학년 과정도 함께 운영할 수 있을 것이다. 대학과 전공 선택의 시행착오를 줄일 수 있을 뿐만 아니라 대학과 직장 생활의 순서를 바꾸거나 병행할 수 있을 것이다.

배움의 기쁨을 평생 충분히 누리는 사회를 위하여

생애에서 직업을 더 자주 바꾸는 시대가 오고 있다. 이때 우리에게 힘이 되는 교육은 필요할 때 양질의 교육을 받을 수 있는 것이다. 새로운 직업에 필요한 직업교육을 받을 수 있고, 대학에 가고 싶다면 대학 공부를 하고 특정 과정을 이수하고 싶다면 이를 사는 곳 가까이에서 무료로 제공받을 수 있다면, 우리는 어디서나 행복한 삶의 여정을 즐길 수 있을 것이다. 또한 모든 지역 공동체가 자족하며 자치하는 공동체로 거듭나는 데에도 큰 도움이 될 것이다. 누구나 무료로 다닐 수 있는, 시민들에게 힘이 되는 양질의 교육 기관들이 이제 우리에게도 절실히 필요하다.

우리의 교육에 대한 의식, 태도, 문화, 정신도 변화해야 한다. 좋은 교수들이 지역 시민대학에서 어려운 사람들의 힘이 되는 교육자가 되는 것이 연구 중심대학의 교수가 되는 것만큼 귀하게 생각되는 사회, 남들이 명문대학의 맞지 않는 전공에 성적에 따라 진학할 때 지역 시민대학에서 자신에 대한 탐색과 경험을 바탕으로 진로를 결정하는 사람들이 많아지는 사회, 능력이 고정된 것이 아니라 환경과 노력에 따라 유동적이며 사회적 권위와 지위도 유동적인, 삶의 깊은 의미를 찾는 행복을 탐험하는 시민들이 많아지는 새로운 문화를 창조했으면 좋겠다.

3.3 주거
수처작주(隨處作主),
어디 살든 마음 편히 주인처럼 사는 나라

최경호
전(前) 한국사회주택협회 이사 겸 정책위원장

지난 수십 년간 우리는 엄청나게 많은 양의 집을 지었다. 단시일 내에 이만큼 집을 지어서 절대적 부족 문제를 해결한 것은 세계적으로도 유례를 찾기 쉽지 않은 수준이다. 그런데 왜 집 문제로 겪는 고통은 줄어든 것 같지 않을까? '도달해야 할 목표'를 향해 모두가 숨 가쁘게 달려 가느라, 오히려 지금 이곳에서 인간답게 편하게 살 수 있는 기회를 놓치고 있는 것은 아닐까?

'내·집·마·련.' 지난 몇십 년간 우리에게 익숙한 주거문제의 해법이자, 합리적 개인이라면 취해야 할 행동강령이다. 세입자의 불안함과 서러움은 경제적으로나 문화적으로나 여러 방면에 걸쳐 있다. 갑자기 전세금을 몇천만 원 올려 달라고 하면 어쩌나,

집값이 나날이 오르는데 나만 집이 없으면 어떡하나 하는 불안함이 경제적 차원의 불안이라면, 고장 난 설비나 부속물의 개보수 문제로 임대인과 분쟁이 생기고 자녀가 학교에서 차별을 받거나 하는 것은 정서적, 문화적 차원의 서러움이 된다. 집을 마련하기 어려워 결혼율이 낮아지고 고독사하는 1인가구가 증가하는 것은 장기적으로는 국가의 존립 차원의 문제가 되고, 개개인들에게는 심각한 주거환경의 품질 문제, 나아가 말 그대로 생존권이 걸린 문제가 되기도 한다. 영화 〈기생충〉에서 잘 묘사되었듯이 침수피해가 빈번한 반지하 주택이나, 2018년 11월 7명이 숨진 화재사건이 일어난 서울 종로의 고시원 같은 곳에 흔한 이른바 '먹방'[70]들이 그렇다.

주거사다리의 두 가지 측면과 의미

그래서 나오는 것이 '주거사다리'를 오르자는 구호다. 이 구호는 동시대인들의 당장의 처지를 개선하자는 의미도 있고, 생애주기에 따라 한 개인이 택하는 주거전략의 차원에서 다루어지기도 한다. 반지하나 고시원, 비닐하우스나 쪽방 같은 곳을 벗어나 '지상'으로 거처를 옮기기 위한 '주거 상향 이동'을 위해 어떤

---

70 창이 없고 빛이 들지 않아 먹처럼 까만 방을 뜻하는 건축계 은어.

정책적 뒷받침이 있어야 하는지에 대한 연구는 전자에 초점을 맞춘다. 최저주거기준에 미달하는 주택이나, 주택으로 집계조차 되지 않는 곳에 살고 있다면 당장 그 공간에서 벗어날 수 있도록 하는 것이 과제다. 극단적으로 열악한 주거형태들은 거기에 살고 있는 개인의 처지를 개선시켜야 하는 차원으로도 보아야 하지만, 중장기적으로는 전체 사회의 근간을 흔드는 문제이기도 하다.

유럽의 경우 산업화와 도시화가 한창이던 19세기 말과 20세기 전반기에 이미 이러한 도전에 국가적으로 대응한 바 있다. 도심의 열악한 주택 밀집지역이 진원지가 되어 도시 전 계층에 콜레라나 결핵이 유행하는 바람에, 공공의 개입으로 주거환경을 정비하고 공장 노동자들의 건강을 지켜 산업의 생산성을 유지하고자 했던 것이다. 또한 전후 귀환장병들의 집 문제를 해결하기 위해서라도 사회주택(공공임대주택)을 본격 확산시켜야 했다. 이는 코로나19 위기, 자영업의 위기 등에 대응해야 하는 2020년대 한국에 시사하는 바가 크다.

개인의 생애주기 차원에서 주거사다리는 조금은 여유가 있는 이야기다. '당장의 상향이동'이라기보다는, 전통적인 관점에서 '가구독립→결혼→자녀 출산 및 양육→은퇴'의 단계별로 점유형태를 옮겨 가며 자산을 축적(또는 역모기지의 경우는 유동화)하는 과정을 일컫는 표현으로 주로 쓰인다. 부모로부터 독립하면 월세(혹은 형편이 좀 더 괜찮으면 전세)로 시작하고, 결혼할 때는 저축이나 주변의 도움을 받아 전세(혹은 형편이 좀 더 괜찮으면 자가)를 마련해 살다가, 청약이나 대출 등의 제도를 활용해 내 집 마련에 성공하고, 조금씩 집을 불려 가며 시세차익을 통해 자녀의 독립을 지원하거나 자신의 노후를 대비하는 것이다. 이렇게 '열위의 점유형태에서 우위의 점유형태로 옮겨가는 것'을 통해 자산을 축적하는 것이 '낮은 상태'에서 '높은 상태'로 올라가는 것이며, 주택이 여기서 '사다리'의 역할을 한다는 것이다.

특히 한국은 해외에서 유사사례를 찾기 힘든, 전세라는 독특한 제도가 주거사다리에서 중요한 역할을 하는 것으로 인식되어 왔다. 당장 전세금을 올려 주긴 벅차지만, 덕분에 소비를 줄이고 전세금으로 '강제저축'을 하게 되어 훗날 주변에 상승한 전세 혹은 매매가를 감당할 수 있었다는 증언은 많다. 이러한 효과를 강조해 "전세값 올리는 집주인을 만나라"는 격언이 있을 정도다.

왜 꼭 주거사다리를 '올라가야' 할까

언제부턴가, 이러한 '주거사다리'가 끊겨서 문제라고들 한다. 1990년대 이후 전세는 꾸준히 감소하고 있고, 자가점유율의 증가 추세는 신통치 않은 것이 사실이다. 1995년 53.5%의 비중을 차지했던 자가율이 2019년 58%가 되는 동안, 29.7%였던 전세는 15.1%로 반토막이 났다. 월세는 14.5%에서 23%로 늘었다. 주거사다리를 올라가는 사람보다 내려오는 사람들이 더 많았다는 이야기다. (그렇게나 집을 많이 지어댔는데?)

2017년 11월 문재인 정부가 야심 차게 발표한 '주거복지 로드맵'은 전체 정식 제목 자체가 「사회통합형 주거사다리 구축을 위한 주거복지 로드맵」이다. 주거사다리에서 밀려 내려오는 사람들이 많다는 점을 포착한 것이다. 이전의 주택계획이나 대책들과는 달리, 총 물량을 제시하는 차원을 넘어 수요맞춤형 주택공급을 위해 건물과 점유유형, 공급방식을 다변화하고 법률과 제도의 정비, 거버넌스의 구축방안에 대한 발전방향까지 제시한 진일보한 정책이었다.

그런데 생각해 보자. 왜 지금 사는 곳에 살면 안 되고, 꼭 여기를 버리고 사다리를 타고 절벽을 올라야 하는가? 그냥 지금의 자리에서도 행복하게 살 방법은 없는 걸까? 물론 빠져 있는 곳이 구덩이라면, 비가 와서 물이 차오른다면, 거기 빠진 사람은 끌어올려 줘야 하겠다. 최저주거기준에 미달한 주택을 해소해 나가고, 적정한 품질의 주택에 살 수 있도록 하는 데는 주거사다리가 필요할 것이다. 그러나 자가보다는 전세, 전세보다는 월세가 열등한 것(못)이고, 그로부터 벗어나는 것이 인생의 중대한 목표가 되어야 하는 것이 주거사다리라면, 꼭 그래야 할까? 그냥 사다리가 필요 없도록 모두가 엇비슷한 높이가 되어선 안 될까?

소문난 주거복지 국가들이 자가소유율 낮은 까닭

주거복지로 유명한 네덜란드, 오스트리아, 덴마크와 같은 복지국가들의 자가소유율을 보면 55% 정도로, 우리나라와 비슷하거나 더 낮다. 실제로 '국가가 부유할수록' 자가소유율은 더 낮은 경향을 보이고, 자가소유율이 높은 나라들은 오히려 대부분 우리가 '가난한 나라'로 인식하는 국가들이다. 루마니아, 슬로바키아, 크로아티아, 중국, 쿠바 등은 자가율 90% 이상, 리투아니아, 북마케도니아, 네팔, 러시아, 인도, 헝가리, 세르비아, 폴란드, 불가리아, 오만, 노르웨이, 에스토니아, 일본, 라트비아, 몰타, 멕시코, 태국은 자가율 80% 이상, 스페인, 체코, 이탈리아, 핀란드, 아이슬란드, 슬로베니아, 브라질, 그리스, 포르투갈 등은 70% 이상이다.

다들 나름대로 고유한 문화와 역사적 맥락이 있고, 정치와 경제에서 발전을 추구하고 있는 나라들이지만, 흔히 우리나라에서 복지국가의 모델로 삼는 나라들은 찾아보기 힘들다. 그렇다면 복지국가는 '자기 집을 가진 사람이 많아서' 되는 것이 아니라 '세입자가 마음 편하게 살아서' 복지국가가 아닌가.

좋은 집, 멋진 차를 가지고 싶은 욕망을 부정하자는 것이 아니다. 거대도시화된 현대사회에서, 기후위기와 방역위기를 극복해야 하는 과제 앞에서, 주택이라는 특수한 재화를 어떻게 생산하고 배분할 것인지, 이와 관련한 자원을 어떻게 배치할 것인지에 대해서는 공동의 지혜를 모아야만 할 것이다. 교통문제에 대해서는 "발전한 국가는 가난한 사람들이 자가용을 가지는 게 아니라 부자들이 대중교통을 사용하는 나라다(País desarrollado no es donde pobre tiene auto· Es donde rico usa transporte público)"라는 말이 있다. 콜롬비아 보고타의 시장 구스타보 페트로가 도시의 교통문제 해결을 위한 통찰을 담아 남긴 명언이다. 한국에 버스나 버스 전용차로제가 없는 상황을 생각해 보자. 너도 나도 자가용을 몰고 나와야만 한다면? 이때도 '교통사다리를 구축'하기 위해 모두가 자가용을 가질 수 있도록 지원해야 할까?

낙수효과가 아니라 부상효과가 필요하다

물론 교통과 주거는 다른 차원의 문제이나, 위의 이야기를 주거에 대입하면 '낙수(落水)효과가 아니라 부상(浮上)효과를 추구해야 한다'는 말이 될 것이다. 잔을 흘러 넘치게 하려면 위에서부터 물을 부어야 하지만, 잔을 대야에 띄우려면 아래에서부터 물을 채워야 한다. 세입자의 처지가 개선되면, 쫓기듯이 자기 집을 살 필요가 없어진다. 무기계약에 임대료 인상률에 대한 규제가 있는 복지국가의 세입자들이 그렇다.

사회주택(우리나라의 공공주택과 유사하나 비영리 민간조직 등이 참여하는 조금 더 넓은 개념이다)의 비중이 크고 일반 시장임대에도 세입자 보호장치가 잘 되어 있는 네덜란드와 같은 곳에서는 주택담보대출비율(LTV)을 100% 넘게 (집값을 치르고 나서도, 세금도 내야하고 이사비용도 드니까!) 잡아줘도, 무리하게 빚을 내서 당장 살지도 않을 집을 미리 사두는 경우를 찾기 힘들다. 급격한 주택가격의 변동도 없고 불안감도 없으니, 실수요자가 집을 사기에도 수월한 선순환 구조가 작동한다. 대출규제 완화의 필요성을 주장하고자 네덜란드의 사례를 인용하는 분들 중에, 네덜란드의 사회주택 비중이 30%에 이르거나 전체가구의 30%가 넘는 이들이 주거보조비를 받고 있는 점, 일정액(2020년 기준 약 100만 원) 이하의 월세에 대해서는 공급주체를 막론하고 '모든' 주택에 임대료 규제가 적용되는 점 등은 모르거나 애써 무시하는 경우가 많아 아쉽다(그 반대도 마찬가지다). 세입자로 살든, 자가보유를 희망하든, 충분한 지원이 이루어지고 있는 점은 부러울 따름이다.

반면 세입자의 처지를 직접 개선하려 하기보다는 '투기에 대한 응징'이나 '가격 조절'을 목적으로 세금을 주요 정책수단으로 삼으려는 경우도 있다. 그런 경우 주택의 소유주가 주택을 매집해 보유하는 것에는 별 영향을 못 미치고, '조세 전가'를 통해 세입자의 임대료만 상승하는 부작용이 나타나기도 한다. 접근법을 달리해서 '아래에서부터 물을 채워야' 하는 이유다. 임차인의 권리가 강화되는 것 역시 다주택 보유의 유인을 떨어뜨린다는 점에서 세금을 강화하는 것과 비슷한 효과를 낸다(세금은 조세정의의 차원에서 다룰 문제이지, 결과적으로 가격에 영향을 미치는 문제와 본말이 전도되어서는 곤란하다). 위에서부터든 아래에서부터든 둘 다 시간이 걸린다면 기왕이면 '부상효과', 즉 세입자가 마음 편히 살 수 있도록 하는 것이 먼저 아니겠는가. 우리가 바라는 '국민총행복의 증진'이 공리주의적 관점에서의 '최대다수의 최대행복'이 아니라 '최소혜택을 입는 이의 혜택이 최대가 되도록 하는' 롤스의 정의론에 따른다면 더욱 그렇다.

2020년의 「주택임대차 보호법」 개정은 주거문제 해결을 위해 부상효과로 눈을 돌리는 작은 출발점이 될 것이다. 1981년 처음 법이 제정되어 비록 1년에 불과했지만 '계약기간'이라는 것이 법적으로 보장되기 시작하고, 1989년에는 그것이 2년으로 늘어난 이래 31년 만에 계약을 (비록 아직은 1회일 망정) 갱신할 권리가 주어진 것이다. 복지국가들의 무기계약에 비할 바는 아니지만 의미 있는 진전이다. 단기적 부작용을 극복하고 '뉴노멀'의 기틀을 잡을 때가 되었다.

그런데 꼭 세입자의 권리신장이 아니라 해도, 금리는 낮고 시세차익에 대한 과세도 강화되며 신규 투자처를 찾기도 점점 마땅치 않아지는 상황이라면 임대인 입장에서는 전세보다는 월세에 대한 유인이 커진다. 원하는 때 마음대로 전세보증금을 올려 투자에 활용하다가 내보내고 싶을 때 내보낼 수 없다면, 매각을 통한 시세차익을 추구하기보다는 안정적인 월세를 통해 운용 수익을 얻는 것이 더 유리하기 때문이다. 1995년 이래 전세가 점차 줄어든 배경이자, 2016년 2월에 이미 박근혜 대통령이 "어차피 전세의 시대는 갔다"고 발언한 이유다. 「임대차보호법」의 개정으로 이 흐름이 좀 더 가속화될 수는 있다. 그렇다면 주거복지 차원의 과제는 전세자금 대출보다는 월세 보조비로 무게중심이 옮겨 가야 할 것이다.

단일모델, 점유중립성, 점유선택권

'세입자가 마음 편히 사는 사회'의 주거체제를 학술적으로는 '단일모델'이라고 한다. 케메니(Kemeny)가 명명한 이 모델과 분석 방식이 유사한 다른 연구도 많은데, 개념과 명칭은 조금씩 다르지만 대체로 ①비영리 부문과 시장임대 부문 사이의 차이가 크지 않고 ②공급주체가 공공, 협동조합, 사회적기업 등 다양하며 ③비영리 부문에 대한 사회적 낙인효과(Social Stigma)가 없거나 덜하고 ④따라서 자가소유의 압박도 덜하여 ⑤이른바 '주거사다리'가 상대적으로 덜 중요한 네덜란드, 오스트리아, 덴마크, 독일, 스위스 같은 나라들의 경우를 하나의 그룹으로 분류하는 경향이 있다. (한국사회주택협회의 임무는 위의 협동조합이나 사회적기업들이 공급하는 주택의 영역을 넓히고자 하는 것이다).

이에 반해 시장임대와 비영리임대 부문의 구분이 확연하고, 비영리 부문은 주로 공공 부문만 존재하며, 소수의 빈곤가구에 대한 낙인효과가 크고, 자가소유에 대한 개인의 열망이나 정부의 장려가 두드러지는 영미권이나 우리나라 같은 경우는 '이중모델'이라 할 수 있다.

특정 모델이나 그 모델을 운영하는 국가의 특정 제도 한두 개를 금과옥조로 모실 필요는 물론 없다. 하지만 결국 행복이라는 것이 각자의 자율적 선택을 존중하고 각자가 별다른 압박이나 부담 없이 선택을 할 수 있을 때 가능한 것이라면, 모델의 이름은 무엇이 되었든 '점유선택권'의 확장을 추구하는 것이야말로 우리의 과제로 손색이 없을 것이다. 그리고 그렇게 선택권을 보장하기 위해서는 선택지가 다양해야 하고, 선택지간의 우열의 차이가 너무 심하거나, 한 번의 선택이 이후의 선택을 질곡에 빠트리면 안 된다.

대중교통에 비유하자면, 한 번 지하철을 탔다고 해서 영원히 자가용을 살 기회를 박탈당하거나 하지 않고, 평소에는 버스, 정시성이 중요할 때는 지하철을 타다가 짐이 많으면 택시를 타기도 하는데, 공공정책상의 지원이 특정 교통수단에 치우치지 않는 것이다. 어느 교통수단을 선택해도 큰 부담이 없고, 각각의 선택지 사이에 지나친 우열이나 장단점의 차이가 없어서 한 번의 선택이 다음 선택을 제약하지 않는다면 각 수단간 '교통중립성'이 구현되었다고 하겠다. 사용자 입장에서는 그때 그때 상황과 처지에 맞게 선택할 수 있는 권리가 보장되는 것이다.

주택으로 돌아오면, 한곳에 오래 머무를 것 같지 않거나 곧 집을 넓혀 갈 것 같으면 임대를 선택해서 살되 원하는 기간만큼 마음 편히 살고, 그러다가 취직하고 가정을 이루거나 해서 한동네에 오래 정착할 것 같으면 그때 가서 마음 편하게 집을 구매하는 것이다. 마음에 맞는 사람들과 함께 살고 싶으면 입주자협동조합을 만들고 이들이 공유하는 주택에서 사는 것도 가능하다. 지금 임대주택에 산다고 해서 특별히 더 차별을 받거나 향후 내 집 마련의 기회가 영영 멀어지는 것이 아니다.

수처작주(隨處作主)의 원래 뜻과는 좀 다르지만, 어디서 살든 주인처럼 마음 편히 사는 사회가 좋은 사회요, 점유중립성이 구현되고 주거선택권이 보장되는 시스템이 바로 국민의 총행복이 큰 복지국가 주거 부문의 특징일 것이다. 네덜란드는 사회주택 입주민의 평균 거주기간이 11년이 넘는다고 한다. 한국은 평균 3년이 좀 넘는 수준인데, 자가거주자의 경우도 7년 정도라고 한다. 사회주택에 살면서도 쫓겨날 걱정 없이 원하는 기간만큼 마음껏 집을 꾸미고 사는 네덜란드의 임차인과, 대출이자에 허덕이며 집값이 떨어질까 전전긍긍하며 가끔은 정보 은폐나 담합도 불사해야 하는 한국의 자가거주자 중, 진정 '자기 집에서 주인으로' 사는 이는 누구인가.

호랑이 등에서 내려와 복지국가의 기둥을 세우자

집값이 올라도 다주택자가 아닌 1주택자 입장에서는 그다지 실익이 없다. 부모의 집값만 오르는 것이 아니니 오히려 자녀가 독립할 때 독립비용만 더 비싸지는 수가 있다. 윗돌 빼서 아랫돌 괴는 셈이다. 담보대출을 받아 평생 성실하게 갚기보다는 단기간 내에 주택가격이 오르면 집을 팔아서 대출금을 갚고 이사를 가는 것도 흔히 추구하는 전략이다. 은행 입장에서도 집값이 계속 올라야만 안심이 된다. 올라도 문제, 내려도 문제니 호랑이 등에 올라탄 것이 우리네 신세다. 그러나 이대로 계속 갈 수 없음은 분명하다.

그렇다면 점유중립성을 제고하고 주거선택권을 구현할 용기와 지혜를 가지고 호랑이 등에서 내려와야 한다. 세입자의 권리가 보장되도록 임대기간과 임대료에 대해 규제를 강화하면, 자연스레 투기가 줄어들어 자가 마련도 쉬워질 것이다. 물론 규제로 인해 공급이 위축될 것도 예상 가능하다. 따라서 규제를 준수하면서도 주택을 직접 공급하는, 사회주택이나 공공주택과 같은 비영리 부문의 육성도 필요하다. 한편 소비자 현물보조의 성격인 주택의 공급으로 모든 수요를 감당하기엔 한계가 있다. 비영리 부문의 다양한 공급체제가 자리잡지 못한 상황에서 바로 소비자 보조만으로 전환해서는 곤란하지만, 공급 생태계의 변화와 함께 앞으로는 소득이나 형편에 따라 탄력적으로 적용하기 쉬운 주거비 보조제도를 확대해야 하는 이유다.

교육, 연금(사회보장), 보건의료와 주거는 '복지국가의 4대 기둥론'에서 말하는 기둥들이다. 국민총행복을 추구한다면 여기에 교통, 에너지, 인터넷, 나아가 돌봄과 문화까지 넣어서 9개의 기둥을 통해 복지국가를 떠받치면 어떨까.

3.4 돌봄
함께 돌보며 존엄하게 나이 드는 나라

유여원
살림의료복지사회적협동조합 상무이사

우리는 고령화 시대를 어떻게 바라보고 있는가. 초고령 사회를 잘 맞이하고 살아가기 위한 준비는 물론 필요하다. 하지만 '인구가 고령화되면서 사회의 생산성이 떨어지고 다른 세대의 사람들에게 감당하기 힘든 부담이 되어 사회가 점차 쇠퇴해 간다'는 식으로, 부정적인 변화로만 받아들이고 있지는 않은지 생각해 볼 필요가 있다.

관점을 좀 바꾸어 보면 어떨까. 고령화 시대를 '전반적인 사회 구성원이 시니어, 즉 인생 경험이 많은 시민들로 변화해 간다'는 의미로 보는 것이다. 경험 많은 시민과 함께 성숙하고 원숙한 사회로 진입하는 과정은 빠른 속도와 성장제일주의로 일관해온 사회 전반을 재조직하는 기회가 될 수도 있다. 어떻게 하면 우리는 고령화 시대를 인류 문명의 성숙한 다음 단계로의 진입으로, 긍정성을 함께 갖고 있는 변화로 맞이할 수 있을까.

고령화는 골칫거리가 아니라 원숙한 사회로의 변화

고령화 시대가 해결해야 할 문제가 아닌 변화로 받아들여지기 위해서는, 개인의 삶에서도 '나이듦'을 불행이 아니라 삶의 자연스러운 성숙으로 바라보는 관점의 변화가 필요하다. 더불어 나이, 성별, 질병, 장애, 사회경제적 조건 등의 차이를 넘어 누구나 '나다움'을 잃지 않으며 마지막까지 지낼 수 있도록 단단히 받쳐주는 돌봄의 체계가 함께 필요할 것이다.

저출생과 고령화, 가장 큰 사회적 변화를 야기하고 있는 두 가지 의제의 공통분모에 돌봄이 놓여 있다. 임신과 출산, 양육의 긴 과정에서 누가 어떻게 돌볼 수 있을지에 대한 예측과 확신의 정도가 현재의 출산과 비출산 선택에 영향을 미친다. 갈수록 격차가 벌어지는 건강수명과 평균수명 사이를 충분한 돌봄이 메꿔 줄 것이라는 전망이 불투명할수록 노후에 대한 불안과 나이듦에 대한 거부감은 커진다. 태어나는 순간부터 죽음에 이르기까지 결국 우리사회의 화두는 현재에도 이미 돌봄이고, 좋은 돌봄의 가능 여부야말로 사회의 지속가능성과 직결되어 있다.

돌봄의 수요자에서 돌봄의 생산자로

사회 전반이 돌봄의 부족으로 골머리를 앓고 있다. 전통적인 의미에서 돌봄이 필요하다고 여겨졌던 사람들뿐 아니라 점점 더 다양한 이들에 대한 맞춤 돌봄의 필요가 확인되고 있다. 이제 우리는 돌봄이 풍부한 사회로의 전환을 고려해야 한다. 돌봄이 모든 사람에게 평생에 걸친 기본적 필요이자 시민 한 사람 한 사람이 스스로 돌봄의 생산자가 될 수 있다는 인식, 즉 돌봄의 일상화 속에서 전환은 가능해진다. 돌보는 시민이 되는 것이 좋은 시민의식의 핵심으로 자리 잡는 것이다.

물론 건강할 때 건강을 지키고 돌봄이 필요할 때 충분히 돌봄 받을 수 있는 시스템을 만드는 것은 국가의 몫이다. 하지만 모든 정책과 제도는 결국 사회의 문화와 시민들의 노동을 통과하여 우리에게 도달하기 때문에, 돌봄 문화와 노동을 증진하는 정책 역시 필수적이다.

누구도 처음부터 잘 돌볼 수 있는 사람은 없다. 돌보는 경험과 훈련을 통해 조금씩 더 잘 돌볼 수 있게 된다. 게다가 돌보는 것

뿐 아니라 돌봄을 잘 받는 것도 연습이 필요하다. 돌봄은 추상적이거나 혹은 반대로 아주 개별화된 것이라 평가하기 힘들다고 생각하기 쉽지만, 좋은 돌봄의 지표는 분명히 존재한다. 그렇기에 돌봄 문화는 명시적으로 관리될 필요가 있다. 마음을 다해, 가족처럼 돌본다는 아름다운 말은 실제로는 가장 좋은 돌봄이 아닐 수도 있고, 모두에게 제공 가능하지도 않다.

잘 돌보고 돌봄 받는 방법을 배우자

돌봄의 과정에는 평생 반복해 온 관계의 습관이 반영된다. 일생 타인을 권위적으로 대해 온 사람이 돌봄을 받는 시점이 되었을 때 갑자기 자신을 돌봐주는 사람에게 감사하며 친절하게 대하는 관계를 맺기란 어렵다. 그래서 호혜적 돌봄을 위한 공통의 문화와 약속이 필요하다.

돌봄은 상호적 역동이자 엄연히 숙련과 전문성이 존재하는 노동이다. 누구나 쉽게 할 수 있고 부가가치가 낮은 저임금 비숙련 노동이라는 선입견이 돌봄노동에 한계를 지운다. 돌봄 제공 체계, 정책에 대한 논의만큼이나 돌봄이라는 노동 자체에 대한 심도 있는 연구와 개발이 필요한 이유다.

가정, 가사, 기술과 같은 일상생활에 필요한 것들을 익히는 과목처럼 돌봄을 공교육 안에서 배우고 가르칠 수 있다면 어떨까. 돌봄 교육을 통해 돌봄 받는 상대방의 입장을 헤아리는 방법을 배우고, 자신 역시 돌봄이 필요한 존재라는 것을 인식할 기회가 될 수 있다. 돌봄이 많이 필요한 세상으로 변화하는 것을 부정적으로 보지 않고 아이부터 노인까지, 장애인부터 비장애인까지, 누구나 돌봄이 필요하다는 사실을 받아들이고, 돌봄이 풍요롭게 존재하는 사회에 대한 비전을 공유하는 시민으로 성장하는 것이다. 또한 돌봄이 급작스럽게 닥친 부담이 되기 전에 신체적, 정신적으로 여유가 있는 상태에서 돌봄 받고 돌보는 경험을 시작하는 것은 지속가능한 돌봄의 생태계로 진입하기 위한 효과적인 훈련의 과정이 될 것이다.

돌봄의 시점도 중요하다. 특정 시기에, 특정한 상황에 처한 사람만을 돌봄의 대상이라고 여길수록 선제적 돌봄, 예방적 돌봄은 어려워진다. 직장에서 일하고 있는 노동자 역시 누군가를 일상적으로 돌보고 있을 것이라고 여기는 것이, 아이를 돌보기 위해 직장을 그만두는 육아맘/대디, 가족 돌봄으로 인한 피치 못할 경력단절이 덜 생기게 할 수 있는 길이 될 것이다. 일생에 걸친 연속적인 돌봄은 개인과 사회의 생산성과 행복함에 긍정적인 영향이 된다.

'커뮤니티케어'는 커뮤니티에서 출발한다

일본의 사회학자 우에노 치즈코는 "고독한 죽음 이전에 고독한 삶이 있다"고 말했다. 고독하지 않게 살아왔는데 갑자기 죽음만 고독할 리는 없다는 것이다. 커뮤니티케어는 사람들이 현재 살고 있는 지역사회, 즉 커뮤니티가 '여기서 나이 들고 죽음도 맞이하고 싶을 정도로 친밀감과 관계망이 있는 커뮤니티인가' 하는 질문에서부터 시작한다. 내가 살고 싶은 커뮤니티여야 여기서 죽고 싶기도 하기 때문이다. 그래서 평상시에도 살고 싶은 커뮤니티, 안심하고 나이들 수 있는 지역사회와 공동체를 구성하는 것이 통합돌봄의 중요한 시작점이 될 수 있다.

이를 일찌감치 알아차린 조직들이 있다. 의료복지사회적협동조합과 여러 생협들, 지역사회 내에서 커뮤니티 활동을 하면서 동네 안 구석구석 필요한 돌봄을 제공해 온 수많은 마을 모임과 시민단체, 기관, 봉사활동 조직들이다. 커뮤니티케어 정책의 성패는 혁신적인 돌봄 서비스의 효과적인 공급사슬이 아닌, 정주해서 살고 싶은 커뮤니티의 형성에 달려 있다고 해도 과언이 아니다.

울림두레돌봄사회적협동조합의 고은주 이사장은 "마을 만들기를 통한 주민관계망이라는 큰 동심원이 먼저 있고, 그 안에 일

194

상생활지원이 가능한 호혜적인 상호돌봄이 있을 때, 가장 안쪽의 동심원에서 집중적이고 장기적인 돌봄, 재가와 시설 서비스 등 전문인을 통한 지속적 돌봄이 가능하다"고 설명한다. 이렇게 돌봄을 바라볼 때 중요한 것은 자본의 크기가 아니라 동심원을 이루고 있는 사람들, 연결되어 있는 사람들의 수가 된다.

서로 돌봄을 배우고 실천하는 사람들

서울 은평구 구산동에 위치한 '밥풀꽃'은 주중 점심 때 채식 식당으로 운영되다가, 토요일 오후가 되면 치매 어르신과 보호자들이 올 수 있는 '서로돌봄까페'로 변신한다. 주중에는 출근하느라 치매에 걸린 어머니와 보내는 시간이 적어 주말에라도 함께 있고 싶은데, 치매가 있는 어르신과 갈 수 있는 식당도, 카페도 마땅하지 않아 계속 집에만 있게 된다는 한 주민의 이야기에 다른 주민들이 화답하며 생긴 카페다. 치매 어르신은 물론 보호자도 대환영이다. 자원활동주민들과 함께 치매 어르신이 관절 가동 운동, 다양한 인지 재활 프로그램에 참여하는 동안 보호자는 돌봄에서 잠시 눈을 돌려 쉴 수 있다. 어디에서도 꺼내지 못했던 돌보면서 힘들었던 경험도 말하고, 돌봄이 주제가 아닌 자신이 주인공인 이야기를 나누기도 한다.

매주 토요일마다 모여 '서로돌봄까페'를 운영하는 사람들은 살림의료복지사회적협동조합에서 건강과 돌봄에 관한 교육을 받은 후 건강돌봄자원활동단을 꾸린 주민들이다. 지역사회에서 함께 살아가는 좋은 이웃이 되기 위해 인권 강좌, 지속가능한 돌봄의 비전을 만드는 워크숍에도 참여하고, 혼자 걷기 힘든 사람들을 부축해서 함께 산책하거나 휠체어를 미는 방법, 틀니를 관리하고 잇솔질을 돕는 방법, 인지재활을 돕는 방법 등 실질적인 돌봄의 기술도 익혔다.

배움에서 끝나지 않고 실제 돌봄의 생산자로 참여하면서 주민들의 돌봄에 대한 상상력과 자신감도 같이 커져 왔다. 마음 편하게 커피 한 잔 할 수 있는 치매 어르신과 보호자도 행복하지만, 돌보는 사람들 역시 나의 활동이 우리 동네의 돌봄관계망을 만들고, 내가 돌봄이 필요해질 때도 이 커뮤니티가 나를 돌봐주리라는 확신이 강해지며 든든해진다. 좋은 커뮤니티란 결국 나를 포함하여 좋은 이웃이 많이 사는 곳이기 때문이다.

주거-의료-돌봄이 어우러진 마을 만들기

현재 정부는 통합적인 사회서비스를 누리며 살던 곳에서 살아갈 수 있도록 하는 커뮤니티케어 선도사업(지역사회 통합돌봄)을 추진 중이며, 이를 위한 자원의 통합적 연계, 필요한 분야의 추가적인 개발이 이어지고 있다.

병원이나 시설이 아닌 내가 살던 집에서, 익숙한 지역사회에서 안심하고 나이 들고 싶은 것은 많은 사람의 바람이자 정부가 지향하는 정책 방향이기도 하다. 병원에 더 머물러야 하는 의학적 이유는 없지만 집에서 홀로 일상생활을 유지하기 어려워 퇴원하지 못하는 사회적 입원, 퇴원 후에도 곧 재입원으로 이어지는 소위 회전문 현상은 '의료에 대한 불안'과 '주거지의 멸실 및 불량' 그리고 '고립감'이 주요 원인인데, 현실은 요양병원 퇴원 환자의 82.3%가 퇴원한 해에 다시 입원하고 4번 이상 입원한 사람도 15.4%에 달한다.[71]

보건복지부 산하 커뮤니티케어추진단의 이건세 건국대학교 예방의학과 교수는 "지금의 구조는 요양병원, 급성기 병원, 집밖에 없다"고 지적하면서 "주거, 의료, 돌봄이 정교하게 짜여지는 새로운 흐름이 필요하고, 모든 걸 해결해 주는 입소 중심의 구조에서 방문의료의 활성화와 독립 기능 유지를 위한 급여 내용을 개발할 필요가 있다"고 주장한다.[72]

---

71 〈메디컬 타임즈〉, 보건복지부 건강보험정책심의위원회 안건 자료 (2019년 04월 12일)
72 〈돌봄의 패러다임적 전환을 꿈꾸다〉, 더불어민주당 강선우 국회의원실 주관 토론회 (2020년 11월 16일)

중간집과 마을간호스테이션을 제안한다

이러한 주장에 공감하며 아직 제도화되지 않았지만 새롭게 제안하고 싶은 정책이 '중간집'과 마을간호스테이션'이다.

병원과 지역사회를 잇는 정거장 역할을 하는 중간집은 의료, 돌봄, 재활과 일상생활 훈련이 통합적으로 이루어지는 주거공간이자, 스스로를 돌봄 수혜자로 고정하지 않고 자기돌봄 역량의 강화를 목표로 하여 시설이 아닌 자기다움을 유지하며 2주에서 6개월까지 단기간 생활하는 공간이다. 가족, 자원봉사자, 지역사회에 열려 있어 거주기간에도 고립되지 않고, 이웃과의 관계망을 미리 형성하여 집으로 복귀한 후에도 관계를 지속할 수 있게 한다. 사회적 입원과 재입원의 주요 원인을 해결하는 의료안심, 생활안심, 관계안심이 통합적으로 이루어지는 거점인 셈이다.

지역사회에 중간집이 있으면, 자택생활에 어려움이 있는 퇴원 노인 환자나 급성기 질병 치료 후 단기간 의료와 돌봄이 필요한 환자, 항암치료 등 중증질환의 단기간 집중치료를 위해 돌봄이 필요한 환자 등 다양한 이유에서 단기적으로 보호가 필요한 주민들이 집에 방치되거나 굳이 병원에 있지 않고 지역사회 내에서 최적의 돌봄을 받으며 다시 자립할 수 있다.

그림3-1. 의료복지안심주택을 중심으로 본 통합돌봄 자원 조직도

자료: 살림의료복지사회적협동조합

또한 의료와 돌봄을 자신의 가정에서 받기를 원하는 경우, '마을간호스테이션'에 등록해서 의사의 왕진과 정기적인 간호 처치, 응급상황 지원을 받으면서 지낼 수도 있다. 마을간호스테이션은 현재의 가정간호사업소와 방문간호센터를 통합하고 발전시켜 상상한 모델로, 건강보험과 장기요양보험으로 분리된 재원을 일원화해 중복 서비스되지 않도록 하고, 의료적 필요가 있는 장기요양 수급자들이 적기에 발견되어 의료 처치를 받을 수 있도록 한다. 가정간호사업소가 현재 주로 대형병원 부설로 운

영되고 있고, 방문간호센터는 방문요양센터에서 부수적으로 운영되는 데 반해, 마을간호스테이션은 마을을 기반으로 일차의료기관의 의사와의 협업을 통해 제공될 수 있다. 주치의와 긴밀하게 소통하며 이루어지는 정기적인 간호사 순회를 기반으로, 응급상황에서 의사와 간호사의 방문진료·간호가 추가될 경우, 장기요양제도 안의 방문간호, 가정간호, 가정호스피스, 장애인 건강주치의 등 각종 제도와 시범사업으로 조각조각 나뉘진 커뮤니티케어를 통합적으로 운용할 토대가 될 것이다.

지속가능한 돌봄과 시민 연대를 위하여

지속가능한 돌봄을 위해서는 자기돌봄과 서로돌봄, 함께돌봄이 동시에 필요하다.[73] 자기돌봄이란 돌봄의 가장 중요한 주체로서 스스로를 돌보는 책임과 권리를 어떤 상황에서라도 포기하지 않겠다는 의지이자 이를 존중하는 돌봄이다. 돌봄 받는 사람도 돌봄 과정에 참여하고 자기 역할을 갖는다.

돌봄은 관계를 기반으로 실현된다. 돌보는 사람과 돌봄을 받는 사람으로 정체성이 고착화되지 않도록, 평생 남을 돌봐 왔던

---

73 살림의료복지사회적협동조합의 '살림다운 돌봄' 개념에서 발췌.

사람이 정작 자신이 돌봄이 필요할 때는 받지 못하거나 관계에서 소외되지 않도록, 돌봄 노동의 공정한 분배와 상호성을 고려하는 것이 서로돌봄이다.

그러나 자기돌봄과 서로돌봄만으로는 해결하기 어려운 돌봄의 필요도 있다. 시민간의 연대와 협동으로 이루어지는 조직과 기관 차원의 사업, 그리고 정책과 제도를 통해 호혜적 돌봄 생태계를 유지하고 확대할 수 있는 것이 바로 함께돌봄이며, 이것이 모든 돌봄의 바탕이 된다.

돌봄 정책이 사람들의 실생활에 가닿기 위해서는 각각의 정책에서 이 3가지, 즉 자기돌봄, 서로돌봄, 함께돌봄이 통합적으로 이루어지고 있는지를 점검해 보아야 한다. 사회서비스가 제공될 때 자기돌봄의 증진을 중요 지표로 삼고 있는지, 돌봄 정책의 집행과정에서 민과 관, 혹은 소비자와 판매자를 넘어 서로돌봄의 관계망이 만들어지고 있는지를 확인해야 한다. 사회적경제와 주민주도조직 등 공익성과 커뮤니티에 기반한 조직들이 사회서비스를 직접 제공하고 연대하는 경험은 시민의 함께돌봄 역량을 키우며 더 큰 돌봄의 생태계를 구축하는 힘이 될 것이다.

돌봄은 실제로 몸이 가고, 시간을 할애하면서 이루어지는, 물성이 강한 가치이자 노동이다. 절대적인 시간의 총량이 돌봄의 질과 밀접하게 연결되므로, 얼마나 많은 사람들이 돌봄에 참여하느냐가 점점 중요해질 것이다. 돌보는 시민을 격려하고 더 많은 돌봄이 유통될 수 있는 구조를 만들고, 돌보는 과정을 통해 시민의 연대감과 안심이 커지는 돌봄 정책이 우리의 지속가능한 미래가 되기를 바란다.

3.5 먹거리
안전하고 건강한 먹거리 기본권이
보장되는 나라

허헌중
(재)지역재단 상임이사

코로나19 사태는 세계 먹거리 공급망에 심각한 교란을 불러
일으키고 지구적인 먹거리 위기의 가능성을 높였다. 감염병이
확산되자 러시아와 베트남 등 식량 수출국을 포함한 세계 30여
개 나라가 자국 내 식량비축 확대와 수출금지 조처를 단행했
고, 국경과 지역 봉쇄로 인한 선적·운송 제약, 투입 농자재 공급
망 교란, 사회적 이동 제한으로 인한 국내외 농업노동력 수급 위
기 등으로 인해 먹거리 생산과 수급에 차질이 생겼다. 다행히
국제적으로 곡물 재고량이 부족하지 않아 지난 2007~2008년과
2010~2011년 있었던 애그플레이션과 같은 파국적 상황은 재현

제3장 아직 행복하지 않은 국민을 위한 나라   203

되지 않았다.[74] 하지만 코로나19 사태로 인한 수출금지 물량은 당시 대비 세계시장 비중이 30%, 교역규모는 50% 수준에 달했다.

코로나19가 초래한 먹거리 생산과 수급 위기

특히 코로나19가 전 세계적으로 확산되던 2020년 3~5월 곡물 수출을 금지한 나라 중 겨우 4개국만이 세계무역기구(WTO)에 신고했다. '비교우위론과 자유무역에 의해 각 나라 국민의 후생이 보장된다'며 농업 개방과 무역 자유화(관세 폐지)를 강행한 WTO 체제와 자유무역주의가 얼마나 허망한 글로벌 거버넌스이며 허구적 수사인지 폭로된 셈이다.

전문가들은 제2, 제3의 감염병과 기후위기로 인한 기상재해는 언제든 발생할 수 있다고 경고한다. 이로 인해 국제 곡물대란

---

74 애그플레이션((agflation)은 agriculture(농업)와 inflation(물가상승)의 합성어. 농산물 가격 급등으로 인해 인플레이션이 발생하는 현상. 애그플레이션의 발생 원인은 지구온난화와 기상악화, 급속한 도시화로 인한 경작면적 감소, 옥수수나 사탕수수를 이용한 바이오연료 개발 붐, 국제유가 상승으로 인한 농산물 생산 및 운송비용 증가, 중국과 인도 등의 곡물 수요 증가, 투기자본의 농산물 및 원자재 상품시장 교란 등이 원인이다. 애그플레이션은 세계화 시대에 지구적 규모로 나타난다. 2007-8년 1차, 2010-11년 2차 애그플레이션은 식량을 수입하는 37개 개발도상국에서 식량 폭동(food riot)을 유발, 정변이 일어나는 등 안정적 먹거리 안보가 국민의 생존과 정치·사회적 안정에 얼마나 중요한지 실증적으로 보여주었다.

이 재발할 경우 식량수출국들이나 국제 곡물메이저[75]가 식량 자급이 어려운 나라를 압박하거나 통제하며 폭리를 취하는 등 식량을 무기로 삼는 식량 무기화나 지구적 규모의 먹거리 위기는 상존하는 글로벌 리스크가 되고 있다.

한국은 먹거리 위기에 가장 취약한 나라

특히 한국은 국제적인 먹거리 위기 발생에 가장 취약한 나라다. OECD 최하위의 식량자급률을 자랑(?)하는 세계 5위의 식량 수입국이기 때문이다. 2019년 기준으로 사료용을 포함한 곡물 자급률은 21.0%으로, 그보다 10년 전인 2009년(29.6%)에 비해 8.6% 하락했다. 식용만 계산한 식량자급률은 45.8%에 불과해, 2009년(56.2%)에 비해 10.4%나 하락했다.

특히 심각한 것은 그나마 자급해 왔던 쌀마저 92.1%로 하락한 것이다. 2007~2008년 국제 곡물대란 당시 국제 밀값이나 옥수수 값이 200~300% 폭등함에 따라 우리나라도 거의 100% 수입산으

---

75 국제 곡물시장에서 지배력이 강해 석유메이저를 연상하여 생긴 용어. 국제 곡물시장에서 막강한 정치적 힘을 가진 초국적 곡물기업을 말한다. 미국의 카길과 ADM, 프랑스의 루이 드레퓌스, 아르헨티나의 붕게 등 4개 다국적 곡물기업이 대표적이다. 이들은 곡물 생산과 중개, 저장과 운송, 유전자조작 종자와 식품(GMO) 생산, 비료·농약 농자재사업, 금융 및 투자사업, 바이오에너지 생산 등 거의 모든 사업을 하고 있는 초거대 기업들이다. 세계 곡물 교역량의 약 80%, 곡물 저장시설의 75%, 곡물 선적능력의 47%를 점유하고 있다.

로 만드는 라면값이나 빵값, 사료값이 치솟는 등 여파가 컸지만 전체적으로는 그야말로 무풍지대였다. 주식이 쌀이기 때문이다. 당시 국내 쌀 자급률은 2008년 94.3%, 2009년 101.1%, 2010년 104.5%였다. 그러나 최근 상황은 앞날을 예측 못할 정도로 악화되고 있다.

한국은 한 해에 무려 1,700만 톤의 곡물을 수입하는 세계 5위의 식량 수입국이다. 주식인 쌀마저 자급률이 하락하면 국제 곡물대란에 가장 취약한 나라가 되어버린다. 작금의 사태 전개와 향후 위기에 대한 우려는 우리에게 먹거리와 농업을 국민의 생명과 안전, 국가의 지속가능한 생존을 좌우하는 공공재이자 국가안보 차원의 전략산업·전략물자로 설정하고, 그 안정적 자급 능력 향상과 국민을 위한 건강하고 안전한 먹거리의 안정적 공급을 국가적 과제로 삼아야 함을 엄중히 경고하고 있다.

먹거리의 안정적 공급, 무엇이 문제인가

우리의 밥상은 수입산이 없으면 제대로 차릴 수 없는 지경이다. 소고기나 돼지고기, 닭고기 등 육류는 수입곡물이 없으면 생산할 수 없다. 사료용을 제외한 식량자급률이 2019년에 45.8%라지만 그것도 쌀을 제외하면 3%밖에 되지 않는다. 밀은 1.2%, 옥수수는 3.5%, 콩은 24.6%에 불과하다. 연간 27조 원 이상의 외국 식재료가 수입되고 있다. 특히 가공식품의 원료를 보면 2019년 기준 주요 식품의 원재료 중 수입산 비중이 68.7%, 국내산 비중은 31.3%에 불과하다. 세계화된 밥상에서 감염병위기나 기후위기로 인한 먹거리 위기는 국제교역을 통한 식량안보 구축에 절대적 한계가 있음을 드러냈다. 위기에 대응할 자급대책 강화에 국가적 차원의 집중 투자가 시급하다.

무엇보다 중요한 것은 '건강하고 안전한 먹거리를 안정적으로 공급하는 것'이다. 친환경 먹거리는 생산면적이나 생산농가 면에서 정체 내지 하락하고 있다. 무농약이나 유기농 인증 등 친환경 면적과 인증 농가 및 출하량은 2015년에서 2019년까지 각각 82,764ha→81,717.5ha, 67,617호→58,055호, 577,456톤→494,307톤으로 줄고 있다. 2019년 기준 친환경의 비중을 보면, 경지면적의 5.2%, 전체 농가의 5.8%밖에 되지 않는다. 이대로 가면 경지와 농가 수가 더욱 감소해 미미해질 수밖에 없을 것이다.

먹거리 생산과 제조 과정에서 위해물질이나 잔류농약 검출 사례의 잦은 발생도 소비자들의 먹거리 불안과 사회적 신뢰 저하의 요인이 되고 있다. 특히 여전히 농약과 화학비료를 고투입하는 생산은 심각하다. 한국은 OECD 국가 중에서 토양 내 질소와 인의 집적률이 가장 높다. 집약농업과 공장형 축산으로 인한 환경부하가 세계적으로 가장 높은 수준이기 때문이다. 2015년 기준 우리나라의 비료 사용량은 1ha당 질소의 경우 OECD 평균의 3.4배(1위), 인의 경우 8.6배(2위)에 달한다. 또한 농약의 경우에도 주요 선진국의 4~10배에 달하는 엄청난 양을 사용하고 있다. 축산의 경우도 사육밀도가 OECD 평균의 3.1배나 높아 분뇨와 악취로 인한 환경파괴가 심각한 사회문제를 야기하고 있다. 비료와 농약, 축산 폐기물은 토양오염을 가져올 뿐 아니라, 하천과 강으로 흘러들고, 결국은 바다로 가 해양오염의 원인이 되고 어족 자원을 고갈한다.[76]

국민의 관점에서 먹거리 정책 펴야

최근 어린이집과 유치원 등에서 집단 식중독사고가 발생하여 단체급식의 안전성 문제와 먹거리에 대한 신뢰 문제가 사회적 이슈가 되고 있다. 한국에서 2017년, 2020년 굉장한 이슈가 된 이른바 햄버거 병(HUS)[77] 사고는 식재료의 안전성과 위생관리에 사회적 경종을 울렸다.

---

76 박진도, "생산주의 농정의 트레드밀", 〈한국농정신문〉 (2021년 1월 31일자)
77 정확한 질병명은 용혈성 요독 증후군이라고 한다. 햄버거병으로 더 잘 알려진 이 병은 세균 감염으로 인한 신장 기능 저하로 혈중에 독소가 쌓이게 되는 급성 질환. 전염력은 낮지만 주로 7세 미만의 영유아들에게는 상호 전염될 수 있는 질병으로, O157:H7이라는 대장균에 오염된 음식을 제대로 조리하지 않는 경우 발병한다. 대표적인 것이 바로 햄버거 패티의 재료인 다진 소고기를 들 수 있다.

특히 국제적으로 안전성이 문제가 되어온 유전자조작 먹거리 (GMO) 문제는 심각하다. 유럽 여러 나라와 중국, 터키 등은 GMO 수입을 금지하고 있지만, 우리나라는 오히려 GMO 가공식품과 GMO 농산물 수입량이 지속적으로 증가하는 추세다. GMO 수입 승인 및 관련 통계를 관장하는 한국바이오안전성정보센터의 최근 발표[78]에 의하면, 2019년 국내에 수입 승인된 식용 및 농업용 GMO는 총 1,164만 톤, 24.8억 달러 규모로 2008년 통계 작성 이후 가장 많은 양이 수입 승인되었다. 주로 사료용으로 사용되는 농업용은 948.8만 톤(82%)으로 공식통계를 작성한 2008년 대비 35.2% 증가, 식용으로 쓰이는 식품용은 215.5만 톤(18%)으로 2008년 대비 38.8% 증가했다. 농업용은 옥수수가 대부분(98%)이며 면실, 대두, 캐놀라 등인데 대부분 미국(31%), 브라질(34%), 아르헨티나(28%) 등 아메리카대륙에서 약 93%가 수입되며, 배합사료 등에 주로 사용된다. 식품용은 옥수수, 대두로 미국(67%), 브라질(27%), 우크라이나(6%) 등이며, 가공하여 옥수수전분, 옥수수전분에서 만든 올리고당, 옥수수가루, 콩기름, 두부, 된장 등 장류로 사용된다.

건강하고 안전한 먹거리에 대한 사회적 수요 증가는 GMO 먹거리의 표시에 대한 소비자의 알 권리와 선택권 보장에 대한 사

---

78 한국바이오안전성정보센터, 『2019년 유전자변형생물체 관련 주요 통계』 (2020년 9월)

회적 요구 증대로 나타나고 있다. 현행 표시제는 가공 후 GMO DNA나 단백질이 남아 있지 않거나 원재료 상위 5순위에 포함되지 않을 경우 GMO 표기가 면제된다. 소비자와 농민단체, 시민사회단체들은 잔류성분이나 함량과 무관하게 GMO 여부를 모두 표시하는 '완전표시제'를 요구하고 있다. 그러나 정책당국은 소비자물가 영향이니 시기상조니 하며 발목을 붙잡고 있다. 완전표시제는 소비자의 알 권리이며 non-GMO 먹거리에 대한 선택권을 보장하기 위한 것이다. 먹거리에 대한 국민의 불안 증대나 사회적 신뢰 저하를 해소하려면 무엇보다 먹거리 정책이 갖는 공공성을 강화해야 하며, 먹거리가 국민 생활과 건강에 직결되는 사회적 이슈라는 점에서 그 당사자인 국민의 관점에 서야 한다.

국민의 12.9%가 영양섭취 부족, 아동 청소년은 35.1%

아직도 우리나라는 먹거리에 관한 절대적 취약계층이 주요 사회문제가 되고 있다. 에너지 권장섭취량의 75% 미만을 섭취하는 계층을 '영양섭취 부족자'라 한다. 2018년 기준 국민의 12.9%가 이에 해당하며, 이 가운데 65세 이상 고령자는 14.4%, 19세 미만은 무려 35.1%에 달한다. 고령자들에 대한 먹거리 복지체계의 구축도 중요하거니와 아동과 청소년에게 건강하고 안전하며 영양이 풍부한 먹거리를 안정적으로 공급하는 것은 미래세대의 건강한 성장 발육에 필수적이다. 따라서 유·초·중·고 및 대학까지 건강하고 안전하며 영양이 풍부한 공공급식체계를 안정적으로 구축하는 등 생애주기별 맞춤형 먹거리 지원체계가 시급하다.

먹거리 문제는 경제적 불평등이 곧 먹거리 불평등으로 나타나고, 건강 불평등으로 악순환되고 있음을 말해 준다. 비만율의 경우를 보더라도 소득수준이 낮을수록 높고 소득수준이 높을수록 낮다. 식습관에 따라 비만율, 고혈압·당뇨병 등 만성질환 유병률이 증가하는데, 저소득 계층의 영양섭취 부족 비중 또한 높은 수준이다. 소득수준을 상·중·하로 구분할 때 영양섭취 부족자 비율은 2018년 기준 상위 계층은 10.5%인 데 반해 하위 계층(중하와 하를 포함)은 28.7%에 달한다.[79] 경제·사회적으로 먹거리 소비조차 양극화가 심화되고 있는 것이다. 먹거리 취약계층 해소는 먹거리 불평등으로 인해 건강 불평등이 악화되는 먹거리 문제의 사회적 악순환을 방지하는 것으로 국가의 기본 책무라 하겠다.

아침식사 결식률 증가도 심각하다. 국민 전체적으로 아침식사 결식률은 2015년 26.2%에서 2018년 28.9%로 계속 높아지고 있다. 이 가운데 청소년의 결식률은 큰 문제다. 주 5일 이상 아침식

---

79 보건복지부, 『국민건강영양조사』, (2019)

사를 거르는 비율은 2019년 35.7%에 달하며, 주 3회 이상 패스트
푸드 섭취 비율은 25.5%에 달하는 등 먹거리 소비패턴이 악화하
고 있다. 서울시의 자치구 먹거리 정책 현황 및 실태조사(2019)에
따르면, 2017년 기준으로 서울시 청소년 중 21.2%가 주 3회 이상
패스트푸드를 섭취했다. 이는 2010년의 12.6%에 비해 두 배 가까
이 늘어난 수치다. 주 5일 이상 아침식사 결식률은 31.7%로, 역시
2010년 25.7%에 비해 크게 증가했다.[80]

먹을 권리는 헌법이 보장하는 국민의 기본권

국민 개개인에게 생애 전 주기별로 건강하고 안전한 먹거리
를 보장하는 것은 이제 더 이상 미룰 일이 아니다. 국민 누구나
자신의 사회경제적 조건에 관계 없이 언제 어디서나 건강하고
안전한 먹거리를 안정적으로 보장받는 것은 국민의 기본권이기
때문이다. 이를 먹거리 기본권(Right to Food)이라 한다.

유엔은 1966년 「경제적·사회적·문화적 권리에 관한 국제규약」
이라는 국제인권규약을 제정하면서 '적절한 먹거리의 보장'을
기본 권리로 선언한 바 있으며, 한국은 1990년에야 가입했다. 이

---

80 탁현배, "먹거리 기본권은 배달플랫폼이 지켜주지 않는다", 〈프레시안〉 (2021년 2월 1일자)

후 2004년 유엔식량농업기구(UN FAO)는 '먹거리 기본권 보장과 그 정책 시행에 관한 권고안'을 채택했고 2005년 유엔인권이사회의 지지를 거쳐 국제적으로 이행되고 있다. 자국의 헌법에 먹거리 기본권을 명시하는 나라들도 늘고 있다.

한국은 헌법에 명시하고 있지는 않지만, 앞서 언급한 국제인권규약의 성실한 이행이 국제법적 의무이며 우리 헌법상 국내법적 의무이기 때문에 먹거리 기본권은 헌법 차원에서 당연히 보장된다. 특히 헌법 제10조(행복추구권: 모든 국민은 인간으로서의 존엄과 가치를 가지며, 행복을 추구할 권리가 있다)와 제34조(사회권: 모든 국민은 인간다운 생활을 할 권리를 가진다)는 먹거리 기본권 보장이 국가의 기본 책무임을 당연시하고 있다. 하지만 한국도 유엔의 권고와 국제 추세와 같이 헌법에 '먹거리 기본권'을 모든 사람의 천부인권으로 명시하는 개헌이 필요하다.

먹거리 정의 실현은 국가의 책무

먹거리 기본권 보장은 국민 누구나 적절한 먹을 권리를 보장하는 것이다. 사회경제적 불평등으로 인해 건강하고 안전한 먹거리에 질적·양적으로 제대로 접근하지 못하는 먹거리 취약계층을 해소해야 한다. 즉, 우리 사회의 사회경제적 불평등이 먹거리 불평등으로 이어지고 이로 인해 건강 불평등이 악순환되는 것을 방지해 먹거리 정의를 실현하는 것이 무엇보다 시급하다. 먹거리 정의(Food Justice)란, 적절한 먹거리의 부족 현상이 적절한 분배의 사회적 평등이 보장된다면 극복 가능하다고 보고, 먹거리에 있어서 공정한 분배체계 수립의 중요성을 강조하는 개념이다. 평등과 반차별 원칙에 근거하여 먹거리와 관련된 다양한 비정의(Injustice)를 생산, 분배, 소비, 건강, 환경 등 다양한 측면에서 파악하고 이에 대한 개혁을 주장하는 것이다.[81]

오늘날에는 이처럼 질적 양적으로 건강하고 안전한 먹거리에 대한 사회적 수요가 높아지고 적절한 접근권 보장이 시급한 먹거리 취약계층에 대한 사회정책이 그 어느 때보다 절실해지고 있다. 특히 최근 코로나19와 같은 전염병 위기 속에서 취약계층의 적절한 먹거리 보장이 더욱 곤란을 겪으면서 국가와 지방정부 차원의 종합대책이 더욱 강조되고 있다. 먹거리로 인한 결핍과 사회적 소외를 해소해 인간의 존엄성을 지킬 수 있도록 해야 한다는 '먹거리 존엄성(Food Dignity)'의 보장에 대한 사회적 요구가 높아지고 있는 것이다.

---

81 윤병선 (2020)

먹거리 시민 양성과 식생활 교육의 확산

국민 모두의 행복을 실현하려면 아직 행복하지 않은 국민을 위한 정부를 만드는 것이 중요하고, 그러한 정부를 만들려면 무엇보다 그러한 정부를 갖기 위해 권리와 의무를 다하는 국민이 많아지도록 해야 한다. 국민 모두의 먹거리 기본권 보장을 위해서는 국민 개개인으로 하여금 먹거리 문제의 사회성과 먹거리 정책의 공공성에 대한 바른 인식을 갖고 생활 속에서, 사회 속에서 그 해결에 주체로 참여하도록 하는 것이 중요하다. 이처럼 깨어 있는 국민을 '먹거리 시민'(Food Citizen)이라고 할 수 있다. 먹거리 문제에 대한 바른 시민의식을 갖고, 어떻게 생활하고 실천해야 하는지 알려 주는 식생활 교육의 중요성과 먹거리 문제의 사회적 관계를 인식하며, 먹거리를 나누고 이웃과 연대해 다양한 사회적 실천활동에 참여하는 사람을 말한다.

먹거리 시민의 양성은 무엇보다 미래 세대 아동과 청소년기부터 시작해야 한다. 건강과 환경과 배려라는 먹거리 문제의 사회적 가치와 그 실현에 있어서 공공성 강화를 체득하도록 하는 것이다. 이를 위해서는 유·초·중·고 학령기에 식생활 교육의 교과과정(먹거리 시민 양성과정)을 의무화하고, 평생학습 차원에서 생애 전 주기에 걸쳐 관련 학습과정을 국가와 지방자치단체가 제공하는 것을 의무화해야 한다.

모든 국민의 먹거리 기본권 보장을 위한 9대 정책과제

먹거리 기본권 보장이라는 기본이념을 구현하기 위해서는, 국가와 지방정부의 먹거리 종합전략(푸드플랜) 수립과 시행을 법정계획으로 의무화해야 한다. 아울러 계획의 수립과 시행 및 이행 점검·평가의 전 과정에 걸쳐 국민의 참여 활성화와 민관협치의 제도적 보장을 담보해야 한다. 따라서 이에 관한 상위법이자 관련 법들과 정책을 총괄하는 '먹거리 기본법'을 제정해야 한다. 또한 국가와 지방정부가 국민의 먹거리 보장을 위한 전략과 정책프로그램을 수립·시행할 때에는 다음과 같이 9대 정책과제가 추진되도록 해야 할 것이다.

1. 먹거리 자급능력 향상과 먹거리 위기 대응력을 강화하여 식량안보체제를 구축한다.
2. 모든 국민에게 생애주기별로 건강하고 안전한 먹거리의 보장체계를 수립·강화한다.
3. 유·초·중·고 및 대학까지의 학교급식과 복지급식 등 공공급식의 공공조달체계를 구축한다.
4. 지역먹거리(로컬푸드) 생산·소비를 활성화하고 친환경농업을 중심 생산기반으로 육성한다.
5. 지속가능한 생산의 주체로서 농민의 기본소득 보장과 안정적 생산지원체계를 조성한다.

6. 국민에게 농업·농촌의 가치와 역할을 바로 인식하게 하고 생애주기별로 바른 식생활교육의 평생학습체제를 제공하여 먹거리 시민을 양성한다.

7. 지역사회에서 주민의 다양한 먹거리 기반 공동체 연대활동이나 사회적경제 활성화를 지원·촉진한다.

8. 생산─가공─유통─소비─자원순환(폐기·재활용) 전 과정에 걸쳐 관련 정책의 연계·통합성을 제고하고, 부처·부서간 협력을 통해 국민의 먹거리 기본권 보장 정책의 공공성을 강화한다.

9. 먹거리 종합전략(푸드플랜)과 실행계획의 수립·추진에 있어 국민의 참여를 활성화하고 민관협력 추진체계를 구축·운영한다.

3.6 자치 분권
참여와 자치의 민주주의 3.0이 구현되는 나라

황종규
동양대학교 공공인재학부 교수

우리나라 헌법 제10조는 "모든 국민은 인간으로서의 존엄과 가치를 가지며 행복을 추구할 권리를 가진다"고 명시하고 있으며, 모든 헌법 관련 교과서나 해설서는 '행복추구권'을 국민의 기본권으로 설명하고 있다. 그러나 정부가 구체적 정책이나 제도로서 행복추구권을 어떻게 증진하고 모두가 누릴 수 있도록 할 것인지에 대한 법률이나 명시적 정책은 존재하지 않는다. 다만 정책이념이나 정부가 추구하는 가치로서 '국민의 행복'이 존재할 뿐이다.

행복 추구를 개인적·이기적으로 보는 까닭

행복 추구권이 '개인'의 권리로서 사유재산에 대한 배타적 권리 행사의 근거로 이해되거나 타인으로부터 행복을 침해받지 않을 소극적인 '사적 권리'로만 다루어지다 보니 정부가 계획적으로 개입하여 증진하거나 '행복하지 못한 국민'에 대한 체계적 대응이 정부의 책임이라는 사회적 합의(Consensus)가 강하게 형성되지 못하는 것으로 보인다. 즉, 행복은 개인이 느끼는 개인의 문제(책임)라는 것이다.

한편 우리사회는 오랫동안 농경사회에 기반한 집단주의(Collectivism)적 문화가 지배적이었기 때문에 개인이 전체를 위해 헌신하고 희생하는 것을 당연시하는 것이 지배적인 규범으로 작동하고 있어 개인의 행복에 대한 주장이나 추구는 '이기적인' 행동으로 환영받지 못하거나 심지어 조직에서 배제돼야 할 이유가 되는 것도 사실이다. 즉 조직에 헌신하는 개인에 대한 사회적 기대가 과도하게 작동하는 것이다.

1950년 전쟁 이후 생활의 기본적 여건인 소득, 주택, 의료, 교육 등에 대한 기반이 파괴된 상태에서 우리나라는 재건과 발전을 위한 전략을 물질적 총량의 증대와 그를 위한 중앙집권적 계획에 의한 자원배분 기제에서 찾았다. 소위 '개발 연대'로 불리는 시기 대규모 자원과 노동력의 동원과 최적 배분이 목표 달성의 중심 수단이었기 때문에 중앙통제를 경제와 사회조직의 운영원리로 채택하게 되었으며, 이는 '국민을 위해서'보다는 '국가를 위해서'라는 동원과 배제의 논리가 '안보와 기아 탈출'을 담보로 당연하게 받아들여지는 사회경제 시스템이 자리 잡는 계기가 되었다.

국민 행복을 위한 '정치의 효능감' 사라진 현실

생산성과 가격 경쟁력을 위한 대량생산 시스템에서 '개인'의 가치는 전체의 목표를 위해 기여하는 범위 내에서만 인정되었고, 중앙집권적 계획 시스템을 유지하고 운영하기 위해서는 '국민에 의한' 정치 시스템보다 국민을 대신하는 '대의제(Representative System)'와 이를 뒷받침하는 정치중립적(?) 관료 엘리트 시스템이 체제 안팎의 간섭을 최소화하여 체계의 효율성을 높이는 것으로 선호되었다. 따라서 한국정치에서 주권자는 주기적 정치 행사에 지지를 동원하기 위한 어항 속의 물고기 역할을 하든지 아니면 구경꾼 또는 열광적 팬덤(Fandom)으로서 정치를 소비하는 정치의 '대상'이 되고 있다.

한국 정치에서 누구나 국민을 위해 정치한다고 하지만 주권자로서 자신이 가진 정치적 권리에 대한 효능감을 상실한 국민은 정치로 인해 행복해지지 못하고 있거나 정치를 통해 행복해질 수 있음을 망각하게 된 듯하다. 1987년 민주화 이후 대중적으로 분출하기 시작한 국민의 정치적 욕구는 정기적으로 열리게 된 대의제 정치 행사에 대한 참여 수준으로는 충족될 수 없다는 것을 2016년의 촛불로 명확히 표현하였지만 국민이 자신의 정치적 삶에 대해 제대로 된 결정권을 행사하지 못하고 청원과 항의로만 의사표현을 해야 하는 정치적 지체 현상이 행복하지 못한 이유 중 하나가 되고 있다.

고장 난 민주주의와 레퍼렌덤

대의제 민주주의를 '선거만 하는 민주주의' 또는 '고장 난 민주주의'라고 부르는 이유는 주권자가 4~5년마다 한 번씩 대표자를 뽑는 선거권만 행사할 뿐 실제 선출된 정치인들의 임기 동안 그들의 정치 활동이나 정치적 결정에 대해 개입하거나 거부할 수 있는 권한이 거의 없기 때문이다. 상황이 이렇다 보니 선거로 주권자에게 권한을 위임받은 직업 정치인이 결정권을 독점하는 현상이 나타나고, 국가 단위이든 지방정부 차원이든 정치인이 하나의 지배계급으로 군림하는 민주주의 왜곡을 불러온다는 것이다.

1848년 연방헌법을 제정하면서 스위스 국민은 의회의 결정에 대한 주권자의 개입을 원했고 이는 스위스의 레퍼렌덤(Referendum) 제도로 헌법에 규정되었다. 스위스 국민은 의회의 입법적 결정에 대해 일정한 수[82]의 유권자가 원하면 국민투표(Referendum)를 통해 최종 결정권을 행사할 뿐 아니라 의회에 공개적으로 입법 제안을 할 수 있으며 의회가 이를 부결하면 다시 국민투표로 주권자의 결정을 받아보도록 제도화되어 있다.

결국 선출된 대리인들의 결정사항에 대해 주권자가 거부권을 행사할 수 있고, 직접 입법 발의를 할 뿐 아니라 의회의 반대가 있을 경우 이를 국민투표로 다시 확인하는 점 등을 감안할 때 스위스의 레퍼렌덤은 거부권과 발의권을 통해 국가의 공식적인 의사결정에 국민이 최종적 결정권을 행사하는 제도라 할 수 있다. 국내에도 여러 차례 소개된 스위스의 주민총회(Landsgemeinde, Gemeindeversammlung)는 스위스의 전통적인 의사결정 방식을 의미하는 것이고[83] '무엇을 결정할 수 있는가' 하는 결정권의 문제는 레퍼렌덤을 제안할 수 있는 권한으로 제도화되어 실질적인 국가의 의사결정권을 국민이 행사한다는 점이다.

---

82 보통 유권자의 2% 수준이다.
83 아직도 많은 주와 지방정부에서 주민총회를 통한 레퍼렌덤 투표를 하지만 현재의 투표 방식으로 가장 선호되는 것은 우편투표 방식이며, 2019년에는 전자투표 방식을 연방의회 선거에 도입하였다.

스위스 연구한 학자들 "직접 민주주의가 더 행복하다"

토마스 베네딕토 교수에 의하면 스위스에서는 1848년에서 2018년까지 약 150년 동안 617차례의 레퍼렌덤이 진행됐고, 이를 위해 연간 네 차례의 투표일을 매년 지정해 운영하고 있으며, 지방정부 역시 주민의 레퍼렌덤 권한을 보장하고 있다. 스위스 국민에게 투표 행위는 단순히 정치적 대표자를 선출해 권한을 위임하기 위한 것이 아니라 자신의 정치적 권한을 직접 행사해서 공공의제에 대한 민주적 결정을 수행하는 과정이자 정치 학교인 것이다.[84]

스위스의 직접 민주주의 정치제도가 국민들의 행복에 어떠한 영향을 미치는가는 중요한 연구 주제가 되었는데, 경제학자 브루노 프라이(Bruno Frey)와 프라이 마티(Frey Marti)가 2012년 발표한 연구결과에 의하면 전반적 삶의 만족도는 경제적 요인(직업, 수입, 유산)과 사회적 요인(집, 안전성, 가정, 건강)뿐 아니라 정치적 권리(자신이 관련된 결정과정에 참여할 기회)에도 중요한 영향을 받는 것으로 나타났다. 또한 브루노 프라이와 알로이 스투처(Alois Stutzer)는

---

84 『더 많은 권력을 시민에게』에서 베네딕토 교수는 레퍼렌덤을 발의하기 위한 서명 받기, 찬반 캠페인, 기금 모금 등의 과정을 통해 직접 민주주의는 시민들을 가장 강력하게 정치적으로 성장하게 하고, 타인의 정치적 권리에 대한 존중을 배우게 된다고 지적한다. 이것이 스위스에서 정치적 갈등이 사회적 대립으로 발전하지 않는 하나의 이유로 설명하고 있다. 가장 최근에 세계적으로 관심을 끌었던 스위스의 레퍼렌덤은 2016년 국민 1인당 월 300만 원 수준의 기본소득을 지급하자는 발의에 대한 것으로 부결되었다.

2006년 연구에서 수입과 재산은 특정 선까지만 영향을 주지만, 활발한 정치 참여를 허용하는 제도와 권리는 행복에 훨씬 큰 영향을 미친다고 스위스를 사례를 통해 분석했다.[85]

현재 세계 38개국이 이러한 레퍼렌덤 권한을 법제화했고, 미국의 경우 주 단위로 국민발안제도를 운영하고 있는데 1978년에서 1999년 사이 130여 건의 발안이 발의된 것으로 알려졌다. 2020년 미국 대통령 선거 당시 캘리포니아주는 12건의 주민발안이 발의되어 대통령 선거와 함께 투표에 붙이기도 했다. 실제 주민들의 생활에 직접적 영향을 미치는 것은 이러한 발의안에 대한 투표결과가 될 수도 있다.

자치와 참여 만족도 낮은 한국사회

2020년 (사)국민총행복포럼이 '행복실현지방정부협의회'와 함께 지방정부의 주민 행복도를 측정하기 위한 지표를 개발하고 실제 국내 7개 시군구(구리시, 여주시, 고창군, 의성군, 광주 방산구, 광주 서구, 대전 대덕구)를 대상으로 행복지수를 측정한 결과를 보면, 사회적 영역에 대한 만족도에서 '정책결정에 대한 참여기회'와 '행정

---

85   토마스 베네딕토, 『더 많은 권력을 시민에게』, (다른백년, 2019)

과 정책에 대한 인지도'에서는 극단적으로 낮은 만족도가 나타
났다(그림3-2 참조). 민선자치 이후 지방정부들이 다양한 주민참여
를 활성화하고 주민참여예산제가 모든 지방정부에 의무적으로
시행될 뿐 아니라 최근 각 지방정부별로 시민참여 원탁회의 등
의 숙의 민주적 정책 결정 방식이 다수 시도되고 있는 점을 고려
하면 이러한 결과는 스위스의 직접 민주제도와 비교하여 중요
한 시사점을 주고 있다.

그림3-2. 국내 7개 시군구 주민의 사회영역 만족도[86]

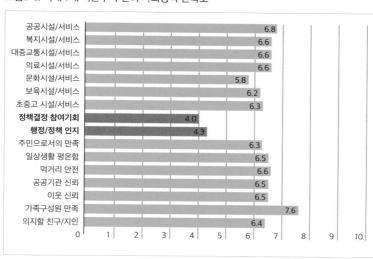

86 이재경, 〈코로나19 시대 주민 행복과 지방정부의 역할〉 심포지엄 발표 자료, 7개 시군은 구리시, 여주시, 고창군,
   의성군, 광주 광산구, 광주 서구, 대전 대덕구. (2020)

국민의 만족도를 높이기 위해 다양한 공공 서비스를 개발해 제공하고 서비스의 질을 높이기 위해 노력하는 것도 중요한 정부의 역할이지만, 국민은 서비스를 받는 '고객'에 머물러 있기를 원하는 것이 아니라 결정권을 행사하고 사회와 공동체에 대한 책임 있는 '주인'이 되기를 원하고 있는 것이다. 스스로 자신의 '밥상'을 설계하여 공동체 구성원들과 함께 요리하며 즐기는 과정에서 주인 됨의 자존감을 느끼고 행복을 만들어 가는 것이다.

행복이 개인이 느끼는 감정의 문제에 머무는 것이 아니라 건강한 사회적 관계와 공동체 속에서 사회적 자본을 키워나갈 때 사회적 존재로서 시민의 인격적 자존감 문제로 확장되면, 직접 민주주의 제도적 장치들은 정치 공동체에 대한 소속감과 책임감, 그리고 주권자로서 효능감을 키워 체제에 대한 신뢰와 정치적 만족도를 높임으로써 행복한 삶을 '느끼는' 데에서 나아가 주체적으로 '만드는' 것이 가능하도록 하는 핵심 장치인 것이다.

주민에 의한 자치: 민주주의 이후의 민주주의

흔히 지방자치를 '민주주의의 교실'이라 부르는 것은 주권자인 국민이 직접 결정권을 행사하거나 결정에 영향을 미칠 수 있는 것은 국가 단위보다는 생활과 소통, 그리고 이동 가능한 범위

안에 존재하는 지방정부가 훨씬 주민친화적일 수 있다는 것이 첫째 이유이다.

둘째는 정치적 대리인들이 수행하는 결정의 내용이 실제 생활 상의 이해와 어떤 관련을 갖는지 보다 명확하게 알 수 있고, 자신의 계획이나 생각이 어떻게 정부의 결정에 반영되는지를 파악하기에도 비교적 용이하다는 점에서 주권자의 직접 참여와 공공 활동이 보다 활성화될 수 있다는 점이다.

1951년 읍면의회 선거를 시작으로 출범한 우리나라 지방정부는 1961년 군사쿠데타로 질곡의 시간을 겪었으나 1987년 민주화의 성과로 헌법 개정과 지방자치법의 전면 개정을 통해 1991년 30년만에 시군구 지방의회로 부활했다. 그러나 한국에서 지방자치는 지역적 결정권을 주민이 획득한다는 '민주주의의 지역화'라는 의미보다는 지역개발과 발전을 위한 대리집행자를 선출한다는 성장주의의 공간적 확산으로 오해되면서 오히려 국가와 지방정부 간의 계획권과 개발재원의 배분문제로 지방분권을 다루게 하는 한계를 노정하였다.

지방자치 부활 이후 30년이 지났지만 지방자치를 위해 필요한 권한을 지방정부에 이양하고 국가 중심의 거버넌스를 주민 중심의 지역 거버넌스로 전환하는 것이 더디기만 한 것은 결정권과 재원의 배분을 국가중심적 관점에서 이해하기 때문이다. 2002년부터 시작된 지방분권운동이 '분권'을 국가의제로 만드는 데는 성과가 있었지만 '자치'에 대한 의제로 발전하지 못한 것은 수도권 초집중이라는 한국적 상황도 있었지만 자치와 개발을 등치하는 경향과 무관하지 않은 것 같다.

'국민을 위한' 민주주의에서 '국민에 의한' 민주주의로

자치권을 지방정부의 권한의 크기로 이해하고 접근하게 되면 지방정부의 규모를 기준으로 권한과 재원의 배분을 고민할 수밖에 없지만, 주민의 권한의 크기를 기준으로 자치발전을 바라보게 되면 광역보다는 기초, 정부보다는 마을과 공동체가 더 중요한 권한을 가져야 한다는 것을 쉽게 이해할 수 있다.[87] 지난 2020년 연말에 국회를 통과한 지방자치법 전부개정안은 처음으로 '주민 권력'을 신장하는 것을 자치권의 중요한 과제로 인식한 입법 활동이었다. 이 개정안은 주민투표와 주민조례 발의, 주민소환 등의 주민의 자치권을 심화하는 데는 일정한 성과가 있었으나 입법과 행정적 결정에 대한 거부권을 주민에게 명확히 부

---

87 그런 의미에서 2011년 영국 보수·자유 연립정부가 입법한 로컬주의법(Localism Act 2011)은 광역이 아니라 마을과 공동체, 그리고 주민들에게 권력을 직접 배분하기 위한 혁신적 시도로 주목되고 있다.

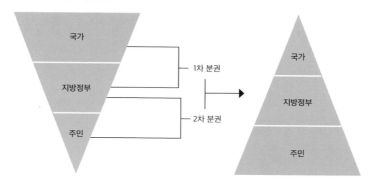

그림3-3. 결정권의 분권화

여하지 못한 점과 '주민자치회'와 같은 주민 조직권을 배제해 버린 것은 시급히 개선되어야 할 입법과제이다.

'민주공화국'의 주권자로서 국민이 행복해지기 위해서는 '국민을 위한' 민주주의보다는 '국민에 의한' 민주주의를 제도적, 실천적 측면에서 모두 성장시키는 것이 중요한 과제이다. 이는 권력을 국가로부터 지방정부로 이전하는 것에서 나아가 주민에게 이전하는 본질적 분권, 즉 직접 민주적 권리를 자치권의 중심으로 자리 잡게 하는 것이다.

행복을 만드는 민주주의 3.0 과제

그리스·로마의 도시 민주주의(1.0)에서 시민주권에 근거한 대중·대의민주주의(2.0) 시대를 거쳐 현대적 숙의 민주주의와 직접 민주주의(3.0)는 행복을 만드는 민주주의로 주목받고 있다. 대량생산체계가 대의제 민주주의와 조응하였듯이 탈산업 시대의 장인에 의한 진품 생산을 위주로 하는 다품종 소량생산 체계에는 직접 민주주의와 마을 민주주의가 더욱 진가를 발휘할 것이다.

과제 01. 국민투표(주민투표) 현행 국민투표제도는 헌법 개정안에 대한 확정 국민투표와 대통령이 부의하는 사안에 대한 국민투표를 규정하고 있다. 보통 대통령이나 정부가 국민투표를 부의하는 것을 정치학에서는 '플레비사이트(Plebiscite)'라 해서 국민동원형 정치제도로 설명하는 반면, 국민이 부의하는 국민투표는 '레퍼렌덤'으로 구분하고 있다. 따라서 대통령이 부의하는 현행 국민투표제도는 국민 주권을 강화하는 제도로는 한계를 가지고 있으며, 국회를 통과한 법률에 대한 국민의 거부권을 보장하는 것이 필요하다. 또한 현행 법률이 정한 지방정부의 중요한 결정에 대한 주민투표제도와 함께 지방의회의 입법사항에 대한 주민의 거부권 역시 보장하고 이를 주민투표를 통해 확정하도록 하는 제도 또한 요구된다. 이 같은 제도는 세계 38개국이 이미 보장하고 있는 국민주권의 내용으로 우리나라의 경제력과 민주주의 역량이라면 더 이상 미룰 일이 아닐 뿐 아니라 정치 엘리트 중심의 정치구조를 혁신할 수 있는 대안이기도 하다.

과제 02. 국민발안(주민발안) 2020년 20대 국회 임기 말 148명의 국회의원이 헌법 개정을 위한 발의권을 국민에게도 부여하는 헌법 개정안을 발의한 바 있다. 개정안은 국회를 통과하지 못했지만 헌법 개정안에 대한 발의뿐 아니라 법률에 대한 발의권까지 국민주권의 핵심 내용으로 보장하는 것이 필요하다. 이러한 발의가 국회에서 부결될 경우 국민투표를 통해 최종 결정할 수 있도록 하는 것은 레퍼렌덤 제도의 일반적 원칙으로 많은 나라에서 수용되고 있다. 직접민주제는 국민이 최종적 결정권을 행사하는 원칙을 제도화하기 때문이다. 마찬가지로 주민들의 지방정부 조례에 대한 발안은 현행법 상으로는 자치단체장을 통해 수행하도록 되어 있는데, 이를 주민이 직접 할 수 있게 개정해야 한다.

과제 03. 읍면동 자치 1960년 12월 선거를 마지막으로 읍면동은 자치단위로 인정받지 못하고 있으며 면 지역은 지방소멸을 보여주는 대표적 행정단위가 되고 있다. 우리의 오래된 마을 공동체는 자치권을 행사하지 못하면서 지배되거나 관리되는 마을로 전락해 해체의 길을 걸었고 이것이 오늘날 지방소멸의 한 원인이 되었다. 따라서 치유와 재생의 출발은 마을에 자치권과 권한을 부여해 마을 민주주의를 통한 마을의 사회적 건강성과 공간적 복원에서 시작해야 한다. 읍면동 자치의 혁신을 위해서는 읍면동 자치의회나 자치정부를 구성하는 것이 본질적 해법이지만 이를 위해서는 법률적 개편이 요구된다.

과제 04. 주민자치 혁신 읍면동 자치를 위한 이행적 과제로서 주민대표 조직인 '주민자치회'를 공법상 기구로 구성, 주민총회와 주민계획단, 주민참여예산, 공동체 돌봄, 마을학교 등 자치적 읍면동 운영을 위한 주민 결정권의 민주적 행사 경험을 축적할 수 있도록 하는 것은 지방정부 차원에서 당장에 시도해 볼 수 있는 자치혁신 과제이다. 무엇보다 '자치는 곧 민주주의의 생활화'라는 명제를 확립하는 것이 읍면동 자치의 발전을 위한 중요한 과제이다. 이런 측면에서 주민자치회와 마을 공동체가 주민투표 발의와 같은 레퍼렌덤 발의 권한을 갖도록 하거나 읍면동장에 대한 추천권을 갖도록 함으로써 주민과 공동체의 권리를 강화하는 것도 중요한 과제이다.

과제 05. 아파트 민주주의 한국은 전체 가구의 60% 이상이 아파트에 거주하고 있고, 아파트는 공동주택관리법에 의해 자치적 관리를 하도록 규정되어 있다. 흔히 아파트는 익명성을 중요한 특징으로 하는 주거공간으로서 사회적 연대나 공동체를 형성하기에는 문화적 장애 요소가 큰 것으로 알려져 있다. 그러나 마을 민주주의라는 측면에서 아파트 운영의 민주화와 자치의 건강성의 강화는 중요한 과제이며 이를 위해서는 보다 촘촘한 법률적 장치와 지방정부의 정책적 개입과 지원이 요구된다.

과제 06. 마을기금(읍면기금) 읍면동의 자치혁신을 위해서는 자치정부나 자치의회와 같은 자치 제도적 장치도 필요하지만 실질적인 자치활동의 근거가 될 수 있는 재정적 장치도 중요한 과제이다. 이를 위해서는 세종시와 같이 '주민자치특별회계'를 만들어 운영하는 것도 방법이고, 지방정부가 매년 일정 금액을 기금으로 출연해 읍면동의 주민자치 기구들이 기획하는 자치활동을 위한 재원으로 회계연도 구분으로부터 자유롭게 활용할 수 있도록 하는 것도 한 방법이다. 이 경우 해당 지역의 주민과 기업들의 기부나 사회적경제 활동을 통한 수익을 재원으로 삼아 자치를 위한 지역의 책임성을 높이는 것도 필요하다.

3.7 환경
다음 세대를 위한 환경생태 정책이
추진되는 나라

박병상
녹색전환연구소 연구이사

　세계 최고 여름 평균 기온을 경신한 2020년, 한국은 관측 이래 가장 많은 장마철 강수량을 기록했다. 북극해의 빙하가 녹은 것이 원인이었다. 북극권 냉기를 가뒀던 제트기류가 빙하가 녹으며 느슨해졌고, 그 틈을 타고 북극권의 냉기가 내려가자 우리나라와 중국과 일본에 전에 없던 폭우가 쏟아진 것이다. 위기를 맞은 기후가 일으킨 재해는 동북아시아에서 그치지 않았다. 시베리아 영구동토에 산불이 일고 유럽과 인도는 폭염에 시달려야 했다. 기후위기가 빚는 기상이변은 예외적 현상이 아니다. 갈수록 심각해지지만, 도무지 예측할 수 없다. 오늘 이후 어떤 재난으로 나타날지 모른다.

장마로 병충해가 심해진 농토는 걱정의 서막이다. 가격이 오를 농작물에 불만을 가질 여유가 없다. 지칠 줄 모르는 인류의 온실가스 배출로 생태계는 파국을 만났고 생물종은 멸종을 예고한다. 학자들은 지구 생물 역사에서 다섯 차례 발생한 대멸종이 다시 닥칠 가능성을 경고한다. 유럽 시민들은 멸종저항 운동에 나섰다. 이러다 멸종할 수밖에 없으니 당장 행동하라고 정치권에 절규한다. 늦었다는 주장도 나오는데, 생존을 연장하려면 우리는 어떤 행동에 나서야 할까?

강력해지는 경고는 귀찮은 소음

2021년 겨울이 추워서 얼마나 다행인지 모른다. 2020년 겨울은 눈다운 눈을 한 차례도 허용하지 않았다. 2019년 겨울, 혹한이 잠시 지나는가 싶더니 89년 만에 1월 더위가 전국을 데웠다. 올 여름 날씨는 어떨까? 관측 이래 최대의 수치가 다시 경신되는 건 아닐까? 우리나라에 형벌 같은 더위를 안긴 2019년 여름은 혹독했던 추위에 이은 기상이변이었다. 일본 큐슈와 오키나와 그리고 대만까지 휘감은 한파는 온난화의 역설이었다. 온난화의 역설은 북극권의 제트기류만 느슨하게 만드는 건 아니다. 2019년 여름, 티베트고원 만년설이 녹자 제트기류가 약해지자 우리나라로 폭염이 번졌다.

제설차가 꼼짝하지 않았던 겨울이 지나가자 2020년 봄에 매미나방 유충이 전국 산림과 논밭을 뒤덮었다. 경상북도와 충청북도의 과수원은 병균에 감염돼 잎사귀가 바싹 말랐는데, 올봄에 매미나방은 들끓을까? 제주도와 남도의 요정인 긴꼬리딱새와 동박새는 강원도 일원으로 날아와 둥지를 친다. 제주도 곶자왈이 훼손된 탓이 크지만, 기후위기가 곁에 왔다는 증거다. 아열대 해파리와 어패류는 일찌감치 우리 바다를 점령했다. 자연의 경고는 다급한데, 에어컨을 혼수품 목록에 올린 우리는 무감각하다. 귀찮은 소음이다.

인구절벽의 고통을 최소화하려면

요즘 의식주는 전에 없이 화려하고 복잡하다. 바람과 비를 피하던 집은 보기 어렵다. 초미세먼지는 물론이고 벌레와 미생물까지 모조리 차단하는 철근 콘크리트 집을 고층으로 짓고 냉난방을 자동으로 조절한다. 어찌나 높은지, 고속 승강기가 필수다. 세상에 어떤 동물도 제 새끼가 떨어지면 죽는 공간에 집이나 둥지를 짓지 않건만, 사람은 예외다. 사실 집을 위험하게 지은지 오래된 건 아니다. 화석 에너지를 마음대로 사용하게 된 이후의 예외적 현상이다.

대략 1만5백 년 전, 인류가 나일강에서 중동 메소포타미아 일원으로 이어진 '비옥한 초승달 지역'에서 농사를 시작한 이래 최근까지 지구는 온화했다. 덕분에 농사가 가능했고, 농사로 이산화탄소 농도가 유지되면서 지구는 간빙기를 잃었을 것으로 학자들은 해석한다. 식량을 비로소 축적하게 된 인류는 본격적으로 인구 수를 늘렸다. 수렵과 채취 시절, 대략 500만 명이던 인구는 농사를 지으며 5억 명으로 늘었다. 화석연료 모르던 시절의 농민과 그의 가족은 쉴 때의 15배 에너지를 소비했다. 화석연료를 마구 소비하며 기후를 위기로 몰아가는 요즘은 어떨까?

내가 사용하는 에너지를 노예가 자전거로 생산한 전기로 충당한다면, 미국인 평균 250명을 착취해야 한다고 『에너지 노예』 (2013)의 저자는 주장한다.[88] 지금 추세라면 석유는 50년도 버틸 수 없고 석탄도 앞으로 200년 이상 버틸 수 없다고 전문가들은 입을 모은다. 『사피엔스가 장악한 행성』(2020)의 저자들은 영양분이 가득한 배양접시의 미생물에 주목했다.[89] 인큐베이터에서 배양하는 미생물은 영양분이 있다면 무한증식하지만, 고갈되면 한꺼번에 절멸한다. 화석 에너지로 인구를 78억 가깝게 키운 인류는 언제까지 버틸까?

---

88 앤드류 니키포룩, 「에너지 노예, 그 반란의 시작」 (김지현 옮김, 황소자라, 2013)
89 사이먼 L. 루이스, 마크 A.매슬린, 「사피엔스가 장악한 행성」 (김아람 옮김, 세종서적, 2020)

"인구절벽"이라는 말이 있다. 미국의 한 경제학자가 15세에서 64세까지 '생산인구'의 비율이 급격히 위축되는 현상을 그렇게 표현했다는데, 인구절벽이 오면 경제위기가 심각해진다고 그 학자는 전망한 모양이다. "1980년 1,440만 명이던 한국의 학령인구는 2017년 846만 명으로 감소했으며, 2040년에 이르면 640만 명, 2060년에는 480만 명으로 감소될 것"으로 통계청이 최근 전망한 한국은 어떤가? 2017년 신생아가 30만 명 이하로 줄었고 가구당 아이가 1명 이하로 OECD 최하위를 고수한다. 인구절벽인가? 2700년이면 한 명도 남지 않을 걸로 점치는 전문가도 있다.

생물의 수는 환경조건에 따라 변한다. 사람도 마찬가지다. 식량과 에너지가 줄어들면 아이를 적게 낳고 회복되면 더 낳을 게 틀림없다. 초저출산국에 초고령사회로 치달아 경제활력이 떨어질지언정 1차함수처럼 규칙적으로 줄어들어 마침내 사그라질 리 없다. 한데, 지금의 세계인구는 기후위기와 에너지 고갈 상황을 이겨낼 가망이 있을까? 에너지의 90% 이상 수입에 의존하는 우리나라는 5,000만 인구를 돌파했다. 4,000만이 넘어 큰일이라던 1983년보다 개개인은 훨씬 많은 에너지를 소비하는데, 인구절벽을 면하기 힘들 것 같다.

경제위기는 문제의 본질이 아니다. 지금의 인구가 탐욕스러운 에너지 소비를 멈추지 않는다면 생존은 한순간에 나락으로

휩쓸릴 수 있다. 1990년에 비해 온실가스 배출량을 꾸준히 줄여가는 유럽과 달리 우리나라는 오히려 4배 이상 키웠다. 유럽과 미국과 달리, 우리는 식량을 절박하게 걱정해야 한다. 추위는 껴입은 옷으로 견딜 수 있지만, 먹지 못하면 생명을 잃는다. 곡물 기준으로 4분의 1도 자급하지 못하는 처지에서, 저출산이 오히려 반갑다.

버려야 행복한 근대문명

최근 유엔 사무총장은 기후위기에 대한 즉각 대응을 촉구하는 자리에서 "인간은 자연과 전쟁을 벌이고 있는데, 이는 자멸과 같다"하고 연설했다. "공기와 물이 오염돼 해마다 900만 명이 사망한다"고 추산하면서 코로나19의 6배에 달한다고 덧붙였는데, "사람과 가축이 야생동물의 서식지와 서식공간을 빼앗을수록 더 많은 바이러스와 질병이 동물에서 옮겨올 것"으로 예견한 구테흐스 사무총장은 젊은이에게 새로운 일상을 열어달라고 부탁한 것일지 모른다.

코로나19는 생태계의 모든 생물을 지배해온 인류에 새로운 각오를 요구한다. 근대화 이후 인류는 "개발"이라는 마패를 앞세웠다. 탐욕을 위해 효율화를 추구하면서 다양성을 희생시켰다. 개인의 개성도, 생태계의 다채로움도 질식시켰다. 과정보다 속도를 중시했지만, 화석에너지를 남용해야 했다. 현란한 현대와 더욱 현란할 내일을 위해 파국을 부를 핵에너지를 뽑아내는 무모함을 자랑하자 코로나19가 엄습했다. 코로나19 바이러스는 젊은이에게 치명적이지 않지만, 새롭게 등장할 감염병은 어떨지 모른다. 온난화로 영구동토가 녹으면 부패할 동물의 몸에서 어떤 인수공통감염증 바이러스가 빠져나갈지 아무도 모른다. 얼마나 위험할지, 백신을 제때 개발할 수 있을지 누구도 점치지 못한다.

그린란드 빙하가 녹아내리자 공포를 느낀 아이슬란드 소설가 안드리 스나이르 마그나손은 변질되는『시간과 물에 대하여』(2020) 고뇌하며 사람들의 안일한 태도에 절망한다.[90] 생태계와 인류를 파국으로 몰고가는 기후변화를 절박하게 표현하지 못하는 자신을 책망하며 히말라야 빙원이 녹아내리는 현실 앞에서 안절부절한다. 미국의 젊은 소설가 조너선 사프란 포어는 점점 강력해지는 자연의 경고를 귀찮은 소음 정도로 취급하는 자들에게『우리가 날씨다』(2020)라고 외친다.[91] 'K방역'에 취한 우리는 어떤가? 기후위기의 파국을 모면할 운이 찾아올까?

90 안드리 스나이르 마그나손, 「시간과 물에 대하여」 (노승영 옮김, 북하우스, 2020)
91 조너선 사프란 포어, 「우리가 날씨다」, 송은주 옮김 (민음사, 2020)

대통령이 2050년 탄소중립을 선언하자 자동차 대기업은 2040년까지 내연기관을 가진 자동차 생산을 중단하겠다는 추임새를 넣었다. 유럽과 일본은 2030년에 생산 중단을 선언했고 미국 새 정권도 동참을 예고하는데, 한국 기업은 2040년까지 내연기관 자동차를 팔 수 있다고 보는 걸까? 유럽 대부분의 국가는 2030년에 모든 화력발전을 폐쇄하겠다고 선언했는데, 화력발전소를 계속 짓는 우리나라는 낡은 발전소의 연료를 천연가스로 대체하겠다며 생색을 낸다. 막대한 전력이 필요한 디지털 산업을 '한국판 뉴딜'로 선전하는 국가답다.

바닷물이 시내까지 넘치자 베네치아는 8조 원의 예산으로 해수면 상승을 막으려 발버둥치지만 전문가들은 가당찮게 본다. 이번 세기 내에 25cm 상승할 해수면은 그린란드 빙하가 모두 녹는다면 육지를 7미터 이상 삼킬 걸로 예견한다. 해수면은 욕조에 목욕물 채우듯 상승할 리 없다. 해일과 쓰나미를 동반하며 해안 방호벽을 파괴할 게 틀림없다. 중국 상하이는 장차 해수면 아래로 사라질 텐데, 인천공항은 온전할까? 자동차 광고의 메카인 송도신도시와 화려하기 이를 데 없는 해운대 아파트는 언제까지 명성을 유지할까? 가덕도, 울릉도, 흑산도, 백령도의 공항은 무슨 소용인가?

코로나19 이후의 정책 과제

코로나19 이후에 만들 새로운 일상은 무엇일까? 거리두기일까? 인간(人間)은 사회적 동물이다. 진화된 이래 인간은 거리 두고 산 적이 거의 없다. 코로나19는 오히려 사람 사이에 거리가 생겨 확산된 측면이 강하다. 요양원에 가족과 마을의 살가움을 외주화하지 않았다면 지금처럼 퍼지지 않았을 것이다. 그런데도 앞으로의 삶에 대한 기득권층과 지식인의 상상력에서 코로나19 이전의 일상에 대한 미련이 엿보인다.

강력한 감염병이 다시 발생하더라도 거리를 두지 않고 건강한 삶을 이어갈 일상은 무엇일까? 정부는 디지털 분야의 일자리 창출과 환경단체에서 요구해 온 그린 뉴딜을 언급했다. 디지털로 어떤 일자리를 확보할 수 있을까? 자동화를 지향하는 디지털 분야는 기존 일자리를 위협할 수 있다고 전문가는 분석한다. 데이터 입력이나 택배 같은 단순 업무는 늘겠지만, 만족스런 일자리와 거리가 멀 가능성이 높다. 다음 세대가 누릴 환경과 생태계도 살리고 일자리를 구현하는 그린 뉴딜은 어떨까?

환경단체는 전력사업의 개선을 요구한다. 위험하면서 윤리적이지 않은 핵발전이나 화력에서 벗어나 재생 가능한 에너지 자원으로 전기를 생산한다면 일자리가 최소 서너 배 이상 늘어날 거라 주장한다. 같은 용량의 전기를 생산한다면 일자리가 30배 이상 늘어날 거로 추산하기도 하던데. 지금 우리가 사용하는 전기, 이미 충분한 건 아닐까? 재생 가능한 전기로 일자리를 창출하기 앞서 전기 효율을 높이고 소비를 줄이는 게 급선무 아닐까?

정부와 일부 대기업에서 그린 뉴딜의 분야로 거론하는 전기차와 수소차는 지속가능한가? 전기와 수소를 동력으로 사용하는 자동차는 도시의 대기를 다소 깨끗하게 할 뿐, 온실가스를 거의 줄이지 못한다. 전기와 수소를 생산하는 과정에서 발생하는 도시 밖의 온실가스와 환경오염 물질은 무시할 수 없으니, 정의롭지 않다. 화력뿐 아니라 핵발전소로 구한 전기를 활용하거나 천연가스로 수소를 분리한다면? 눈속임이다.

생태계 파괴가 불러온 참상

탐욕이 저지른 획일적 개발은 생태계를 거침없이 교란했다. 생물다양성을 잃어 완충력이 무너진 생태계에 기후위기는 심화되었고 코로나19는 고속도로와 국제공항을 타고 세계로 퍼져나갔다. 콘크리트가 지배하는 도시일수록 질병은 빠르게 창궐한다. 녹지와 습지가 건강한 생태계에서 감염병의 전파는 쉽지 않다. 다품종 농작물을 유기적으로 생산하는 농촌도 도시보다 생태계가 건강하다. 생태계를 그물코처럼 다채롭게 구성하는 생물들은 한두 가지 외래 생물이 창궐할 공간을 허용하지 않는다.

영국 〈가디언〉이 펴낸 『지구에 대한 의무』(2019)는 세계 소비량의 절반 가까이 생산하는 중국의 시멘트를 주목했다.[92] 중국의 1년 생산량을 붓는다면 영국 땅은 베란다처럼 편평해질 것이라 덧붙였는데, 생태적 완충력이 최근에 급격히 허물어진 중국에서 코로나19가 먼저 창궐한 이유와 무관하지 않을 것이다.

20여 년 전, 독일의 산업단지를 방문한 적이 있다. 나무가 가득한 마당은 주위 호수와 어우러져 굴뚝이 보이지 않았다면 공원으로 착각할 정도였다. 악취와 소음 대신 청아한 새소리가 주위를 맴도는 공업단지는 원래의 모습이 아니었다. 노동자와 주민, 그리고 후손을 배려하는 정책이 시민의 지지를 받았기에 개선할 수 있었다고 관계자는 설명했다. 공업단지만이 아니다. 높은 건축물과 넓은 아스팔트 도로를 자랑하지 않는 독일은 주차장 바닥에 잔디 심은 블록을 깔고, 지붕과 건물 벽에 나무와 풀을 심거나 붙인다.

---

92 스티븐 부라니 외, 『지구에 대한 의무』 (전리오 외 옮김, 스리체어스, 2019)

우리 공업단지는 어떤가? 돈벌이가 아니라면 접근하기 싫을 정도로 지저분하고 시끄럽다. 일자리 환경을 개선하자. 과정에서 적지 않은 일자리가 창출될 것이다. 그린뉴딜이 아닐까? 고속도로를 없애거나 최소화하고 그 자리에 녹지와 습지를 확대하는 뉴딜은 어떨까? 생태계를 파괴하는 공항 계획의 철회는 물론이다. 쓸모를 줄여야 할 기존 공항을 대폭 축소하거나 없애고 그 자리에 농민이 운영하는 전통 유기농단지를 조성하는 뉴딜은 어떨까? 감염병 창궐이 그만큼 억제될 것이다.

코로나19 이전 풍경에서 내일을 찾지 말라

새로운 일상은 코로나19가 무섭지 않았던 시절의 풍경에서 구상할 수 있다. 석유 없고 자동차 없어도 행복했던 선조의 삶이다. 녹색혁명과 유전자 조작 농산물이 없던 시절, 전염성 강한 질병은 마구 퍼져나가지 않았다. 코로나19로 혹독한 사재기를 경험한 많은 나라는 자급을 생각하기 시작했다. 마스크나 화장지 같은 물건만이 아니다. 생존의 기반인 식량이 특히 그렇다. 우리의 곡물 자급률은 20%를 간신히 넘는다. 제2, 제3의 코로나19가 대한민국의 식량위기를 극한으로 몰아가기 전에 자급에 다가갈 농업을 지원하는 뉴딜은 어떨까? 디지털로 일자리를 잃고 비대면이나 택배에 몰리는 젊은이들에게 흙의 가치를 알리는 뉴딜도 훌륭하다. 땅과 마을을 살리는 정책도 내일을 위해 유용하다.

경제성장을 추구하면서 그린 뉴딜이 가능할까? 이자를 반드시 요구하는 돈을 빌려 주며 존재하는 은행은 경제성장을 추동한다. 성장하지 못하면 이자를 지불할 수 없는데, 온실가스 배출이 진정될 수 있겠나. 고갈을 앞둔 석유, 온실가스를 내뿜는 화석연료가 뒷받침되지 않으면 경제성장은 불가능한데, 정부의 한국판 뉴딜이나 그린 뉴딜 안에 은행이나 대학에 대한 언급은 없다. 탈성장이나 탈석유 진정성은 보이지 않는다.

협력을 무시하는 입시교육, 취업을 위한 대학, 돈벌이를 위한 취업, 승리를 위한 경쟁은 코로나19를 초대했다. 저명한 경제학자 케네스 볼딩은 "경제성장이 계속될 거라 믿는 자는 미치광이거나 경제학자"라 비판했다. 코로나19가 증명하듯, 기업이든 개인이든 경제성장 추구는 다음 세대 생에 치명적이다. 지속가능한 행복은 경제성장이 아니다. 이웃을 살피지 않는 아파트 가격 상승과 연봉 인상보다 건강한 생태계 안에서 지속가능하게 생존할 일상을 추구해야 한다.

기후위기는 돌이킬 수 없다. 감염병도 더욱 심각해질 가능성이 크다. 자손이 코로나19 이전보다 건강하고 행복하게 생존하

기를 원한다면, 선조가 그랬듯, 땅이 허용하는 범위 안에서 자급
자족하는 방법을 찾아 실천해야 한다.

3.8 기후변화
시민 공동체 중심의 탈탄소 전략이
실현되는 나라

오기출
푸른아시아 상임이사

2020년 우리나라는 여름철 54일의 폭우, 연이어 발생한 4차
례의 강력한 태풍으로 큰 피해를 보면서 기후위기를 실감했다.
2021년 1월 기상청은 2020년 폭우와 태풍으로 우리나라의 재산
피해 규모가 1조 2,585억 원이라고 발표했다. 지난 10년 간의 연
평균 피해액(3,883억 원)의 3배 이상이고, 인명피해도 3배를 넘겼
다. 이렇게 기후위기는 시간이 지나면서 심각해지고 있다.

현재 유엔은 산업혁명 이전과 비교, 지구 기온 1.5℃ 상승으로
제한하고, 2030년까지 매년 6%의 온실가스 감축을 각국에 요구
하고 있다. 1.5℃이상 기온이 오르면 인류가 감당하기 힘든 파국
이 오기 때문이다.

가속화되는 기온 상승, 해법은 인간의 몫

그런데 2021년 현재 지구기온이 너무 빠르게 올라 문제다. 2019년 9월에 유엔총회 보고서는 1.1℃ 상승을 발표했다. 유엔은 1년 뒤인 2020년 9월 1.2℃ 상승, 넉 달 뒤 2021년 1월 1.25℃ 상승을 발표했다. 단 1년 4개월 동안 0.15도가 올랐다. 이런 속도라면 매년 0.1도가 올라 2025년에 임계점인 1.5도 상승이 예상된다. 유엔은 이 기후변화로 100만 종의 생물이 멸종했고, 2019년 1년 동안 1,500억 달러(165조 원)의 피해가 발생했다고 보고했다.

2014년 세계은행은 『기후보고서』(Turn down the heat)를 발표했다. 여기서 1.5℃가 오르면 12억 명이 추가적으로 극단적 빈곤의 덫에 갇히고, 2℃가 오르면 식량생산 30%가 중단되고, 4℃가 오르면 식량 70%가 생산 중단되어 인류는 굶어 죽는 위기에 놓일 것이라고 했다. 기후위기는 이렇게 지구 생명과 인류의 생존과 지구촌을 파국으로 몰아가고 있다.

아울러 기후위기가 감염병위기, 경제위기를 동반하면서 지구촌은 지금 당장 해법을 찾아야 하는 절박한 상황이다. 다른 지구(Planet B)는 없고, 다른 대안(Plan B)도 없다. 결국 기후위기를 만든 인류가 이것을 책임지고 해결하는 방법 외에는 해법이 없다.

미국 바이든 정부의 강력한 기후정책

그동안 우리나라 정부와 산업계는 기후위기 대응에 소극적이었다. 산업계는 '미국도 노력 안 하는데 왜 우리가 선제적으로 해야 하는가?'라고 반문해 왔다. 2016년 파리기후협정을 탈퇴한 트럼프의 미국을 염두에 두었기 때문이다.

그런데 2021년 1월 등장한 바이든 정부는 미국 역사상 가장 강력하고 포괄적인 기후정책을 제시하고 있다. 미국은 다시 지구촌의 리더십을 회복하고 싶어 한다. 주목할 것은 리더십의 내용이다. 바이든 정부는 리더십을 "미국과 지구촌의 기후변화 해결의 목표를 높이고, 미국이 지구촌 기후문제 해결의 운전자(Back in the driver's seat)가 되고자" 하는 데 있다고 말한다.

2021년 1월 27일 바이든 정부는 행정명령을 통해 "기후위기 대응이 미국 외교와 국가안보의 본질적인 요소다. 기후위기를 모든 국가정책 과제에 필사적으로(Desperately) 통합시키겠다. 이를 위해 정부 소유의 땅에서 추진해 온 석유·가스 사업을 금지하고, 매년 400억 달러에 해당하는 화석연료 보조금을 금지하고, 2030년까지 미국 국토와 해양 30%를 환경적으로 회복시키겠다"고 발표했다.

아울러 미국은 동맹국들에게 화석연료 보조금 사업 중단을 요구할 것이라고 한다. "미국도 안 하는데 왜 우리만?"이라는 말이 앞으로는 통하지 않을 것으로 보인다.

바이든 대통령은 취임 첫날 파리기후협정에 재가입했다. 이것이 출발이었다. 미국은 2050년 온실가스 순배출량 제로(Net 0), 2035년 전기에너지의 100% 청정에너지 전환을 목표로 하고 있다. 4년 동안 연방 예산 2조 달러(2,200조 원)를 사용하겠다고 한다. 그리고 10년 간 지역정부와 민간자본 5조 달러(5,500조 원)를 추가로 투입할 계획이다. 이것이 '바이든 플랜'이다. 바이든 플랜은 어떻게 구체화될까?

첫째, 기후클럽 구성이다. 2021년 4월 22일 지구의 날, 미국은 주요 온실가스 배출 국가들이 참여하는 '기후 정상회담'을 소집했다. 중국, 유럽연합, 브라질, 오스트레일리아 등과 함께 한국도 초대됐다. 이 자리에서 주요 배출국들은 기후위기 대응 약속을 더 대담하게 높이는 문제를 상의하고 '기후클럽' 구성도 논의했다. 기후클럽에 들어오는 조건은 그동안 각국이 제시한 온실가스 감축 규모를 늘리고, 1.5℃ 상승 제한을 요구하는 파리기후협정을 지킨다는 약속이다.

둘째, 탄소조정관세에 대한 미국·유럽연합·중국의 협력이다. 미국은 유럽연합과 협력하여 온실가스 감축 의무를 이행하지 않은 국가에서 수입되는 상품에 대해 '탄소조정관세(Carbon Adjustment Fees)' 부과 계획도 확정한다. 중국은 미국의 요청을 받아들일 것이다. 세계 청정에너지의 45%에 투자해온 중국은 그동안 청정에너지 관련 자국시장이 협소했다. 청정에너지와 녹색금융을 국제적으로 확장하기 위해 바이든의 협력이 필요한 상황이다.

셋째, 국제적인 다자기구 협력을 통해 미국은 탈탄소동맹을 관철시킬 것이다. 미국은 '포괄적환태평양경제동반자협정(CPTPP)', '일대일로(One Belt One Road Initiative)' 모두에 주목하고 있다. 향후 4년간 G20, IMF, 세계은행과 함께 석탄수출, 고탄소 프로젝트에 대한 금융지원, 보조금 지원을 금지할 것이다. 대신 개발도상국들이 미국의 동맹이 되어 온실가스 감축을 약속하면 '녹색부채 탕감(Green Debt Relief)' 조치를 취한다고 한다. 이 과정에서 석탄산업은 시장가치가 무너져 좌초자산이 될 것이다. 그동안 석탄발전과 플랜트에 의존해 온 우리나라가 위험해지는 이유다.

넷째, '바이 아메리카(Buy America)' 정책이다. 매년 4,000억 달러(450조 원) 규모로 연방정부가 미국 안에서 제조한 전기자동차와 청정에너지를 구입할 계획이다. 바이 아메리카, 미국의 제조업을 부활시키겠다는 바이든의 핵심 공약이다. 바이든 플랜의 목표는 높은 임금으로 중산층을 넓히는 데 있다. 미국 안에서만 제조업 전체를 부활하기 힘들다는 점에서 동맹국들도 이 공급망에 포함될 것으로 보인다. 온실가스 감축을 통해 미국에 수출할 자격을 갖춘 나라들이 주로 참여할 것이다.

다섯째, 금융기관이 기업에 투자를 할 때 기준으로 활용하는 '환경과 사회, 거버넌스(ESG)'에 기후영향을 우선적으로 채택할 계획이다. 이 조짐은 이미 시작되고 있다. 한국전력공사(한전)에 투자한 캘리포니아공무원 연금과 네덜란드 연기금은 한전이 해외 석탄발전에 투자한다는 이유로 투자회수를 결정했다. 한전의 사례는 앞으로 우리나라 기업들의 현실이다.

준비 안 된 우리나라 산업이 위험하다

바이든 기후정책은 화석연료에 의존해온 한국에게 매우 위협적이다. 2020년 11월 22일 대한상공회의소가 바이든 정부 출범 후 수출 등 사업환경 변화 전망에 대해 국내 제조기업 300곳을 조사했는데, 응답 기업 65.3%는 '별다른 변화가 없을 것'으로 답했다고 한다. 이처럼 우리나라는 아직 밀려오는 위기를 못 느끼고 있다.

우선 탄소금융을 금지할 때 가장 위험한 나라는 한국이다. 영국의 금융싱크탱크인 카본트래커(Carbon Tracker)는 세계에서 한국이 가장 위험한 석탄 좌초자산을 갖고 있다고 평가한다. 석탄금융 폐지로 우리나라는 1,060억 달러(120조 원)의 석탄산업이 무너질 것으로 평가된다.

탄소국경세도 새로운 위협요소다. 2020년 11월 25일 유럽 철강무역 네트워크 '유로메탈(Euro Metal)'은 매년 1,300만 톤의 철강을 수출하는 러시아가 2023년 8억 달러(약 9천억 원)의 탄소국경세를 유럽연합에 지불해야 한다고 발표했다. 러시아의 사례로 볼 때 매년 우리나라 철강도 유럽연합에 1억 9천만 달러(약 2천억 원)를 지불해야 한다.

그런데 우리 철강산업의 현실은 어떨까? 2020년 11월 9일 〈디지털타임즈〉는 온실가스 최대 배출 산업인 철강산업 관계자들이 "외교적 노력으로 대미 관세 적용을 최대한 늦추는 방안을 추진하라"고 정부에게 요청했다고 한다. 이렇게 최대한 늦추면 결과는 무엇일까? 화석연료로 만든 한국산 철강을 아무도 사지 않는 일이 벌어질 것이다. 우리나라 철강, 석유화학 등 제조업이 차지하는 비중은 2019년 기준으로 GDP의 28.8%다. 수출 의존도도 탄소국경세를 주도할 미국 13.5%, 중국 25.1%에 편중되어 취약하다.

탈탄소 전환, 어디부터 시작해야 하나?

바이든과 함께 현실화된 우리나라의 기후위기 대응, 어디부터 실마리를 풀어야 할까? 문재인 대통령은 2020년 7월에 74조 원을 투자하는 'K-그린 뉴딜' 계획을 발표했고, 10월에는 '2050 탄소 중립'을 선언했다. 2050년이 되면 순배출량 제로(0)를 이루겠다는 것이다. 그런데 지금 우리 국민들은 이를 실감하지 못하고 있다. 왜 그럴까? 시민의 지지를 얻지 못하고, 녹색시장이 없어서다.

바이든 정부는 기후위기 대응을 위해 연방 예산 2조 달러를 책정했다. 그중 40%인 8천억 달러(약 900조 원)를 기후위기와 코로나위기, 경제위기 피해 시민 공동체들에 투자한다. 이렇게 해야 시민이 지지하고, 공동체가 만드는 녹색시장도 열린다. 바이든처럼 우리나라도 그린 뉴딜 예산 30~40%를 시민 공동체에 투자해야 붐이 일어나고 녹색시장이 열릴 것이다. 탈탄소 전환을 위해 우리나라 그린 뉴딜 전략을 시민 공동체 중심으로 새로 짜야 한다.

탈탄소 전환 방향 I 시민 공동체의 재발견

대통령이 '2050 탄소중립'을 선언한 이후, 2020년 12월 7일 정부는 '2050 탄소중립 추진전략'을 발표했다. 그중 '전 국민 공감대를 토대로 지역과 민간이 주도하는 상향식(Bottom-up) 방식'을 주요 정책으로 채택했는데, 이것은 공동체가 주체임을 인정한 것이다. 그런데 그 추진전략에는 공동체가 문제해결의 중심에 서기 위해 필요한 계획이 부실하다. 탄소중립은 사실상 전국적으로 시민(주민) 공동체들의 참여를 촉진해야 성과를 만들 수 있다. 공동체를 주체로 하여 이들의 참여를 보장하려면, 기획의 출발부터 공동체들이 참여해야 한다.

2020년 12월 (사)국민총행복전환포럼과 행복실현지방정부협의회는 우리나라 7개 지역(구리시, 여주시, 고창군, 의성군, 광주 광산구, 광주 서구, 대전 대덕구)에서 각각 1,500~2,000명의 주민들을 방문조사한 보고서 「코로나19 시대 주민행복실태와 현황」(이재경 국민총행복정책연구소 연구실장)을 발표했다. 보고서는 주민들이 코로나19 이후 기후변화에 대한 불안감(6.1점/10점)을 가장 위협적으로 인식한다고 발표했다. 주거비 부담(5.1점), 정신적 스트레스(4.1점)보다 높았다. 이 조사는 우리나라 시민들이 기후위기를 가장 위협적으로 본다는 점에서 탈탄소 전환의 적극적인 주체로 전환할 가능성도 보여주고 있다. 이런 시민들과 공동체들이 참여해서 붐을 일으켜야 탈탄소 전환의 동력과 시장을 만들 수 있다. 시민 공동체를 재발견해야 한다. 이를 위해 무엇을 해야 할까?

과제 01. 「기후 리더십과 공동체보호법」 제정 '2050 탄소중립', '2030년 파리기후협정' 준수 목표를 시민 공동체들과 공유하면서 이 공동체들을 보호하고 혜택을 주는 법과 제도를 제정해야 할 것이다. 이 공동체는 감염병위기, 경제위기, 기후위기, 탈탄소 사회로 전환 시 피해를 보는 노동자, 농민, 어민, 지역 주민, 여성, 어린이, 학생, 청년, 소상공인, 직장 공동체 등을 포함한다. 피해공동체들을 체계적으로 조사하고, 공동체 보호와 혜택을 정하기 위한 조사가 필요하다. 아울러 다양한 공동체 모델도 개발해야 한다, 이 법을 집행하는 (가칭)기후행동위원회와 (가칭)기후워킹그룹도 만들어야 할 것이다.

참고로 2021년 1월 현재, 미국 뉴욕주는 2050 탄소중립을 위해 인구 1,900만 명 중 46%인 880만 명이 그린 뉴딜에 참여해 보호와 혜택을 받고 있다. 놀라운 성과다. 활성화된 이유는 2019년 뉴욕주가 「기후 리더십과 공동체보호법」을 제정하면서, 기후 관련 예산과 기후펀드 40%를 주민공동체에 지원할 것을 법적으로 보장했기 때문이다. 우리나라도 탄소중립을 달성하려면 뉴욕주의 사례를 참고해야 한다.

과제 02. 기후시민의회(Climate Citizen's Assembly) 구성 100~150명의 직업별, 연령별, 지역별, 공동체별 일반 시민들로 구성된 기후시민의회를 대통령이 주도하여 구성한다. 이 시민의회는 매년 6개월 또는 9개월 간 교육과 컨설팅을 받으면서 시민들이 자율적이고 주도적으로 활동한다. 기후시민의회가 주택, 음식, 교통, 건물, 다양한 공동체, 에너지 등 기후위기에 대응하는 생활 속에서의 구체적인 해법을 제안한다. 그 제안들을 시민들과 공유할 수 있도록 언론이 보도하고, 시민의회 성과를 보고서로 만들고, 이를 대통령에게 보고하고, 제안내용은 행정명령 또는 법으로 만든다. 전문가들이 아닌 일반시민들의 관심을 표현하는 기후시민의회는 영국과 프랑스에서 시작돼 현재 전 유럽으로 확산 중이다. 우리나라도 시민들이 결정의 중심이 되는 민회가 춘천을 중심으로 활동하고 있다.

시민 공동체의 재발견은 기후위기에 책임이 있는 정치, 정부, 기업을 변화시키는 힘이다. 기후위기의 원인인 온실가스 배출의 책임은 주로 대자본에게 있다. 따라서 국회와 정부는 대자본이 이를 책임질 수 있도록 법과 제도를 만들어야 한다. 소비자로서, 유권자로서, 시민 공동체의 목소리와 행동은 이런 법과 제도를 만드는 힘이 되어야 한다.

기후위기, 코로나위기, 경제위기 시대다. 위기의 시대에 침묵하면 죽는다. 침묵하지 않을 시민들과 공동체를 재발견해야 할 때다.

표 3-1. 영국과 프랑스 기후시민의회 활동 비교[93]

	영국 기후의회 (ClimateAssembly UK, CAUK)	프랑스 기후시민의회 (Convention Citoyenne pour le Climat, CCC)
핵심적인 질문	영국이 2050년 온실가스 순배출량 0(Net 0)달성을 어떻게 해야 할까?	프랑스가 사회정의라는 원칙을 지키며 2030년까지 적어도 40%(1990년 기준)의 온실가스 감축을 어떻게 해야 할까??
참가자 선발방법	108명, 7개 기준에 따른 추첨과 무작위 추출	150명, 6개의 기준에 따른 추첨과 무작위 추출
예산	52만 파운드(7억 원)	540만 유로(65억 원)
유지기간	4개월(2020.1.25-5.17)	9개월(2019.10-2020.6.21.)
진행방식	대면 3주간 주말 회기(session) 온라인 3주간 주말 모임	대면 7주간 주말 회기 온라인 1주간 주말 회기
정치적인 후원자	6개의 영국 의회 특별위원회	대통령 엠마누엘 마크롱
대중적인 인식	대중적인 영향력 조사한 적 없음	2020년 1월 여론조사, 프랑스 인구 70%가 시민의회의 제안을 인지하고 있다고 대답함
최종 권고안	556쪽의 보고서, 50개 이상의 권고	460페이지 보고서, 149개의 권고
촉진 그룹	내부 구성원에 포함	Missions Publiques, Res-Publica, Eurogroup consulting

---

93 Claire Mellier, Rich Wilson, 「Climate Citizen's Assemblies Right」『Carnegie Europe』 (2020년 11월 5일)

탈탄소 전환 방향 II 온실가스 감축 목표의 재설계

탈탄소 전환 정책을 달성하기 위해 우리는 다음 3가지 질문을 던져야 한다.

첫째, 정부가 제출한 정책들이 2050 탄소중립을 실현하기 위해 충분한가?

둘째, 우리는 신뢰할 만한 단기목표들을 갖고 있는가? 2025년의 목표, 2030년 목표가 적정한가?

셋째, 제출한 정책들이 실행 가능한가?

'그린 뉴딜 정책', '2050 탄소 중립 추진전략' 어디에도 이런 질문과 답을 한 것이 없다. 그리고 기후행동추적(CAT) 등 국제적인 평가기관들은 우리나라를 기후변화 대응 노력을 안 하는 기후악당 국가(Climate Villain)로 평가하고 있다. 이를 극복하기 위해서는 위의 세 가지 질문을 통해 답을 찾아야 한다. 이명박, 박근혜 정부도 온실가스 감축을 선언했는데, 2009년 6억 톤에서 2018년 7억 2,760톤으로 10년 동안 20%나 늘어났다. 선언을 지키지 않아도 문제가 되지 않았기 때문이다. 그런데 지금은 그때와 상황이 다르다. 선언을 지키지 않으면 변방으로 밀려난다. 이제라도 제대로 준비하면 비약적으로 전환할 수도 있다. 다만, 기민하고, 대담하고, 정의로워야 한다.

과제 03. 2030년까지 달성할 온실가스 감축 목표 설정 우리나라는 기존 2030년 온실가스 감축 목표는 2017년 기준으로 24.4%다. 2050 탄소중립을 달성하려면 이것은 신뢰할 만한 목표가 아니다. 최소 40%를 설정해야 한다. 과감한 온실가스 감축 기준을 정하고 이를 실현하는 로드맵을 정부, 기업, 시민 공동체들이 거버넌스를 구축해 새롭게 짜야 한다. 국제사회는 한국에 온실가스 감축 압력을 강하게 요구할 것이다. 필사적으로 감축하는 모습을 보여야 한다. 그래야 한국이 신뢰받는 탈탄소의 길을 갈 수 있다.

과제 04. 매년 GDP 2.5%의 기후예산 확보 파리기후협정을 달성하기 위해서 정부는 국제적 기준인 매년 GDP 2.5% 규모의 기후예산을 확보해야 한다. GDP 2.5%는 향후 5년 간 200조 원 예산을 사용한다는 뜻이다. 정부 예산과 별도로 지역과 민간자본, 펀드로 5년 간 200조원 투자를 추가적으로 확보하는 것도 필요하다. 정부예산과 추가적인 투자자금의 40%를 시민 공동체에 투자하는 것이 관건이다. 그러면 탄소발자국을 줄이는 청정에너지기술, 그린 빌딩, 녹색 스마트 그리드, 녹색금융, 녹색시장이 비약적으로 성장할 것이다. 앞서 설명했듯 바이든 정부는 GDP 2.5%를 기후예산으로 확보하고 그중 40%를 피해공동체에 투자한다는 정책을 행정명령으로 채택했다.

탈탄소 전환 방향Ⅲ 정부·산업·경제의 전환

과제 05. 기후 전문가를 양성해 정부, 지자체, 공기업, 민간기업 파견 기후정책을 일관되게 집행하기 위해 대통령이 주도하여 기후 전문가 아카데미를 개설한다. 이 과정을 이수하고 자격시험에 합격한 사람들로 기후 전문가들을 전국적으로 양성한다. 이 전문가들을 정부와 지자체, 공기업, 다양한 공동체, ESG 적용 민간기업과 민간기관으로 파견하여 기후위기 대응을 정부, 경제, 산업, 공동체에서 일관되게 할 수 있도록 돕는다. 이 전문가들의 일상적 관리는 '기후리더십과 공동체 보호법'의 법적 기구인 기후워킹그룹이 담당한다.

과제 06. 정부 조달에 기후영향을 우선적으로 적용, 평가 가이드라인(ESG 등) 개발 기업들은 생산, 디자인, 수송, 공급망에서 발생하는 탄소발자국을 이해하고 수용해야 한다. 공짜 탄소는 없고, 탄소에 가격이 부과된다는 것을 받아들여야 한다. 정부는 조달, 입찰 등에서 기업들의 탄소발자국과 이를 해결하려는 노력을 가이드라인으로 만들고 평가 점수로 반영해야 한다.

과제 07. 산업체들의 저탄소 시스템과 금융투자 가이드라인 구축 기업들은 저탄소 경제의 국제적인 다자관계에 들어갈 자격을 갖추어야 한다. '바이 아메리카' 정책의 제조업 공급망은 다

자동맹국으로 확장될 것이 확실하다. 문제는 자격이다. 저탄소
시스템을 구축하는 것은 우리 정부와 산업의 처절한 성찰, 기민
한 노력, 대담한 투자에 달려 있다. 이를 위해 공적 연금, 공적 금
융부터 기후위기를 반영한 투자 가이드라인을 만들고, 자격심
사를 하고, 투자한 기업의 경영에 개입해야 한다.

　　과제 08. 석탄금융과 석탄보조금을 커뮤니티 보호, 에너지 효
율화, 에너지 전환, 토양탄소격리로 전환 석탄산업과 석탄화력
발전소는 이미 좌초자산(Stranded asset)이 되어 시장가치가 급락하
고 있다. 그럼에도 그동안 우리나라 정부는 석탄금융과 석탄보
조금으로 석탄을 돈 버는 사업으로 유지시켰다. 석탄금융과 보
조금은 향후 4년 안에 폐지하도록 권고되고 있다. 경쟁력을 잃
은 석탄은 자연스럽게 폐지될 것이다. 따라서 석탄 관련 금융과
보조금을 저탄소시스템으로 전환하는 계획을 세워야 한다. 패
러다임 전환은 이미 시작되었다. 이것을 주도하는 것에 따라 패
러다임 전환을 주도하는 나라가 될지, 변방으로 추락하는 나라
가 될지 결정될 것이다.

　　과제 09. 기후재정 조성을 위한 '범부처 탄소중립 통합재정' 구
축 기후 재원 조성을 위해 모든 정부부처가 기후 이슈를 통합적
으로 적용, 정부 예산을 기획할 때부터 기후위기 해결 예산을 조
성한다. 하나로 통합된 정부(A whole of Government)를 지향하면서, 탄

소중립 친화적인 통합재정을 도입한다. 경제, 산업, 환경, 국방, 보건 복지, 농림·어업·축산, 지역 등의 예산 기획과 함께 탄소중립을 실행하는 예산을 구성한다.

과제 10. 기후재정 조성을 위한 '탄소가격제' 도입 탄소에 가격을 매기는 탄소가격제를 도입해서 추가 예산을 확보한다. 탄소가격제는 탄소배출권거래제, 탄소세를 포함한다. 단, 탄소중립 통합재정과 탄소가격제가 시민들에게 부담을 주기보다는 혜택을 보장하는 방향으로 활용되어야 한다. 확보한 예산의 일정 부분(40%)을 공동체와 기후위기 피해 시민들에게 지원한다. 미국, 유럽연합, 중국은 빠르면 2023년부터 탄소세를 포함한 탄소가격제를 채택할 것이다. 탄소에 대한 전면적인 유상할당을 준비해야 한다. 2023년에 1kg 당 30원의 탄소가격이 유력한 안으로 제시되고 있다. 100% 유상할당을 전제하면, 우리나라는 매년 21조 원의 기후예산을 조성할 수 있다. 탄소가격은 시간이 지나면서 1kg 60원, 120원으로 상승할 수 있다. 미리 탄소가격제 설계를 준비하자.

과제 11. 아시아 그린 뉴딜로 국제협력 주도 한국판 그린 뉴딜을 넘어, 몽골, 미얀마, 필리핀, 북한 등 아시아 기후피해 국가들과 온실가스 감축, 청정에너지 보급, 산림개발, 환경난민 자립사업을 협력하고, 이를 통해 환경적, 경제적, 산업적 다자협력의 새로운 모델과 기회를 만들 수 있다.

　과제 12. 시대에 걸맞은 거버넌스 중심의 '그린 뉴딜 전략 (Playbook)' 수립 파리기후협정 이행, 탈탄소 사회로의 전환을 담은 우리나라 그린 뉴딜 전략(playbook)을 시대에 맞게 새로 만들어야 한다. 그런데 지금까지의 경험으로 볼 때 관료 중심으로 만들면 실패한다. 정부는 지원하고. 각 영역의 대표들이 참여하는 거버넌스가 중심이 되어야 한다. 또 과학자들과 커뮤니티와 소통하는 현장 전문가들이 정책 기획단계에서부터 대대적으로 참여해야 한다.

탈탄소 사회로 전환할 마지막 기회

　한국이 미국과 전략적 우방국이라 바이든 정부가 봐줄 것이라는 안일한 생각과는 이제 결별해야 한다. 그동안 공짜였던 탄소는 바이든 정부 출범과 더불어 사라지고 있다. 우리나라가 조만간 만날 환경운동가 출신의 미국 무역협상 대표는 이렇게 요구할 것이다.

"탄소세를 당신 스스로에게 내거나 아니면
우리에게 내시오!"

이제 한국은 대담하게 기후대응 전략을 체계적으로 수립하고 실행해야 한다. 지금이 탈탄소 사회로 도약할 마지막 기회다. 시간이 얼마 남지 않았다.

3.9 평화 군축
모병제와 GDP 2% 전략으로
평화롭고 풍요로운 나라

정욱식
평화네트워크 대표

군사력 평가기관인 '글로벌파이어파워'에 따르면, 한국의 군사력은 2020년과 2021년 연속 세계 6위로 평가받았다. 문재인 정부가 출범한 2017년에 12위를 기록한 것에 비하면 괄목할 만한 성장이 아닐 수 없다. 그러나 우리 국민이 느끼는 행복감은 크게 떨어진다. 유엔 산하 지속가능발전해법네트워크(SDSN)의 평가에 따르면, 한국은 줄곧 50위 아래에 있다가 2020년에는 전체 평가 대상 153개국 가운데 61위로 떨어졌다.[94]

높아지는 군사력 순위와 낮아지는 국민행복지수 사이에 어떤 관계가 있느냐고 반문할 수는 있다. 이와 관련해 드와이트 아이

유엔 지속가능발전해법네트워크, 『세계행복보고서 2020』 (2020)

젠하워 미국 대통령이 1953년 4월 16일 미국 신문편집자협회에서 '평화를 위한 기회'라는 제하의 연설을 한 것을 떠올려 볼 필요가 있다. 그는 아래와 같이 역설했다.

 "만들어진 모든 총과, 진수된 모든 전함과, 발사된 모든 로켓은 궁극적으로 굶주려도 먹지 못하고 헐벗어도 입지 못한 사람들로부터 빼앗은 것입니다. 무기로 가득한 세계가 소모하는 것은 돈만이 아닙니다. 이러한 세계는 노동자의 땀과, 과학자의 재능과, 어린이의 희망을 소모하고 있습니다. 현대식 중폭격기 1기의 비용은 30개 이상의 도시에 현대식 벽돌로 학교를 세우는 비용과 맞먹습니다. 이 돈이면 6만 명 인구의 도시에 충분한 전력을 공급할 수 있는 발전소를 2기나 지을 수 있습니다. 이 돈이면 완벽한 설비를 갖춘 병원을 2개나 지을 수 있습니다. 이 돈이면 콘크리트 고속도로를 50마일이나 닦을 수 있습니다. 우리는 전투기 한 대를 위해 밀 50만 부셀에 해당하는 값을 치르고 있습니다. 우리는 구축함 한 척을 위해 모두 8천 명 이상이 살 수 있는 새 주택에 해당하는 값을 치르고 있습니다."[95]

95 드와이트 D. 아이젠하워 대통령, '평화를 위한 기회' 연설, ⟨https://kr.usembassy.gov/ko/education-culture-ko/infopedia-usa-ko/famous-speeches-ko/dwight-d-eisenhower-chance-peace-ko/⟩

치솟는 국방비와 추락하는 민생

우리의 현실은 어떨까? 급식시설과 돌봄교실 등에 종사하는 학교 비정규직 노동자는 "정규직 대비 80% 수준으로 임금을 인상해 달라"는 요구가 받아들여지지 않자 2019년과 2020년에 파업에 돌입했다. 이들의 요구를 수용하는 데 들어가는 예산은 약 1,800억 원이다. 또한 집배원이 과로사로 사망하는 경우가 종종 발생하는데, 이를 예방하기 위해서는 인력 증원이 필수적이고 2,000명 정도를 증원하면 법정 노동시간인 주 52시간을 지킬 수 있다. 2,000명 증원 시 연봉을 4,000만 원으로 책정하면 총 800억 원이 소요된다.

이들 두 가지 문제를 해결하는 데에 들어가는 예산은 연간 2,600억 원으로 이는 F-35 전투기 두 대 값에 해당된다. 그런데도 정부는 이미 도입하기로 한 F-35 40대에 이어 경항공함에 탑재할 20대와 공군용 20대 추가 도입을 추진하고 있다.

2020년과 2021년 한국인을 비롯한 세계인의 가장 큰 고통과 불행은 코로나19 사태에서 비롯되었다. 기후변화가 어떤 위기를 수반하고 있는지도 지구촌 곳곳에서 목도할 수 있다. 이를 직시한 문재인 대통령은 2020년 5월 취임 3주년 연설에서 "오늘날의 안보는 전통적인 군사안보에서 재난, 질병, 환경문제 등 안전을 위협하는 모든 요인에 대처하는 '인간 안보'로 확장되었다"
며, "인간 안보를 중심에 놓고 포스트코로나 시대의 국제협력을
선도해 나가겠다"고 다짐했다. 코로나19 사태를 계기로 '인간 안
보'의 중요성을 화두로 제시한 것이다. 하지만 이러한 표현상의
'균형'에도 불구하고 실제 정책과 자원분배에 있어서는 여전히
군사 안보 '중심'에 갇혀 있다.

정부는 2020년 8월 들어 코로나19 2차 대유행이 시작되자 추
가경정예산을 통해 재난지원에 나섰다. 그런데 보편적 지급으
로 삼았던 1차 때와는 달리 2차에선 선별적으로 지원했다. 재정
상황이 매우 어렵다는 이유 때문이었다. 11월부터는 3차 대유행
이 본격화되었다. 이미 직격탄을 맞은 자영업자들과 그 종사자
들은 그야말로 생존의 벼랑 끝으로 내몰렸다. 하지만 정부의 지
원책은 '언 발에 오줌 누기' 수준을 벗어나지 못하고 있다. 이 역
시 재정이 부족한 탓이라고 한다.

과연 그럴까? 정부는 2021년 국방예산으로 약 53조 원을 편성
한 것을 비롯해 '2021~25년' 약 300조 원의 국방비를 투입하겠다
는 방침을 밝혔다. 그런데 2021년 국방비를 45조 원으로 낮춰 지
출하면 약 8조 원을 절감할 수 있다. 이는 전 국민에게 30만 원씩
긴급재난지원금을 지급하는 데 필요한 전체 예산의 53%에 해당
된다. 이에 더해 2021~25년 국방비를 연 45조 원으로 동결하면

정부 계획 대비 75조 원을 절감할 수 있다. 이 정도 예산이면 '죽음의 계곡'을 건너고 있는 많은 국민들에게 '생명의 다리' 몇 개는 족히 놓을 수 있다.

남북관계와 한반도 평화의 현주소

과도한 국방비 지출에 따른 문제는 여기에서 그치지 않는다. 한국인의 행복은 남북관계 및 한반도 평화와 결코 무관할 수 없다. 문재인 정부 스스로도 이를 숱하게 강조해 왔다. 그러나 오늘날 남북관계의 현실은 참담하기 그지없다. 2018년 황금기를 맞이했던 남북관계는 2019년 들어 가파른 내리막길로 접어들었다. 급기야 김정은 총비서는 2021년 1월에 열린 노동당 8차 당대회에서 "총결기간(2016~2020년) 이룩된 성과"를 발표하면서 남북관계에 대한 언급을 일체 하지 않았다. 북미정상회담을 포함해 여러 나라와 정상회담을 했던 김정은이 유일하게 뺀 것이 바로 남북정상회담이었다. 한마디로 기억에서 지우고 싶다는 뜻이다. 김정은이 "북남관계의 현 실태는 판문점 선언 발표 이전 시기로 되돌아갔다고 해도 과언이 아니다"라고 말한 것도 이러한 맥락에서 이해할 수 있다.

2018년 세 차례의 남북정상회담에선 숱한 명장면들이 나왔었다. 판문점 군사분계선을 남북 정상들이 손을 잡고 넘나들던 모습, 도보다리 산책, 평양 카퍼레이드, 백두산 천지 동반, 문 대통령의 능라도 5.1 경기장 연설 등등. 그래서 질문을 던지지 않을 수 없다. 2018년에 문재인 정부에게 '역대급 환대'를 했던 김정은 정권이 왜 2019년 하반기부터는 '역대급 냉대'로 돌아서고 8차 당대회에서도 이를 거듭 확인한 것일까? 이 질문에 대한 답은 이런 질문을 던져보면 어렵지 않게 찾을 수 있다. '2018년 판문점과 평양에서 문재인 대통령에게 거수경례를 했던 북한군 수뇌부가 그 이후 벌어진 일에 대해 김정은에게 어떤 보고를 했을까?'

당시 남북정상회담에서 처음으로 담긴 합의가 바로 "단계적 군축"이었다. 그러나 문재인 정부는 그 직후부터 사상 최대 규모의 군비 증강에 나서고 말았다. 2019년 7월에는 김정은이 "권언"을 통해 한미연합훈련 중단과 남한의 군비증강 자제를 촉구했지만, 그 이후 상황은 권언이 철저하게 무시당하는 방향으로 흘러갔다. 그 결과 남북한의 군사력 격차는 현격하게 벌어졌다. 2017년 세계 12위(한국) 대 18위(북한)에서 2021년에는 6위(한국) 대 28위(북한)로 평가된 것이다. 미국 대통령이 하지 않겠다고 했던 한미연합훈련도 계속되었다. 김정은이 당대회에서 "조성된 형세와 변천된 시대적 요구에 맞게 대남문제를 고찰했다"고 말한 것은 바로 이를 의식한 것이라고 할 수 있다. 그리고 김정은은 전술핵무기를 비롯한 "핵무력 강화"를 천명했다.

아무도 이야기하지 않는 '국방비 감축'

이처럼 국방비는 하늘 높은 줄 모르고 치솟고 민생과 남북관계는 날개 없는 추락을 거듭하고 있는데, 이에 대한 비판과 공론화는 거의 없는 실정이다. 이러한 현상은 오늘날에 비해 국방비가 사분의 일 수준이었던 IMF 외환위기 때와도 비교된다. 당시엔 국방비를 줄이거나 동결해 경제회생과 국민복지에 사용해야 한다는 목소리가 높았다. 이미 한국의 군사력이 강해진 만큼 자신감을 갖고 남북관계 발전과 한반도 평화를 도모해야 한다는 목소리가 높았다. 이를 반영하듯 1999년 국방비는 건국 이래 처음으로 줄어들기도 했다. 그러나 그때보다 민생위기가 심각하고 국방비는 4배나 많이 쓰고 있는 오늘날엔 이러한 목소리는 거의 찾아볼 수 없다.

세계적인 석학 재러드 다이아몬드(Jared Diamond)는 "위기란 일반적인 대처법과 문제해결법으로는 극복할 수 없는 중대한 도전에 직면한 상황"이라며 이러한 위기를 돌파하기 위해서는 "선택적 변화"를 추구해야 한다고 역설한다. 나는 우리 사회와 정치권이 진지하게 토론해 볼 수 있는 선택적 변화로 모병제와 2퍼센트를 제시하고 싶다. 이는 현행 징병제를 5년 정도의 과도기를 거쳐 완전 모병제로 바꾸고 국방비 지출 규모를 점차 줄여나가 10년 후부터는 GDP 대비 2%로 맞추자는 것이다. 이는 '모든 남성은 군대에 가야 하고 국방비는 매년 늘려야 한다'는 고정관념에서 탈피하면 얼마든지 추진해볼 수 있는 제도 개혁이다.

점진적인 모병제로 가는 길

먼저 모병제부터 살펴보자. 우리사회에서도 모병제 도입 필요성이 간혹 거론되기는 했지만, 정부는 "시기상조"라는 말만 되풀이해왔다. 이 사이에 청년층 인구의 급감을 비롯한 인구절벽은 성큼 다가왔다. 이에 따라 복무기간 18개월의 사병 30만 명 확보가 2024년부터는 불가능해질 전망이다. 최근 10년 간 병역대상자 대비 복무인원 비율은 약 38%이고 이 수치에 2024년 병역대상자 72만 7천 명을 곱하면 약 27만 6천 명밖에 되지 않아 2만 4천 명 정도가 부족해지기 때문이다. 그 이후에는 더더욱 부족해지게 된다.

필자가 제안하는 점진적인 모병제 도입은 두 단계로 나뉜다. 먼저 징병-모병 혼합제이다. 차기 정부가 출범하는 이듬해인 2023년부터 복무기간을 12개월 이내로 대폭 단축해 의무병의 비중을 점차 줄이고, 군필자 가운데 지원병의 선발을 늘려가는 것이다. 사병과 간부를 합한 총병력 규모는 2023년에는 40만 명으로 정하고 매년 1~2만명을 감축해 2025년에는 35만 명 규모로

잡을 수 있을 것이다. 이렇게 하면 갑작스러운 전환에 따른 혼란을 최소화하면서 완전한 모병제로 가는 토대를 닦을 수 있다.

다음으론 완전 모병제로의 이행이다. 시기적으로는 2026년부터이고 총병력 규모는 사병 15만 명과 간부 15만 명(장교 4만 명, 부사관 11만 명)을 합쳐 총 30만 명으로 상정한다. 사병의 복무기간은 24개월이고, 평균 연봉은 3,600만 원으로 정한다. 또한 부사관 및 사관학교 학생을 복무기간을 완료하는 직업 사병 가운데 선발해 사병과 초급 간부의 갈등을 줄이고 초급 간부의 전문성을 높이는 방안도 강구할 필요가 있다.

사회적 갈등과 경제적 불평등 완화 효과

이러한 모병제 도입의 필요성은 인구절벽 대비라는 소극적 동기에서만 비롯되는 것이 아니다. 국민 '불행'의 주요 원인이자 그 결과로 나타나고 있는 경제불황, 사회경제적 불평등, 결혼율과 출산율 급감, 젠더 및 세대 갈등, 양심에 따른 병역 거부자에 대한 징벌적 사회복무 문제를 완화·해결하는 데에도 크게 기여할 수 있다.

징병제에 따른 기회비용은 연간 11.5~15.7조 원으로 추정되는 반면, 모병제 도입으로 병력 20만 명을 감축하면 국민총생산이 20조 원 정도 늘어나게 된다. 또한 결혼율 및 출산율 저하의 핵심적인 요인이 경제적인 사유에 있는 만큼, 모병제 도입은 이들 문제를 개선하는 데에도 효과가 있을 것이다. 이는 직업 군인의 경제적 수준이 동 연령대의 사회인들보다 높을 것이고 미지원병의 사회진출 시기가 빨라질 거라는 전망에 근거한 것이다. 아울러 한국사회의 최대 문제 가운데 하나가 젠더 갈등이고 그 주된 원인이 징병제에 있는 만큼 모병제로의 전환은 젠더 갈등을 완화하는 데에 크게 기여할 수 있다.

모병제 도입에 따른 유력한 기대효과는 사회경제적 불평등의 획기적인 완화에 있다. 혹자들은 모병제가 도입되면 지원병이 대부분 빈곤층에서 나올 것이라고 우려한다. 그런데 이러한 우려는 오히려 모병제 도입의 필요성을 일깨워 준다. 모병제가 빈곤층에게 중산층으로 진입할 수 있는 '기회의 사다리'가 될 것이기 때문이다. 2021년 정부의 '기준 중위소득'은 3인가구 기준 월 398만 원이고, 경제협력개발기구(OECD)는 중산층 기준을 중위소득의 75~200%라고 설정하고 있다. 이러한 기준에 따르면 2026년 모병제를 도입해 월 300만 원의 급여를 지급하면 해당 군인이나 그 가족은 대부분 중산층이 될 수 있다. 또한 직업군인은 동 연령대의 사회인보다 소득과 고용 안전성이 높고 지출은 많지 않을 것이라는 점에서 괜찮은 일자리가 될 수 있다.

국방비를 GDP 대비 2%로

모병제로 전환하면 국방비가 크게 늘어날 거라는 우려도 존재한다. 그러나 앞서 설명한 방식으로 제도를 설계하면 오히려 국방비를 크게 줄일 수 있다. 15만 명의 사병 월급을 300만 원으로 정할 경우 전체 인건비는 5조 4천억 원이다. 반면 2026년 이후에도 징병제를 유지하면서 30만 명의 사병을 두고 1인당 연간 인건비를 800만 원으로 상정할 경우 인건비는 2조 4천억 원이 된다. 이에 따라 모병제로의 전환할 경우 사병의 인건비 순 증가분은 3조 원이다.

그런데 2026년에 장교와 부사관을 각각 4만 명과 11만 명으로 정할 경우, 2020년에 비해 각각 약 3만5천 명과 2만 명가량을 감축할 수 있게 된다. 간부, 특히 장교가 전체 인건비에서 차지하는 비중이 압도적으로 높다는 점을 감안할 때, 이러한 간부 감원은 상당한 예산절감으로 이어질 수 있다. 또한 인건비를 제외한 병력유지비도 전체 국방비의 14% 정도를 차지한다. 이에 따라 병력 규모를 50만 명에서 30만 명으로 줄이면 비급여 병력유지비도 상당히 줄일 수 있다. 모병제 도입에 따른 사병 인건비 증가분을 충분히 상쇄할 수 있을 뿐만 아니라 전체 국방비도 상당히 줄일 수 있는·것이다.

무기와 장비 관련 예산 절감도 충분히 가능하다. 1991년 이래 30년 동안 800조 원 가까이 국방비를 쏟아부으면서 축적한 무기와 장비가 어마어마하다. 그 결과가 앞서 언급한 것처럼 세계 6위의 군사력을 자랑하게 되었다. 그런데도 정부가 내놓은 계획을 보면 눈이 휘둥그레질 정도로 무기 구매 목록이 넘쳐난다. 갖고 있는 무기를 잘 쓰겠다는 생각보다는 새로운 무기를 계속 사들이겠다는 과욕이 넘실거린다. 육해공 전력을 '합동전력'의 관점에서 판단해 과잉·중복 투자가 없는지를 살펴야 할 안목은 육·해·공군 나눠먹기와 배불리기에 쏠려 있다. 이로 인해 우리나라의 군비경쟁은 북한 및 주변국들을 상대로만 벌이지는 것이 아니라 육·해·공군 사이에서도 치열하게 벌어지고 있다.

나는 앞서 향후 5년간 국방비를 45조 원 정도로 동결하자고 제안했다. 2022년부터 동결하면 현재 GDP 대비 2.7% 수준에서 2026년에는 2% 초반으로, 차기 정부 출범 이듬해인 2023년부터 동결하면 2027년에는 GDP 대비 2% 정도 될 것으로 추정할 수 있다. 그리고 그 이후에는 국방비를 GDP 대비 2%로 연동하자는 것이 제안의 핵심이다. 이렇게 하면 2022년에는 예상 국방비에 비해 10조 원을 절감할 수 있고 그 이후에는 절감액이 점차적으로 늘어나게 된다. 동시에 국방비 절감에 따른 GDP 상승효과가 있기에 실질 경제성장에 따른 안정적인 국방비 확보도 가능해진다.

절감한 국방비로 일자리 창출

　이렇게 절감한 국방비를 민생 분야에 사용하면 큰 효과를 거둘 수 있다. 일자리 창출 효과가 대표적이다. 산업연구원이 2017년 9월에 작성한 보고서에 따르면, 당시 우리나라 국방비가 정부 예산에서 차지한 비중은 10% 수준에 달했지만 제조업 내 방위산업 고용 비중은 0.9%에 불과했다. 이는 이스라엘이나 미국과 비교해도 현격한 차이를 드러낸다. 이스라엘의 국방비 비중은 15~17%이고 제조업 내 방산 고용 비중은 14%로 분석됐다. 미국의 국방예산 비중은 15%인데, 방산 분야의 고용은 제조업 전체의 10% 이상을 차지하는 것으로 나타났다.[96] 한국이 엄청난 세금을 국방비로 투입해왔지만, 정작 일자리 창출 효과는 형편없다는 것이 통계상으로도 나타난 것이다.

　주목할 점은 또 있다. 미국의 사례도 다른 각도에서 바라보면 사정이 달라진다. 미국의 한 정치경제학 교수가 2015년 미국 정부의 통계 자료를 분석한 것에 따르면, 같은 비용을 방산 분야에 투자할 때보다 교육과 보건의료에 투자할 때 고용 창출 효과가 두 배 이상, 신재생 에너지와 인프라 분야에 투자하면 40% 이상

---

96 〈연합뉴스〉 (2017년 09월 24일자) https://www.yna.co.kr/view/AKR20170923029200003

고용 창출 효과가 있는 것으로 나타났다.[97] 이렇듯 산업연구원과 미국의 학자가 분석한 결과를 종합해 보면, 한국이 국방비를 줄여 교육·보건의료·신재생에너지·인프라 등 공공분야에 투입하면 일자리 창출 효과가 상당히 클 것이라는 점을 어렵지 않게 예상할 수 있다.

 "국방비를 줄이면 안보는 어떻게 되느냐"는 반론이 나올 수 있다. 그래서 '군비'를 정확히 이해할 필요가 있다. 군비에는 '군비(軍費)'와 '군비(軍備)' 두 종류가 있다. 군비(軍費)는 "군사상의 목적에 사용되는 모든 경비", 즉 국방비를 의미하고, '군비(軍備)'는 "육·해·공군의 병력, 무기, 장비, 시설 등을 총칭하는 것"으로 군사력을 의미한다. 아울러 군사력을 평가하는 데 있어 일시적인 국방비의 증감보다는 국방비 누계가 훨씬 중요하다. 이러한 군비의 특성을 이해하면 국방비를 일정 정도 줄여도 기존의 군사력은 유지되거나 오히려 증강할 수 있다는 점을 깨달을 수 있다.

 무기와 장비의 수명이 대개 20~30년인데 한국은 이미 상당한 수준의 무기와 장비를 확보해 놓고 있다. 또한 국방비를 점차 줄여 GDP 대비 2%로 맞춰도 군사력 건설과 직결되는 방위력 개선

---

97 Heidi Garrett-Peltier, Job Opportunity Cost of War (2017년 5월 14일) ⟨https://watson.brown.edu/costsofwar/files/cow/imce/papers/2017/Job%20Opportunity%20Cost%20of%20War%20-%20HGP%20-%20FINAL.pdf⟩

비와 전력 유지비를 매년 25조 원 가량 확보할 수 있다. 적절한 수준의 군사력 유지와 도탄에 빠진 민생 구제의 균형을 얼마든지 찾을 수 있다는 것이다.

3.10 일자리
모든 세대를 위한 좋은 일자리를
만들고 지키는 나라

전병유
한신대학교 사회혁신경영대학원 교수

일자리는 경제와 복지의 원인이자 결과이다. 외환위기 이후 일자리가 지속적으로 증가하는 것이 당연한 일이 아닌 상황에서 일자리는 국민 행복의 주요한 척도로 간주되고 있다. 또한, 일자리간 격차와 양극화가 심화되고 있고 양질의 일자리를 두고 계층간 세대간 경쟁도 심해지고 있어 일자리가 사회 불평등 심화의 주된 요인으로 작용하고 있다. 이러한 일자리 문제의 원인은 경제를 비롯한 한국사회 시스템 전반의 변화에 있다. 소득주도성장으로 이 문제를 해결하려고 했으나 아직 성과는 뚜렷하지 않다. 이 장에서는 일자리 문제의 원인과 국민 행복지수를 높이기 위한 일자리 관련 정책 이슈들을 다루어 보고자 한다.

고용회복 느리고, 일자리 격차 심화될 것

'일자리 정부'를 표방한 문재인 정부 하에서 일자리와 고용률은 적어도 코로나19 이전까지는 증가 추세를 나타냈다. 취업자 수 변동은 2017년 31.6만, 2018년 9.7만으로 감소했으나, 2019년 30.1만을 회복했고, 고용률은 2017년 60.8%, 2018년 60.7%, 2019년 60.9%로 회복되었다. 청년과 여성의 고용률도 증가했다. 그러나 코로나19로 인해 2020년 약 20만 개의 일자리가 감소한 것으로 추정된다. 코로나19 충격이 본격화한 4월부터 11월까지 8개월간을 대상으로 할 경우 약 35만 개 줄어든 것으로 추정된다. 코로나19로 인한 이력효과(Hysteresis Effects)가 나타나지 않도록 대응할 필요가 있다.

또한 방역과 백신으로 경제가 2021년 하반기부터 회복된다고 가정하더라도, K형 경제회복으로 경제의 불균형 심화되면서 노동시장의 격차도 확대될 수 있다. 성장과 고용의 괴리, 즉 코로나19 상황 속에서도 제조업-수출이 견조해 경기가 회복된다고 하더라도 고용회복은 매우 더딜 것이며, 제조업-대기업의 비대면 가능한 정규직 일자리와 서비스업-중소기업-자영업의 대면 일자리 사이의 격차가 확대되는 등 노동 내부의 격차도 심화할 것으로 전망된다. 코로나19에 대응해 긴급지원으로 취약계층의 고용과 소득을 보장하고 있지만, 여전히 취약계층의 고용

위기에 따른 소득의 위기는 해결되지 못하고 있다.

코로나19 이후 노동시장은 '고용 없는 성장', '디지털화 가속화에 따른 노동시장 구조변화', '일자리간 격차 확대' 가능성이 높아지는 한편, 새로운 창업 기회 확대 등 새로운 일자리 창출의 가능성도 현실화할 것으로 전망된다. 다만, 향후 저출생−고령화에 따른 경제활동인구의 감소가 본격화할 전망이다. 향후 15세 이상 노동력 인구와 경제활동인구가 매년 30만 명 전후로 증가할 것으로 전망되기 때문에 매년 약 20만 개의 일자리를 창출한다면 현재의 고용률은 유지할 수 있지만, 고용률을 65%대 정도로 높인다는 계획 하에 매년 25~30만 개의 추가 일자리 창출이 필요할 것으로 전망된다.

문재인 정부 일자리 정책의 성과와 한계

문재인 정부 노동공약의 철학은 '노동 존중 사회' 구현이다. 일자리 정부를 표방한 문재인 정부 일자리 창출 정책의 핵심은 공공 부문 주도의 일자리 창출, 근로시간 단축을 통한 일자리 나누기, 공공사회서비스 일자리 창출 등이었다. 다만, 일자리 회복이 주로 65세 이상 사회서비스 영역에서 이루어졌고, 공공 부문의 일자리 창출이 민간 부문으로 확산되지 못했다는 비판이 제기

되었다. 정부의 예산 지원을 통한 미니잡(Mini-job) 형태의 노인 일
자리 육성은 일자리 감소를 방어하고 고령화 시대에 대비하는
의미를 갖지만, 전체 노동시장의 질을 높이는 데는 한계가 있었
으며, 광주형 일자리 창출과 같은 노·사·정간 사회적 협약에 기
초한 지역 수준에서의 상생형 일자리 창출 모델은 공공 부문의
주도성이 강조되면서 시장에서 강력한 동력으로 작용하지 못하
고 있다.

한편, 공공 부문 정규직 전환 정책의 경우, 공공 부문 비정규
직 제로 정책과 상시 일자리 정규직 전환, 국민 생명·안전 관련
업무와 상시·지속 업무에 대해서는 정규직 채용 원칙, 위험의 외
주화 방지법 도입 등으로 비정규직의 남용 방지와 확산 억제를
추진했다. 공공 부문 비정규직 전환은 2019년 12월 말 현재 19만
3천 명으로, 2020년까지 계획(20만 5천 명) 대비 94.2% 달성했다.

다만, 공공 부문 일자리가 제한된 상황에서 공정성 문제도 제
기되었고, 정규직 전환자 중 24.1%는 직접채용이 아닌 자회사나
사회적기업 소속이라는 비판도 존재한다. 비정규직 '사용사유
제한' 등 급진적 정책 공약은 추진 동력 미흡으로 인해 표류하다
가 거의 폐기상태이며, 공공 부문의 임금—직무체계 혁신이나
민간 부문에서의 비정규직 문제 대응은 미흡한 것으로 평가되
고 있다.

최저임금 인상과 임금체불 억제("체불임금 제로시대"), 임금공시제 도입 등으로 임금격차 축소를 추진함으로써 저임금 노동시장 개선에 기여한 것은 분명하다. 다만, 한국의 방대한 자영업 시장에 대한 고려는 일자리 안정자금 등을 편성했음에도 결과적으로 약했으며, 민간기업에 인센티브를 주고 공정임금을 유도하려는 공정임금제도는 효과적으로 작동하지 못했다.

좋은 일자리 창출을 위한 '쌍끌이 전략'

문재인 정부는 코로나19 이후를 대비하여 디지털−그린 뉴딜을 추진하고 있다. 이를 양질의 일자리, 특히 미래 세대를 위한 좋은 일자리로 연결하는 고리를 찾아야 한다. 문재인 정부 하에서 추진되었던 공공 부문 주도의 사회통합적 일자리 창출 정책의 긍정적 성과를 유지하면서, 민간과 지역에서의 고용창출 활력을 촉진하기 위해 민간 주도−공공 지원의 민관협력형 일자리 창출 모델을 개발하고, 이를 지원하고 참여하는 공공혁신 일자리와 취약계층을 위한 공공 미니잡 창출을 병행 추진할 필요가 있다. 향후 일자리 정책은 공공 일자리 창출과 민간 일자리 창출의 쌍끌이 전략, 미래 일자리 창출과 사회통합 일자리 창출의 쌍끌이 전략, 수도권 일자리 창출과 지역 일자리 창출의 쌍끌이 전략, 청년과 고령, 남성과 여성 일자리 창출의 쌍끌이 전략으로 구상되어야 하기 때문이다.

 특히 지역 수준의 디지털─그린 뉴딜 플랜에 따라, 글로벌 경쟁력을 가지는 광역혁신클러스터[98]를 전국적으로 3~5개 정도(충청혁신클러스터, 강원혁신클러스터, 전라혁신클러스터, 경상혁신클러스터, 제주혁신클러스터 등) 창출해 양질의 일자리를 클러스터별로 1만 개 이상 창출하는 목표를 가져갈 수도 있다. 광역혁신클러스터는 민간 주도─정부 지원의 민관협력을 통해 민간과 공공에서 동시에 일자리를 창출하도록 한다. 또한, 광역혁신클러스터는 디지털과 그린 창업을 집중적으로 지원하여 창업형 일자리 창출 방식으로 이루어질 수 있다. 민관협력형 창업 생태계와 창업친화적 국가연구개발체제 구축 등을 통해 창업형 일자리를 창출하는 것이다. 다만, 창업형 일자리가 가지는 위험에 대해서는 별도의 추가 안전망을 설계할 필요도 있다.

 광역형 지역혁신클러스터는 대학과 연계되는 산학협력형 일자리 창출을 지향한다. 지역 대학의 구조조정과 연계하여 선택과 집중을 통한 산학협력형 일자리를 창출하는 것이다. 광역혁신클러스터는 일터뿐만 아니라 삶터로서의 공간을 재구성해야

---

98 광역형 지역혁신클러스터는 기존의 지역혁신사업의 성과와 한계, 그리고 기존의 지역 상생형 일자리 모델의 성과와 한계에 대해 재평가하고, 미래 수요에 부응하는 형태로 선택과 집중하여 재구성하는 것이다. 이를 위해서는 지역간 형평성과 갈등의 문제를 정치적으로 해결하는 능력이 필요할 것이다.

한다. 디지털 기반의 환경―문화 친화적인 인프라 투자가 결합
되어야 하고, 이를 통해 인프라 투자 관련 일자리와 청년 일자리
기회를 동시에 창출할 수 있을 것이다.

청년 일자리 정책과 주거 정책이 함께 가야 하는 이유

코로나19로 인해 기업들의 채용이 부진해지면서 청년들의 고
용 사정은 악화될 가능성이 있어, 청년 일자리 문제는 여전히
우리사회의 중요한 정치사회적 이슈가 될 것으로 보인다. 특히
2021년 학교를 졸업한 청년들이 채용이 늦어지거나 어려워지면
서 이른바 이력효과, 상처효과, 흉터효과 등으로 인해 '코로나19
세대'로 남을 가능성이 있다. 이는 장기적으로 국가의 인적자원
개발과 국가 재정에도 영향을 미칠 수 있다.

기존의 청년 일자리 정책은 청년인턴이나 청년추가고용장
려금 등 고용보조금을 통한 청년 일자리 창출 방식이었다. 이
러한 정책은 성과도 있었지만 한계도 있다. 청년고용률은 최근
2016~2019년에는 증가했지만, 청년추가고용장려금은 사중손실
의 문제뿐만 아니라 대체효과, 전치효과 등도 나타났으며, 청년
고용장려금이 상대적으로 지원조건이 유리하기 때문에 기업들
이 청년고용장려금으로 쏠리는 현상이 나타났다. 그 결과 기존

의 고용장려금 제도가 취약계층에 불리하게 작용하는 부작용도 나타나고 있다.

청년 일자리 정책은 디지털−그린 뉴딜 혁신정책과 청년 주거안정 정책과 긴밀하게 결합되어야 한다. 창업을 통해 만들어지는 일자리를 청년들이 적극적으로 선행할 수 있도록 '좋은 일자리'로 만들어 내는 방안이 고민될 필요가 있으며, 청년 일자리 창출은 '삶터로서의 정주 공간'도 중요하기 때문에 타 부처나 지방정부와 연계·협력하는 '청년 일자리−주거 통합정책'이 개발되어야 한다.

취약계층 위한 양질의 일자리 확충하려면

코로나19는 청년의 일자리 기회에 영향을 미칠 뿐만 아니라, 취약계층에게도 더 커다란 충격과 어려움을 초래하고 있다. 문재인 정부는 최저임금 인상과 공공사회서비스 일자리 창출 등을 통해 저임금노동의 비중을 줄이는 등 성과를 보였지만, 코로나19 이후 영세사업체 노동자와 영세자영업자들의 경제적 사정은 더욱 어려워지고 있다. 특히 디지털 플랫폼으로 매개되는 경제활동과 디지털 플랫폼 노동이 증가하면서 이들의 과로사, 산업안전, 소득 불안 등이 사회적 문제로 대두되고 있다.

코로나19 상황 하에서 최저임금을 지속적으로 상향조정하는 것은 쉽지 않지만, 영세자영업자들의 상황을 고려해서 최저임금을 안정적으로 인상하는 것, 그리고 최저임금을 보완하는 근로장려세제를 결합하는 모델은 지속적으로 유지할 필요가 있다.

다만, 최저임금-근로장려세제-일자리안정자금의 결합 모델을 기본으로 하고, 고용보험과 산재보험을 보편적으로 적용할 수 있는 전 국민 고용보험, 전 국민 산재보험, 국민취업지원제도 등으로 보완하는 한국형 고용안전망 체계를 구축하고 완성하는 것은 중요한 핵심 과제이다.

이와 더불어, 저임금노동자들의 안정적인 시장임금을 보장하기 위해 정부 조달 분야에서 적용하고 있는 시중노임단가제도의 적용 분야를 확대해 공공 부문 임금직접지급제도(Wage Pass Through)를 전면적으로 실시해 볼 필요가 있다. 공공 부문 임금직접지급제도는 정부 발주 사업이나 용역에 대한 임금직접지급제도를 확대하는 것으로, 현재 국토부 건설용역근로자에 대해 제한적으로 적용 중인 것을 사회서비스 영역 등에도 확대 적용하자는 것이다.

비정규직 차별시정제도 강화하고 공정임금제 도입해야

문재인 정부는 비정규직 문제에 대해서도 공공 부문 정규직 전환과 비정규직 제로, 불법파견 직고용 의제 비정규직 감축 로드맵, 공공 부문 무기계약직에 대한 불합리한 처우 개선, 공공 부문 고용친화적 경영평가제, 민간 대기업 고용형태 공시제 등 다양한 정책들을 추진한 결과, 비정규직 비중은 다소 줄어들었으나 민간 부문의 비정규직 문제는 여전히 우리사회가 해결해야 할 중요한 숙제로 남아 있다. 용역, 파견, 하도급 등 '소속 외 노동자' 비중은 2017년 19%에서 2019년 18.1%로 미미하게 감소했고, 공공 부문 간접고용 비율도 2015년 19.9%에서 2019년 18.1%로 크게 줄지 않았다.

비정규직 문제에 대한 더 현실적인 정책이 필요하며 공공뿐 아니라 민간의 비정규직 문제에 대한 대응이 요구된다. 간접고용 노동에 대한 불법파견 해소 노력을 지속하고, '동일가치노동 동일임금 원칙'에 입각한 비정규직 차별시정제도의 실효성을 높여 나가는 한편 한국형 공정임금제도를 도입해 비정규직이라고 하더라도 직무별 적정 임금수준을 보장하도록 해야 할 것이다. 더욱이 코로나19 이후 디지털 전환의 가속화로 플랫폼노동이 확대되는 상황에서 플랫폼노동까지를 포함해 사용자 책임 범위 확대하는 것이 요구된다.

한편, 저출생-고령화는 이제 미래의 이야기가 아니라 현실이 되고 있다. 또한 고용안전망 제도가 확충되기 위해서는 아직 시간이 필요하며, 전 국민 고용보험제도 등 고용안전망이 확충되더라도 사각지대는 일부 남아 있을 수 있다. 따라서 사회서비스 영역에서 사회통합형 미니잡 일자리를 지속적으로 확충해 나갈 필요가 있다.

사각지대 고려한 촘촘한 일자리 정책

노동시장에서 취약계층을 보호하는 가장 근본적인 대안은 노동법과 사회보험을 보편적으로 적용하는 것이다. 우선, 노동법 사각지대로 남아 있는 5인 미만 사업체 근로자에 근로기준법을 확대 적용해야 한다. 법정 근로시간 적용, 연장근로 제한, 해고 사유 등의 서면 통지 등 노동기본권 조항과 직장 내 괴롭힘 금지 등에 대해서는 평등원칙에 입각해 우선적으로 적용을 확대할 필요가 있다.

특수형태근로종사자의 범위가 디지털 플랫폼 노동으로까지 확대되는 상황에서 고용 지위가 불명확해지는 사례가 증가할 것이다. 종속성과 전속성 등이 강해 임금노동자임에도 불구하고 개인사업자로 잘못 분류된 노동 지위를 바로잡는 조치와 더불어 표준계약서 작성, 최저보수 기준, 일 단위 최대 근로시간 준수, 휴식시간 보장 등에 관한 노동기준을 확립할 필요가 있다.

계층간 이해 조정과 형평성 문제 등이 제도 시행의 저해요인으로 남아 있으나 이는 사회적 합의와 정치적 타협, 그리고 정부의 적극적 재정 활용 등으로 해결되어야 할 것이다. 예를 들어, 영세자영업자들의 비용 증가가 수반될 수 있는 조항에 대해서는 정부의 재정을 적극적으로 활용할 필요가 있다. 또한 미국의 공정근로기준법제도와 같이 '사용자 상호간의 공정성' 개념을 적용해 근로기준을 지키고 적정 임금을 보장하는 사업체를 적극적으로 지원하는 제도도 한국의 실정에 맞게 개발할 필요가 있다.

3.11 금융
돈이 필요한 곳에 흘러 행복한 나라

김정현
(재)한국사회가치연대기금 기금사업실장

기업과 같은 법인이든, 개인과 같은 자연인이든, 기울어진 운동장에 살고 있는 사회구성원 중 약한 쪽에 있는 주체들은 불행하다. 그 기울어진 운동장의 경사도가 가장 심한 곳이 금융 부문이다. 그 경사도는 어떤 주체에게는 절벽과 같은 90도다. 한번 금융절벽 아래로 떨어지면 다시 올라가기란 참 힘들다. 그런데, 그 경사도를 규정 짓는 요인은 우리가 금과옥조로 삼아 매일 매일 생활 속에서 당연하게 받아들이는 금융원리에 내재되어 있다. 그리고 그 원리는 인간 본성에 기인한 본질적인 것이 아니라 지배적인 사회 이데올로기를 떠받치기 위해 만들어진 제도에 내재되어 있는 것이며, 2008년 세계금융위기 이후 많은 도전을 받고 있다. 즉, 우리가 익숙한 금융원리라는 것도 사실은 역사적 산물일 뿐이다. 만약 과거 200년 동안 확고하게 자리 잡았던 자본주의 이데올로기, 개인의 극한 경쟁 원리와 자본의 힘의 논리를 넘어서 사회구성원간 협력, 인간과 환경 중시, 이를 통한 지속가능한 사회를 추구하는 것이 사회의 합의된 지배원리로 자리 잡는다면 금융체계에 내재된 규칙들도 달라진 지배원리를 따라 바뀌지 말란 법은 없다.

거창하게 들리지만, 앞으로 얘기할 부분은 구체적이고 실제적인 측면에서 풀어 보려고 한다. 현재 한국사회에서도 이러한 변화와 도전이 실제로 진행되고 있고 여러 형태로 실행되고 있으며, 직장생활 대부분을 금융 부문에서 일하다가 이러한 변화가 실제 일어나고 있는 한 영역에서 일하는 사람으로서 겪은 몇 가지 경험들이 있기 때문이다.

금융체계가 작동되는 기본원리

본디 금융은 돈이 남는 곳과 돈이 부족한 곳 사이를 순환하는 것이다. 모두가 재화와 용역을 살 수 있는 필요한 만큼의 돈이 있다면 금융은 필요 없다. 모두가 자급자족으로 산다면 화폐도 필요 없겠으나 시장 거래와 교환의 편이성을 위해 화폐가 존재하는 세상에서도 화폐가 거래의 필요를 충족하고 남는 곳과 거래의 필요를 충족하기에 부족한 곳이 없다면 금융은 존재하지 않는다.

그런데 우리가 쉽게 인지하지 못하는 부분이 있다! 돈이 남는 곳은 어디고 돈이 부족한 곳은 어디냐는 것이다. 특히 요즘 같이 개인들의 빚이 늘어가는 속에서는 남는 곳과 부족한 곳이 어디냐를 인지하기 어려워진다. 기업은 이익을 내는데 노동자들의 주머니가 가벼울 때는 더 혼란스럽다.

금융체계는 기업의 돈이 필요에 비해 부족하고 개인이 필요에 비해 돈이 남는다는 전제 위에 세워진 것이다. 그림3-4를 보자. 돈이 필요하면 돈을 받는 대가로 금융상품(주식, 채권, 대출증서 등)을 발행해서 돈의 공급자에게 주어야 하는데 이러한 금융상품을 발행하는 곳이 어디인가? 그림 맨 왼쪽에 있는 기업이다. 반대로 돈을 공급하는 자들의 긴 사슬의 맨 오른쪽에 존재하는 자들은 누구인가? 금융상품을 받는 대신 돈을 공급하는 곳, 은행이나 증권사 같은 중개기관 뒤에서 진짜로 돈을 공급하는 곳, 이 중개기관들의 가장 큰 고객인 자산운용사나 대형 기관투자자인 연금, 보험, 공제기관에도 돈을 공급하는 곳은 어디인가? 바로 개인이다. 자금의 원류를 찾아가 보면 개인들이 버티고 있다.

그러므로, 개인이 당장 필요한 만큼의 재화와 용역을 구매한

후 남는 자금이 없을 정도로 소득이 없으면 금융체계는 무너진다. 대부분의 개인이 빚을 많이 져서 금융체계로부터 돈을 공급받는 자가 되고, 기업이 현금이익을 쌓아 놓고(여유자금을 은행예금과 부동산에 넣어 놓고) 투자를 하지 않거나 노동자의 소득을 낮추는 추세가 지속되면 장기적으로 금융체계는 무너진다.

그림3-4. 금융체계의 플레이어들

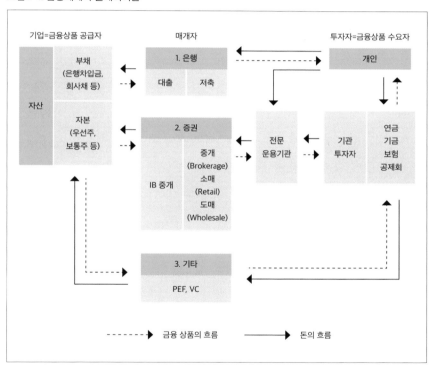

금융시장 거래가격 결정의 원리와 그 변화

앞서 얘기한 돈이 남는 곳과 부족한 곳에 대한 인지상 혼돈 외에 또 다른 오해가 있다. 흔히 "돈은 돌아야 한다"라는 말의 참된 뜻에 대한 것이다. 이 말은 돈이 돌아야 경제가 활성화된다는 당위를 얘기하는 것으로 여겨지지만, 더 생각해 보면 문자 그대로 '돌아야 돈'이라는 것이다. 돈의 기본성격이 그렇다는 것이다. 손바꿈이 일어나지 않고 가만히 있으면, 즉 돌지 않으면 그것은 돈이 아니다. 은행예금에 넣어 놓으면 이자가 붙으니 마치 돈은 가만히 있어도 이식이 되는 것 같은 착각이 든다. 하지만 은행예금은 대출이란 형태로 손바꿈이 일어나야 예금자에게 이자를 주고 원금을 돌려 줄 수 있다. 애초에 돈은 두 개 이상의 주체를 상정한 관계에서 쓰임이 있으므로, 돈이라는 것은 원래 관계를 전제로 한 사회적인 것이다. 금융은 당연히 사회적인 것이기 때문에 이에 대한 규칙과 공익을 위한 감독이 필요하다.

'거래관계'에는 기준이 되는 거래가격이 있고, 모든 재무이론을 관통하는 금융자산의 거래가격 결정은 현 자본주의 사회에서는 딱 두 가지 원리에 기초한다. 이 기초원리가 자본주의 도입에 따른 역사적인 것인지 인간 본성에 따른 본질적인 것인지는 별도의 긴 서술이 필요하겠지만, 최근 벌어지는 일들을 보면 역사적인 것이라는 생각이 든다. 이 생각을 한 장의 그림으로 정리하면 그림3-5와 같다.

그림3-5. 금융의 기초원리와 사회, 자본 그리고 새로운 기준

	기존 기준	사회와 자본의 특성	새로운 기준
금융의 1원리 화폐의 시간 가치	· Time value of the money. · Today's one dollar is worth more than tomorrow's one dollar. · 오늘의 1원은 내일의 1원보다 가치가 크다. · 자본의 자기증식 속성	· 혼자서는 사회를 구성할 수 없다. · 사회는 '자율적 개인의 관계'다. · 자본은 누군가 소유했을 때 기능한다. · 화폐는 사회(2인 이상)에서만 기능한다. · 자본은 가만히 놓아두면 증식하는 것이 아니라 관계 속에서 소유주를 바꿔가며 증식 또는 감소한다.	· Today's one dollar of mine is not always worth more than tomorrow's dollar of others. · 오늘 나의 1원은 내일 남의 1원보다 항상 가치가 큰 것은 아니다. · 자본의 사회성 · The more (financial) risk, the more (social) return · 재무적 위험에 대한 보상으로 반드시 높은 재무적 수익률이 따르지는 않는다.
금융의 2원리 더 큰 재무적 위험에 더 높은 수익률	· No free lunch · The more (financial) risk, the more (financial) return · 위험이 클수록 더 높은 수익률로 보상받아야 한다.		

$Re=Rf+\beta(Rm-Rf)$ ⟶ $Re=Rf+\beta(Rm-Rf)-\alpha$ (α: 사회적 보상)

마치 자본은 시간이 지나면 자동으로 증식되는 것처럼 표현되었던 금융의 1원리(오늘의 1원은 내일의 1원보다 가치가 크다, 즉 시차를 보상하는 금리는 반드시 플러스(+)여야 한다)는 마이너스 금리라는 현상 덕분에 이 원리가 인간 본성에 기반을 둔 것이 아니라 특정 시대 사회구성원들의 합의에 기반한 역사적인 산물이라는 것이 밝혀졌다.

일본이 초장기 불황기에 마이너스 금리를 적용한 것을 정당화할 수 있는 논거는 무엇인가? 오늘 부모 세대의 1원이 내일 후손들의 1원보다 가치가 더 크지 않을 수도 있다는 것을 생각해서다. 현재 우리 세대의 돈에 마이너스 금리를 적용함으로써 미래 후손들이 살아갈 사회의 가치를 더 크게 만들 수 있다는 명분이 근저에 자리 잡고 있으므로 정당화되는 일이다. 즉 자본이 홀로 존재하지 않고 사회구성원(앞세대와 후세대간, 현세대의 이웃간)의 관계 속에서 순환하며, 그 돈의 가치가 자본 자체의 고유속성이 아닌 소유주가 누구냐에 따라 가치가 다르다는 명제를 받아들여야 가능한 사고방식이다.

금융의 1원리는 애초에 자본이 사회성을 가지고 있다는 본질적인 특성에 비추어도 무너질 수 있는 원리였다. 우리 모두는 대학에서 재무이론을 배울 때 마치 이 세계의 모든 금융활동은 x축과 y축의 + 영역, 즉 1사분면만 있는 것처럼 배웠다. 그러나 관계를 맺는 x축과 y축이 만드는 면은 2, 3, 4분면도 있다.

금융의 2원리는 우리가 너무 당연한 것으로 받아들이고, 현재 금융의 모든 시스템과 감독체계가 이 기초 위에 있어 도전 받기 쉽지 않은 난공불락의 영역이다. 즉 재무적 신용이 낮은 기업과 개인은 자금을 투자나 대출 등 어떤 형식으로 공급 받든지간에 더 많은 수익으로 보상해야 한다는 것이다. 이것을 수식으로 표현한 것이 그림3-5 맨 아래에 있는 수식의 의미다. 돈을 공급 받는 당신이 나에게 주어야 할 수익(Re · Required rate of return, 요구수익률)은 가장 안전한 자산, 예를 들어 국채수익률(Rf · risk free rate)에다가 위험요소에 대한 보상으로 위험 프리미엄을 더해서 결정한다는 것이다. 그리고 위험 프리미엄은 위험의 양(β)과 위험의 가격(Rm-Rf)을 곱하면 된다. 이것을 "공짜 점심은 없다"고 표현한다. 금융을 공급하는 측에서는, "내가 다른 대안보다 더 위험을 지고 있으니, 더 많은 위험의 대가로 더 높은 수익을 요구하는 것은 정당하다" 고 얘기한다. 그렇지 않은가? 당연하다. 그러나, 금융공급자 처지에서만 당연하다. 금융체계에서 자금을 공급하는 입장에서만, 그들의 행복을 위해서만, 이런 인식은 특정 한계 내에서만 공정한 것이다.

다른 한 축인 금융수요자의 입장에서는 어떤가? 금융체계를 진짜 필요로 하는 사람은 돈이 필요한 이들이다. 자금에 대해 채워지지 않는 필요가 있어 이를 남에게 기대야 하는 측은 기본적으로 사회에서 약자의 지위를 가질 수밖에 없다. 정작 돈이 필요한 쪽은 재무적 여력이 없기에 필요한 것인데, 거꾸로 재무적 여력이 없기 때문에 더 많은 비용을 지불해야 한다는 원리는 자금수요자의 입장에서는 힘 있는 자금공급자의 요구가 관철된 원리일 뿐이다. 그래서 은행에 돈 꾸러 갈 때 정작 돈이 필요한 사람들, 재무적 여력이 없어 신용이 낮은 기업과 개인은 위축된다.

그러나, 사회의 관점에서 보면 금융공급자나 금융수요자나 모두 금융순환체계를 떠받치는 양 기둥이고 똑같이 중요하다.

그렇다고 금융공급자에게만 생각을 당장 바꾸라고 할 수 있는가? 모두가 사회의 구성원이고 금융체계의 필수불가결한 요소이기 때문에, 현 단계에서는 모두의 입장이 반영되어 사회 전체의 행복이 증대되는 방안은 무엇인지 고민해야 한다. 금융공급자들이 생각을 바꾸더라도 그것은 공감에 기초한 자율적인 것이어야 한다.

실제로 최근에는 예전처럼 "억울하면 힘을 키워" 하는 식, 기업이든지 개인이든지 경쟁환경 속에서 각자도생의 성공에 의존하는 방식에 머물지 않고, 사회구성원들의 공감과 협력을 바탕으로 금융의 공급과 수요가 불일치되는 원칙들에서 접점을 찾고 사회 전체를 건강하게 유지하기 위한 여러 시도들이 이루어지고 있다. 원래 금융(金融)의 융(融)자는 융합(融合)의 그 융(融)이다. '녹다', '녹이다', '서로 뜻이 맞아 사이좋은 상태가 되다'의 뜻이 있는 단어다. 한 개별개체로서는 성립될 수 없는 관계가 전제된 단어다.

공급자 기준과 수요자 필요의 불일치를 해소하는
3가지 방식

금융체계 내에서 공급자가 가지고 있는 기준과 수요자가 원하는 기준의 불일치를 해소하기 위한 노력은 크게 3가지 방식으로 만들어져 왔다.

첫째, 금융수요자가 금융공급자에게 새로운 기준을 고민해 달라며 공감을 구하는 방식이다. 금융자산의 가격을 결정할 때, 재무적 가치(재무적 여력) 외에 사회 전체를 위해 해당 기업이나 개인이 만들어 내는 가치를 보고, 이를 가격결정에 반영하는 것이다. 공급자가 이러한 가치를 인정하고 가격결정 요소에 포함시킨다면(그림3-5 오른쪽 아래의 '사회적 보상(α)') 금융수요자가 사회적 가치를 주장하여 저렴한 재무적 비용으로 자금을 공급받을 수 있게 된다. 사회적경제에서는 사회적금융이라는 이름으로 이런 원리를 적용하여, 재무적 여력이 부족해 신용등급이 낮은 사회적기업이나 협동조합에 사회적 가치를 고려하여 낮은 비용을 부과하고 있다. 여기에서 핵심은 자금공급자 내에서 이러한 원리에 대한 공감을 얻는 것이다. 그러므로, 여기서는 금융수요자가 재무적 비용을 상쇄시킬 수 있는 사회적 가치를 금융공급자에게 증명하는 것이 중요한 과제다.

둘째 방식은, 특정한 상황에서 사회구성원들의 공감을 기초로 기존 원리를 무시하고 금융수요자와 금융공급자가 같이 움직이는 방식이다. 우리가 작금의 코로나19 위기 상황에서 소상공인과 자영업자들에게 하듯이, 특정한 상황에서는 특별한 대책이 필요하다는 공감을 전제로 신용등급에 전혀 기반하지 않고 필요한 자금을 일반적인 가격결정 원리를 넘어서서 공급하는 방식이다. 이 방식은 정상상황으로 돌아가면 지속할 수 없지만 위기상황에서는 꼭 필요하다. 필자가 속한 ㈜한국사회가치연대기금은 원래 첫 번째 방식을 위해 만들어져 사업을 지속하고 있지만, 코로나19 위기가 터졌을 때 이 두 번째 방식으로 기금을 별도로 모아 사회적경제 현장 조직의 필요에 신속하게 대처했다.

셋째 방식은, 공급자의 가격결정 원리와 수요자의 필요를 동시에 맞추기 위해서 공익과 사회 전체를 위해 존재하는 공공주체, 즉 정부나 지자체가 재정으로 브릿지를 놔주는 방식이다. 예를 들어, 금융기관이 신용등급이 낮은 사회적기업에게 시장금리보다 낮은 금리로 대출해 줄 때, 지자체가 일반예산을 전입해 조성한 사회적경제 기금으로 해당 금융기관에게 시장금리와의 차액을 보전해 주는 것이다. 결과적으로 금융수요자는 재무적 여력이나 신용등급이 낮음에도 불구하고 낮은 금리로 대출 받아 필요를 충족하고, 금융공급자는 시장금리를 보상 받아 자신들의 요구수익률을 충족하게 된다. 이러한 방식은 지자체가 직접 재정을 투입하는 것보다 훨씬 많은 재원을 현장에 공급할 수 있는 장점이 있다(승수효과라 한다). 그러나 이 방식은 기금고갈을 전제로 한 방식이라, 지속하기 위해서는 재정의 일반예산을 지속해서 기금으로 전입한다는 전제가 있어야 한다.

실제적 문제와 제안

앞서 얘기한 금융의 원리에 대한 여러 가지 실험적 도전이 받아들여져 금융공급자와 금융수요자를 매칭하는 방향이 설정된다 하더라도, 기실 실제적 문제는 그 방향 설정에 있는 게 아니라 돈이 공급자에서 수요자에게로 흐르는 과정에서 발생한다. 현실에서는 금융공급자와 금융수요자의 접점을 만드는 법적 제도상, 물리적 시스템상 장벽이 높다. 그래서 금융 혈액이 모세혈관의 끝단까지 잘 순환하지 않는다. 이것을 간접금융에 해당하는 은행과 직접금융의 통로인 증권과 자산운용사를 구분해서 현실에서 벌어지는 일들을 보면 다음과 같다.

01. 간접금융, 은행을 통한 경로 원래 은행은 불특정 다수로부터 돈을 받을 뿐, 특정 주체가 예금하는 돈을 특정 기업에 대한 대출과 연계해 받지는 않는다. 예금은 예금이고 대출은 대출이

다. 이 시스템이 돌아가려면 전산화되어야 하고, 그 전산시스템 속에는 금융의 1원리와 2원리가 탑재되어 있다. 앞서 얘기한 새로운 도전이 시스템으로 자리 잡으려면 이러한 새로운 원리들을 시스템에 반영해야 하는데, 그러려면 막대한 투자비가 든다. 은행별로 이러한 투자를 각기 담당하는 것은 도입 초기에는 벅차고 현실성이 없다. 그래서, 앞서 설명한 3가지 방식 중 첫째 방식을 구현하는 사례, 즉 사회적금융에서는 각 은행이 정책보증기관의 보증을 활용해서 이러한 변형을 수용했다. 정책보증기관이 새로운 원리에 기반을 두고 기존의 보증 평가체계를 바꾸어 보증을 실행하면, 각 은행이 시스템을 바꾸는 대규모 투자를 하지 않아도 기존 시스템에 새로운 원리를 적용할 수 있었다.

그럼에도 각 은행 창구에서는 이런 업무를 무척 낯설어한다. 심지어 보증기관 각 현장지점의 실무자도 근속기간이 길수록 새로운 방식에 쉽게 적응하지 못하는 경향이 있다.

이처럼 새로운 시도를 할 때 벌어지는 일들 외에, 금융 경로상에는 흔히 '은행 문턱이 높다'는 말로 표현되는 여러 힘든 요소들이 있다. 부당한 문턱을 없애 금융 약자의 불행을 더는 일은 금융감독 당국의 방침과 의지, 역량에 달려 있다. 대개 뉴스에서 보도되는 이슈는 이러한 것들이다. 이처럼 흔한 관행과 발생하는 이슈에 대한 감독으로만 기울어진 운동장을 고치는 데는 한계가 있다. 기본적인 시각의 변화와 이에 대한 금융참여자들의 공감이 필요하다.

기존 은행과 보증 방식을 엮어 새로운 기준을 도입하는 실험과는 별개로, 이처럼 새로운 원리에 기반을 둔 '사회적은행'을 설립하는 것도 한 방법이다. 이를 위해서는 우리가 익히 아는 방글라데시의 그라민뱅크뿐 아니라, 독일의 GLS은행, 네덜란드의 트리오도스은행, 스웨덴의 JAK협동조합은행, 미국의 뉴리소스은행과 쇼어은행, 이탈리아의 방카에티카, 캐나다의 밴시티 등 모두를 심도 있게 연구하는 작업이 필요하다.(제안1)

02. 직접금융, 증권사와 자산운용사를 통한 경로 앞서 제기한 경로상의 문제는 직접금융 분야, 중개기관인 증권사와 전문운용기관인 자산운용사를 통한 경로에서도 나타난다.

예를 들면, 2020년 9월 초 관계부처 합동(금융위원회와 기획재정부)으로 발표된 뉴딜펀드가 언론에 크게 보도되었다. 앞서 설명한 공급자 기준과 수요자 필요의 불일치를 해소하는 3가지 방안 중 첫째, 둘째, 셋째 방안이 조금씩 혼합된 방식이다. 핵심인 정책형 뉴딜펀드는 정부와 정책금융기관인 산업은행 등이 모태펀드에 7조를 출자하고 민간의 13조와 결합해 총 20조 규모의 여러 개 자펀드를 만들어 현장에 공급하는 계획이다. 정부에서 발표하고 언론이 옮긴 그림3-6에서 빠진 결정적인 요소가 하나 있다. 그림과 설명은 모두 자금공급자와 자금수요자를 양쪽에 놓고 중간에 중개자들을 그린 것인데, 돈통(모태펀드, 자펀드 등)만 있고 그 돈통을 움직이는 기관에 대한 언급은 전혀 없다. 돈통은 스스로 움직이지 못한다. 돈통은 사람이나 사람의 조직(운용사)이 관리한다. 정책은 종종 돈통이 아닌, 돈통을 움직이는 이러한 운용조직의 특성에 기인한 경로장애를 간과한다. 그냥 잘 평가해서 좋은 운용조직을 뽑기만 하면 된다고 생각하는 것이다.

그림 3-6. 뉴딜펀드 개념도

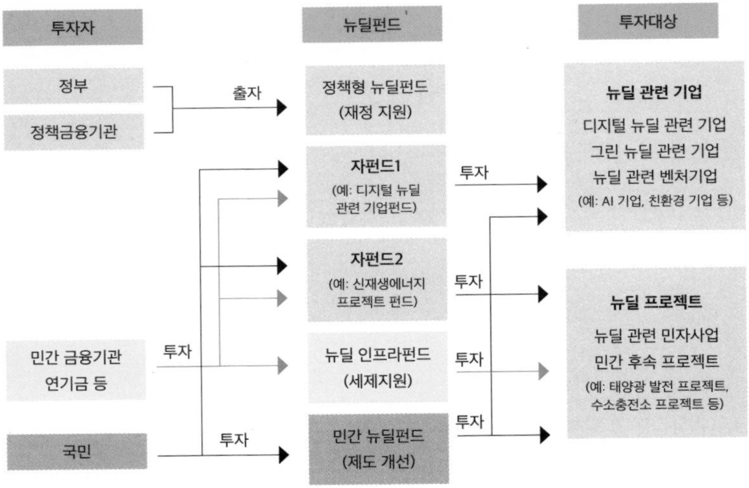

자료: 정부 관계부처 합동

운용조직은 법적 특성에 따라 할 수 있는 일이 있고 할 수 없는 일이 있다. 운용조직은 대부분 소수정예고, 대부분 지방에 지점이 없다. 향후 일어나게 될 지역의 분산형 소규모 에너지 기업, 지역 이슈를 해결하는 디지털 혁신기업에 다가갈 수 있는 운용 여력이나 네트워크가 없다. 대부분 대형 거래에 익숙하고 지역의 사정을 잘 알지 못한다.

"그러면 지역 특성을 잘 아는 운용사를 선발하면 되지 않겠는가" 하고 반문하겠지만, 그런 운용조직이 설령 있더라도, 모태펀드 운용사가 자펀드 운용사를 선정하는 오랜 관행으로 굳어진 심사기준이 수도권에 있는 대형운용사가 선정되기 유리한 심사체계를 가지고 있어서, 지역 특성을 아는 운용사가 선정되기 힘들다. 이러한 이슈와 이를 해결하기 위해 무엇이 필요한지 정리한 것이 그림3-7(310쪽)이다.

직접금융은 주로 투자로 이루어지거나 중간단계상품(메자닌), 후순위대출로 이루어진다. 각 지역 커뮤니티의 활동을 활성화하고, 분산 에너지를 기반으로 기후변화 대응 활동에 금융이 함께하려면(그래서 국민의 행복한 미래를 만드는 데 금융이 참여하려면) 이러한 일을 하는 지역의 사업 주체들에게 자금이 아주 잘게 나누어져 공급되어야 하며, 이러한 통로를 확보한 여러 사회적금융 주체들에게 더 많은 자금이 공급돼 모세혈관으로 흐르게 설계되어

그림3-7. 투자 부분 경로설정 이슈 및 해소 방안

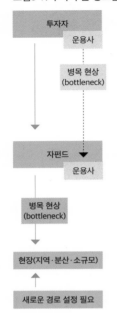

- 금융위가 발표한 정책에는 펀드(돈통) 중심의 구조가 설명돼 있을 뿐 돈통(펀드)을 움직이는 운용사에 대한 설명이 부족함.
- 발표된 정책의 모태펀드 형식은 전문사모펀드(우리나라에서 펀드 오브 펀드가 가능한 형태는 전문사모펀드)로 예상되며, 모태펀드 성격의 자금운용사로서 전문사모펀드를 운용하는 곳은 한국성장금융투자운용(주)가 유일함.

심사   자펀드 운용사 선정 시 적용되는 일반적 심사기준은 지역 현장에 자금을 원활하게 공급하기 위한 허들로 작용(과거 투자실적, 운용사 역량 위주)할 가능성이 높음

- 자펀드의 법적 성격에 따라 현장에 자금공급 가능 여부가 영향을 받음.
- *자펀드의 법적 성격: 전문사모펀드, 경영참여형 사모펀드, 신기술사업조합, 벤촉법에 따른 조합 ⇒ 주식회사 외 법적 형태에 대한 접근성 거의 전무.
- 대부분의 운용사는 대형 자산운용사, 창투사, 신기술금융사업자, 사모펀드 운용사로서 서울에 본점이 있고 지역에 지점이 있는 경우는 거의 없음.
- 운용인력은 소수정예로 구성되어 소규모 지역사업에 대한 접근성이 현저히 낮음.

- 그린 뉴딜 프로젝트는 주로 지역에 위치해 있고, 소규모 단위 기업/프로젝트가 많음.
- 실제 현장에서는 사업주체의 법적 형태가 다양함.
- *주식회사뿐 아니라 협동조합, 사회적 협동조합, 재단법인, 사단법인, 비영리 법인, NGO 등
- 현재 경로로는 지역에 있는 대형 사업자에게만 자금이 몰리는 구조이므로 다양한 법적 형태와 크기의 지역주체들이 참여할 수 있도록 인내자본 자금공급이 가능한 추가적인 자금 공급경로를 마련해야 할 필요성이 큼.

야 한다. 어떤 사업에 필요자금을 조달할 때는 한 가지 방식으로만 진행되지 않는 게 보통이고, 일반적으로는 투자 부분에서 기초가 쌓여야 그 위에 기존 은행 대출 등을 엮을 수 있으므로, 새로운 경로를 설정할 때는 지역에서 소규모 사업을 펼치는 다양한 법적 주체들에 투자 형식의 자금공급이 가능한 법적 도구를 선택해서 여기에 자금을 공급해야 한다. 네덜란드의 트리오도스 은행 사례처럼 먼저 이 기능을 하는 조직을 키워서, 장기적으

로 제안1에 해당하는 사회적은행의 업무까지 부가하는 경로를 취할 수도 있다.(제안2)

금융 부문 참여자들(공급자, 수요자 모두)의 행복이 증대되려면, 금융수요자도 금융체계의 당당한 한 주체로서 인정되어야 하고, 공급원부터 필요까지 도달하기 위한 법적 제도적 경로설정이 치밀해야 한다.

금융이 실물을 선도하던 시절도 있었다. 2008년 세계금융위기로 이것은 깨졌다. 현재는 주체들의 다양한 요구와 시대적 변화를 금융체계 내에 만들어지는 제도가 따라가지 못하는 실정이다. 어쩌면 당연하다. 금융이 실물을 선도하면 안 된다. 금융은 실물이 뒷받침되어야 하기 때문에 실물이 튼튼해지고 사회로부터 공감을 얻은 후, 금융은 이를 이해하며 필요를 충족시키는 방향으로 따라가야 한다. 다만, 이런 변화가 있다고 얘기할 때 진지하게 귀를 기울이면 된다. 숫자에 대한 전문성, 합리적 로직에 대한 전문성이 가장 뛰어나다는 자부심이 있는 금융 관련 종사자들이 그렇게 하지 못하는 것은 너무 오래 금과옥조로 삼았던 원리에 대한 믿음 때문이다. 그러나 우리가 범용으로 알고 있는 금융의 원리는 역사적인 산물일 뿐이고, 역사는 지금도 흐르고 있다.

3.12 지역 공동체
지역이 살아나고
공동체 문화가 꽃피우는 나라

조은상
한국직업능력개발원 명예연구원

저출생과 고령화로 아기 우는 소리가 드물고 인구가 감소하는 일본과 우리나라에서는 '지역소멸'이 화두다. 지역의 인구 감소는 지역의 공동체를 붕괴시키고 생활 안정성과 생활 인프라에 대한 접근성을 떨어뜨려 지역의 사회경제적 활력을 저하시키며, 나아가 국가의 성장 잠재력을 약화시킨다. 『지방소멸』 (2015)의 저자 마스다 히로야[99]는 인구감소를 3단계로 나눠 설명하는데, 일본의 대도시와 중핵도시의 경우 노년 인구증가와 생산 유소년 인구의 감소를 골자로 한 1단계가 진행 중이지만, 지

방의 많은 지역이 노년 인구의 유지 및 소폭 감소, 생산 유소년 인구의 감소에 해당하는 2단계와 노년 인구 감소, 생산 유소년 인구 감소의 3단계에 접어들었다고 경고하였다.

한국도 예외가 아니다. 국내 지역소멸에 관한 연구들을 살펴보면, 대도시와 인근 지역을 제외하면 대부분의 지역이 2단계에서 3단계로 서서히 이전하고 있어 지역소멸 위험군에 속해 있음을 보여주고 있다. 그러나 중앙정부뿐 아니라 위험군에 속한 많은 지방정부가 지역소멸 예방정책에 주먹구구식의 정책을 내놓고 있으며 총체적인 전략을 설계해 실행하지 않고 있어 대부분 지역소멸의 늪으로 빠져드는 실정이다.

이 글에서는 지역을 살리는 요인을 검토해 거시적으로는 국가 차원의 지역 살리기 정책을 제안하고 미시적으로는 지자체에서 도시민이 이주하여 마을에서 정착할 수 있는 정책 방안을 제시하고자 한다.

지역을 살리는 방안은 있는가

지역소멸이란 가치관의 변화와 더불어 자녀의 양육환경이 변화함으로써 저출생 현상이 지속되고, 청년층과 중년층의 인구가 유출되어 지역 내 인구의 고령화가 급속히 진행돼 지역 공동체의 활동이 축소됨으로써 지역경제가 위축되고 이에 따라 필요한 기반시설을 정비하기 어려워지는 등 자족 기능을 상실하게 되는 상태를 의미한다.[100]

　지역소멸에 영향을 미치는 주요 요인을 살펴보면 첫째, 산업 및 지역 일자리, 둘째, 중앙정부와 지방정부의 지역 활성화 정책, 셋째, 지역 주민을 대상으로한 지역 교육, 마지막으로 주민에게 쉽게 접근할 수 있는 문화예술·여가·주거·복지의 생활 서비스의 제공을 들 수 있다. 위의 4가지 요인은 별개의 요인이라기보다 상호연계된 요인이라고 볼 수 있다. 예를 들면 평생직업교육이 활성화되어 문화예술·여가생활이 풍요로워지게 되면서 지역 주민의 정주성이 높아지게 되는 사례도 있고, 지방정부의 지역 활성화 정책 중 평생직업교육 관련 소프트웨어에 높은 비율의 예산을 투입하여 주민들의 공동체성과 지역 이해도와 활용도가 향상되어 협동조합 등을 통해 지역민에게 일자리를 제공하게 된 사례도 있다. 나아가 그 지역의 산업과 지역 일자리를 발굴하여 기업을 유치하면서 수천 개의 일자리를 창출하면서 여러 부대효과로 그 지역이 활성화되는 사례도 많다.[101]

100 조은상 외, 『지역소멸 예방을 위한 사례조사』(2018)
101 유선종·노민지, 『지방소멸, 어디까지 왔나?』(매경출판, 2018)

이처럼 지역에 사람들이 정착하기 위해서는 일자리, 자녀를 잘 교육할 수 있는 환경, 주거 및 생활 여건, 문화·여가시설 등이 필요하고 이러한 요인 중에서 일자리 혹은 교육 여건을 포함한 한두 가지만 갖추어져도 이주 및 정착의 동기가 된다. 지역이 이러한 조건을 갖추어 살기 좋은 곳이 되기 위해서는 그림3-8과 같이 중앙 및 지방정부 정책이 종합적으로 기획·실행되고 평가되어 재설계되는 시스템을 갖출 필요가 있다.

그림3-8. 지역을 살리는 영향요인[102]

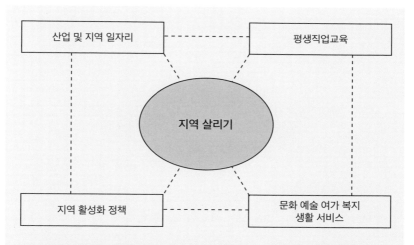

지역 살리기는 지자체에 따라 단체장의 비전과 주민의 요구를 토대로 종합적인 지역 살리기 방안을 설계해 실행하는 방향으로 추진되어야 한다.

---

102 자료: 조은상 외, 『지역소멸 예방을 위한 사례조사』(2018)에서 수정.

지역을 살리는 정책은 지역민의 자아실현, 공동체 문화 복원, 고용 가능성 증진, 사회통합 증진 등과 같은 목표 아래 지역사회에서 구성원들의 삶의 질을 향상시킴과 동시에 지역 및 사회발전에 기여할 때 성공할 수 있다. 지역민과 예비지역민을 위한 교육은 이러한 지역 내 고용 가능성과 공동체 문화를 증진시키는 직접적인 기능뿐 아니라 구성원들의 전 생애주기에 걸친 역량 강화를 통해 삶의 행복을 느끼게 하고 스스로 지역사회의 문제를 해결하고 나아가 예방하기 위한 안전망 기능 등의 간접적인 역할을 할 것으로 기대된다.

첫째, 지역 살리기 마스터 플랜을 설계하고 실행한다. 중앙정부가 지역소멸 예방 및 관리를 위해 일정 부분 컨트롤 타워 역할을 해야 한다. 지금까지는 공공기관 이전 등을 통해 지역 혁신을 추진하였지만 실제로 지역소멸 예방에 큰 역할을 했는지 점검해 볼 필요가 있다. 지역소멸 위험군에 속한 개별 지방정부가 나름대로 지역소멸 예방 방안을 내놓고 있지만 성과가 미미한 실정이며 지방정부간의 문제들을 연계해 조정하는 기능이 부재하다. 일본이 「마을 사람 일자리 창생법」을 제정하고 종합전략을 실행하기 위한 본부를 설치[103]하였듯이 우리도 지역을 살리기 위한 법 제정 및 지방정부의 조직개편이 필요하다. 인구 유입이 많은 지방정부가 인구 유출이 많은 곳에 일정 부분의 책임을 공유하는 방안 등 지방정부끼리 해결하기 힘든 사항들도 컨트롤 타워에서 조정할 필요가 있다.

나아가 지자체별로 지역을 살리기 위한 마스터 플랜을 설계하도록 중앙정부에서 인력과 예산 등의 다양한 지원을 해야 한다. 지방정부는 지역 고유의 경제, 교육, 문화의 선순환 프로젝트를 권역별 지방정부와 연대해 개발하며 이에 따른 협업 인센티브를 중앙정부에서 제공한다면 시너지가 높아질 것이다. 지방정부의 사업을 실행할 때 공무원과 주민을 연결하고 정책을 지원하기 위한 중간조직(오산시의 교육재단이나 완주시의 지역경제순환센터)을 설립해 운영함으로써 청·장년들이 지역에 정착하도록 유도한다.

둘째, 지역 경제 분석 시스템을 개발해 공무원, 지역 주민, 창업자 등이 이용하도록 한다. 지역을 활성화하기 위해서는 해당 지역의 인구, 지역 경제 순환, 산업구조, 기업 활동, 관광, 마

---

103 박노보, 「일본 고령화·저출산, 인구감소로 인한 지방소멸의 위기에 대응하는 지역활성화 정책과 성공사례」 전문가협의회 발표자료 (2018)

을 만들기, 고용, 의료, 복지, 지방재정을 포함한 빅데이터를 산업별, 기업별, 지방정부별로 분석할 수 있는 '지역 경제 분석 시스템(RESAS)'이 반드시 필요하다. 일본의 경우 지역 경제 분석 시스템을 개발하여 중앙정부와 지방정부가 지역 전략을 수립하는 데 이용하고 있으며, 민간기업과 개인이 지역에서 사업을 구상하고 효과적으로 추진하는 도구로서 중요한 역할을 하고 있다.[104]

지역에 정착하려는 청·장년들은 지역에 대한 정보를 통해 직장을 탐색하거나 일거리를 찾게 되는데, 해당 지역에 대한 빅데이터는 다양한 직장과 일자리 정보를 통해 새로운 기회를 제공할 수 있다. 특히 도시와의 네트워크가 강한 도시민들은 도-농 연계 역할을 할 수 있는 새로운 일자리를 이러한 시스템을 통하여 창출할 수 있을 것이다.

셋째, 공동체 교육을 통해 지역인재를 양성한다. 지역민들이 자신들의 지역을 더 잘 알고 지역에 대한 자부심을 갖도록 지방정부와 초·중·고·대학이 연대하여 해당 지역 관련 커리큘럼을 개발하고 지역에 대한 교육 프로그램을 도입하며 지역 문화를 신장시킬 필요가 있다. 지방정부는 학생들과 교직원들의 지역

---

104 임은선 외, 『빅데이터 시대의 국토정책 추진 방향』 국토연구원 (2017)

봉사활동을 지역의 기업과 함께 지원함으로써 지역민의 행복감을 높일 필요가 있다. 이러할 때 주민의 정착률이 증진되어 지역이 살아난다.

나아가 중앙정부와 지방정부는 지역의 기업이나 대학과 연계하여 대학 졸업생, 기업 및 일반인을 대상으로 지역을 살리기 위한 팀을 모집하고 교육과 훈련을 통해 역량을 강화하며 이들이 지역에서 평생교육, 생활서비스 제공, 환경보호 등 다양한 활동을 할 수 있는 프로젝트를 제공하고 모니터링함으로써 지역 활성화를 도모할 필요가 있다. 특히, 청년들이 지역에서 활동할 수 있도록 청년조례[105]를 제정하고 지역 내의 다양한 프로젝트를 제공함으로써 정착 가능성을 높이는 것이 중요하다.

지역을 살리기 위해서는 공공기관 이주를 통한 개발 위주의 정책보다는 지역민의 행복감을 높이는 정책이 미래의 한국을 살리는 길임을 명심하고 중앙정부와 지방정부가 함께 지역을 살리기 위한 노력에 온 힘을 쏟아부으면 좋겠다. 이런 의미에서 지방정부가 주민들의 지역 정착, 특히 귀농·귀촌을 위한 다음과 같은 정책을 설계해 시행하면 지역소멸 예방에 도움이 되리라 생각된다.

---

105 강평석, 『나는야 뽀빠이 공무원』 (가림출판사. 2017)

도시민의 지역 정착을 위한 지방정부 정책 방안

현재 대한민국은 지역을 살리기 위한 국가 차원의 총체적인 전략이 부재할 뿐 아니라 마을 단위에서 정착을 유도할 수 있는 전략이 미비하다. 지방정부별로 출산율이나 귀농귀촌 비율을 올리기 위한 정책이 존재하지만 실상을 살펴보면 주먹구구식이거나 임시방편에 불과한 경우가 많다.

필자가 다양한 귀농귀촌 교육을 받으면서 전국의 귀농귀촌지를 방문하고 귀농귀촌자들과 면담하면서 느낀 점과 그간 연구한 바를 정리하여 지방정부가 도시민들의 정착을 돕기 위해 추진해야 할 정책 방안을 제시하면 다음과 같다.

01. 귀농귀촌 마을 조성 농어촌으로 귀농귀촌하는 사람들 중 일부는 고향으로 돌아가기도 하고 홀로 집과 땅을 찾아 떠나는 경우도 있지만, 대부분은 귀농귀촌한 지방정부에 정착한다. 그러나 귀농귀촌자들은 도시 문화에 익숙하여 농어촌 마을에 들어가 살게 될 경우 익숙하지 않은 농어촌의 생활방식과 문화를 불편하게 느끼고 이로 인한 괴리감 등으로 인해 다시 도시로 나가는 경우가 있다.

지방정부별로 귀농귀촌자를 위한 별도의 마을단지 혹은 기존의 마을과 연계된 소규모의 마을단지를 조성하여 다양한 활동과 일거리를 제공하며 공동체를 통해 기존의 농어촌과 연계하여 새로운 지역 공동체 문화를 창출한다면, 정착 가능성이 높아질 것으로 기대된다.

02. 다양한 협동조합 형성 농수산 임산물의 생산을 하는 1차산업뿐 아니라 가공업 등의 2차산업과 교육·체험·힐링 등의 3차산업을 모두 포괄할 때 도시민들이 자신이 가진 특성과 역량을 잘 활용할 수 있다. 특히 귀농귀촌자들이 협동조합, 마을기업, 교육문화 공동체, 책방, 방과후 학교 등 다양한 조직을 통해 자신들의 경험을 풀어낼 수 있는 장이 있을 때 정착 가능성이 높아진다.

03. 일자리와 지역 공동체 문화 창출 고령화되어 가는 마을에 6차 산업이 활성화된다면 도시 생활에 지친 중·장년층뿐 아니라 청년층이 유입되어 아기들이 태어나고 마을의 초·중학교가 활성화될 수 있으며 이는 학부모들 간의 지역 공동체 문화를 창출하는 기반이 된다. 이를 통하여 장기적으로 마을이 살아 움직이게 되므로 마을의 거주자들에게 병원, 복지시설, 체육시설 그리고 지역케어 서비스 등의 의료복지생활서비스가 쉽게 접근 가능하게 하는 것이 중요하다.

지역 살리기 정책과 지역 정착 방안을 하나의 다이어그램으로 표현하면 그림3-9와 같다.

그림3-9. 지역 살리기 요인들간의 관계도

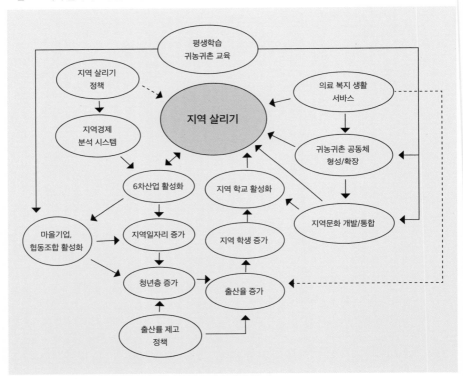

이재경 국민총행복정책연구소 연구실장

4.1   중앙정부 차원의 제도
4.2   지방정부에서 추진 중인 '행복정책 패키지'
    1. 행복조례
    2. 행복기본계획
    3. 시민행복위원회
    4. 행복정책 전담부서
    5. 행복영향평가
국내 국민총행복 관련 단체

제 4 장

국민총행복 정책
제도화 방안

4.1
중앙정부 차원의 제도

우리사회가 성장중독에서 벗어나 아직 행복하지 않은 국민을 위한 나라로 나아가려면, 이를 구체적으로 시행할 조직과 제도가 뒷받침돼야 한다. 우선, 중앙정부 차원에서 국민총행복 정책을 시행하려면 '국민총행복 기본법'과 같은 제도적 뒷받침이 필요하다. 또한 국가 정책을 국민총행복의 관점에서 총괄하기 위해서는 '국민총행복위원회'도 있어야 한다. 국민총행복위원회는 '국민총행복 기본계획'을 수립하고 평가하는 기능을 수행하고, 국민의 행복수준을 측정하고 높여 가기 위해 '국민총행복 지표'를 개발하며, 이러한 지표에 기초해 국가의 주요 정책에 대한 일종의 '행복영향평가'를 실시하는 기능을 수행하게 된다. '국민총행복 기본법'에는 현장에서 주민의 행복을 책임지고 있는 지방정부와 국가간의 협력 혹은 지원 방안 등이 제시되고, 관과 민간의 협치, 시민 스스로의 노력 등을 담을 수 있다.

부탄에서는 2008년 정부정책 전반에 걸친 기획과 심의 기능을 담당했던 기획위원회가 국민총행복위원회(GNHC · Gross National Happiness Commission)로 명칭을 변경하며 출범했다. 부탄 국민총행복위원회는 국왕 직속 위원회로서 총리가 의장을 맡아 행정부가 제안한 모든 정책을 검토하고, 국민 행복 증진에 방해가 된다고 판단될 경우 행정부를 통해 재검토를 거치며, 정부가 정책을 다시 발의하기 위해서는 반드시 GNHC의 승인을 거치도록 설계되었다.[106]

또한 사회과학과 공공정책을 연구하는 부탄 유일의 연구기관인 부탄연구센터(Center for Bhutan Studies)는 1995년 설립 후, 국민총행복의 이해와 적용을 높이기 위한 이론적이고 실용적인 연구를 하면서 국민총행복위원회를 뒷받침하고 있다[107].

---

106 안주엽, 「부탄의 국민총행복」 『노동리뷰』(2017), 41-59쪽.
107 고승희·백운성, 「해외리포트-부탄이 만든 행복의 철학, GNH」 『열린충남』(2012), 57쪽, 58-64쪽.

4.2
지방정부에서 추진 중인
'행복정책 패키지'

　　현재 한국에서 행복정책은 중앙정부보다 지방정부가 주도하고 있으며 다양한 정책 및 제도화가 추진 중이다. 지방정부의 대표적인 행복정책 제도화 사례는 행복조례 제정, 행복기본계획 수립, 행복위원회 구성 및 운영, 행복 전담부서 설치, 행복영향평가 실시 등이 있으며, (사)국민총행복전환포럼에서는 이를 행복정책 추진 및 국민총행복 실현을 위한 '행복정책 패키지(Package)'라고 부른다.

01. 행복조례

　조례는 지자체가 법령의 범위 안에서 지방의회의 의결을 거쳐 제정하는 범규범으로, 지방자치에서 자치입법의 핵심으로서 조례는 매우 중요하다. 조례의 위상과 성격에 관해서는 많은 논쟁이 존재하고 있지만 지방자치의 확대와 발전에 따라 중요성이 더욱 커질 것으로 예상할 수 있다. 지금도 지역에서는 '지방정부에는 관련 조례가 있어야 정책을 제대로 추진할 수 있다'는 광범위한 공감대가 형성되어 있고 조례 제정 건수도 계속 늘고 있는 추세다(1995년 30,358건 → 2017년 75,708건으로 1.5배 증가).

표4-1. 행복조례를 제정한 국내 지방정부

경기도	고양시, 광주시, 구리시, 이천시
광주광역시	광산구, 동구
대전광역시	대덕구
부산광역시	부산광역시, 동구
서울특별시	서울특별시, 강남구, 종로구
전라남도	순천시
전라북도	전라북도
경상남도	의령군
강원도	태백시

자료: 법제처 국가법령정보센터(2021년 1월 31일 기준)

이는 행복정책 영역에서도 마찬가지다. 민선7기 226개 지자체 중에서 40%에 달하는 90개 지자체가 구정목표로 '행복'을 명시했다.[108] 그러나 단순히 비전과 슬로건만으로는 제대로 된 행복정책을 추진할 수 없고 이에 따라 민선7기부터 본격적으로 행복조례가 제정되기 시작했다. 법제처 국가법령정보센터 검색결과에 따르면, 지자체의 자치법규에서 '행복'이 포함된 조례와 규칙은 약 201건이며 이 중에서 행복정책의 취지에 맞는 조례는 약 16곳의 광역 및 기초 지자체에서 제정한 것으로 파악된다.[109]

전국 13곳의 행복조례(부산광역시, 전라북도, 강남구 제외)[110]를 비교하면 표4-2와 같은 내용들로 구성되어 있다. 또한 비교를 통해 각 지자체별 조례가 상당한 유사성을 가지고 있지만 동시에 차별성도 크다는 것을 확인할 수 있다.[111]

---

108 김삼호 광산구청장, 발표자료 (2019월 12월 12일)

109 대부분 조례명을 주민행복증진 또는 시민행복증진으로 명명했는데 부산시와 전라북도의 경우, 「부산시민의 외로움 치유와 행복증진을 위한 조례」, 「전라북도 사회취약계층을 위한 행복정책 개발 및 지원에 관한 조례」로 정했다. 이에 따라 조례 내용도 부산시의 경우는 주로 외로움 대응에, 전라북도의 경우는 조례상 사회취약계층으로 정한 사람(장애인, 노인, 저소득층, 영유아·아동·청소년, 한부모가족 및 다문화가족)을 대상으로 한 정책에 초점을 맞추고 있다. 따라서 전라북도의 경우, 관련 조례가 복지정책의 부분으로서 행복조례로 보기에 논란의 여지가 있다.

110 부산광역시와 전라북도는 앞의 주석에 작성한 내용에 따라 제외했고 강남구 역시 행복위원회가 아닌 행복자문단이 제시되었고 강남힐링센터 운영 등의 내용이 다른 지역 조례와 차이가 있어 비교에서 제외했음을 밝힌다.

111 표4-2에 표시한 것 외에도 지역별로 다른 내용이 상당수 포함되었다. 구체적으로 다음과 같다. 주민참여(경기 광주시, 광주 동구, 경남 의령군), 의견수렴(경기 광주시, 경기 이천시, 광주 광산구, 부산 동구, 서울 종로구), 계획 수립의 협조(경기 구리시, 대전 대덕구, 서울시), 자치구와의 협력(서울시), 결과의 공개(경기 고양시), 심의·조정 결과의 반영(경남 의령군), 수당 및 여비(경기 고양시, 경기 이천시, 전남 순천시, 경남 의령군, 강원 태백시), 주민행복도조사(경기 광주시, 부산 동구, 서울 종로구, 경남 의령군), 행복지표(경기 이천시, 광주 광산구, 광주 동구)

표4-2. 국내 지방정부별 행복조례 비교

	경기 고양시	경기 광주시	경기 구리시	경기 이천시	광주 광산구	광주 동구	대전 대덕구	부산 동구	서울시	서울 종로구	전남 순천시	경남 의령군	강원 태백시
목적	○	○	○	○	○	○	○	○	○	○	○	○	○
정의	○	○	○	○	○	○	○	○	○	○	○	○	○
기본 원칙	○	○	○			○			○		○	○	
자치 단체장 책무	○	○	○	○	○	○	○	○	○	○	○	○	○
다른 법령 과의 관계	○	○	○	○	○	○	○	○	○	○		○	○
기본 계획 수립	○		○	○	○	○	○	○	○	○	○		○
시행 계획 수립	○		○	○	○	○	○	○	○	○	○		○
행복 지수	○		○				○		○		○		○
행복 위원회 설치	○		○	○	○	○	○		○	○	○	○	○
행복 영향 평가			○	○	○	○			○				○
예산 운영			○	○	○	○	○		○				○

	경기 고양시	경기 광주시	경기 구리시	경기 이천시	광주 광산구	광주 동구	대전 대덕구	부산 동구	서울시	서울 종로구	전남 순천시	경남 의령군	강원 태백시
행복 증진 교육	○	○	○	○	○	○	○	○	○	○	○		○
위탁	○	○	○	○	○	○	○	○	○	○			○
포상		○		○				○		○		○	
협력 체계 구축			○	○	○	○	○		○		○		○
시행 규칙	○	○	○	○	○	○		○	○	○		○	

행복정책의 추진을 위한 기초로서 행복조례를 잘 만들기 위해서는 타 지역의 조례를 참고하여 미진한 부분을 파악하고 이를 보완하려는 노력이 필요하다.

02. 행복기본계획

행복조례의 연장선상에서 고려되어야 할 것이 행복기본계획이다. 지방자치단체의 기본계획에 대해서는 기본계획의 무분별한 확산, 기본계획간 상충과 중복, 실질적인 기능 여부, 권한 미비 등이 문제로 지목되고 있다.[112] 그러나 동시에 기본계획이 부재할 경우, 관련 정책이 제대로 추진되기 어렵다는 현실적 이유도 존재한다. 행복정책과 같은 중장기 정책은 기본계획이 부재할 경우, 정책의 내용과 추진에 있어 근거 부족으로 표류할 가능성이 크고 당장 공무원들이 관련 정책을 추진할 준거를 확보하지 못함으로써 사장될 확률도 높다.

2021년 현재 광주 광산구와 서울시, 서울 종로구, 고양시에서 행복기본계획이 수립되거나 수립을 추진 중인 것으로 확인된다. 정보공개를 잘 하지 않는 기본계획의 특성상 일부 파악하지 못한 곳이 있더라도 16곳에 행복조례가 제정된 것에 비하면 분명 매우 적은 숫자임을 알 수 있다. 행복조례가 있고 조례 안에 기본계획이 포함된 지자체는 행복기본계획을 수립하는 것이 필요하다. 제도가 현실에서 정책으로 구현되는 도구로서 행복기본계획은 매우 중요하며, 그런 측면에서 수립방식에 있어서도 소수의 공무원이 만들기보다는 외부 전문가를 참여시키고 공청회 등을 통해 시민참여를 보장하면서 수립하는 것이 타당한 방향으로 판단된다.

---

112   김제국·김보미, 「시군 부문별 기본계획제도의 운용실태 및 개선방안」, 「정책연구」, (2010), 1-125쪽.

표4-3. 조례에 따른 광산구, 서울시, 태백시 시민행복위원회 역할

광주 광산구	서울시	태백시
① 구청장은 구정 전반의 행복정책을 추진하기 위하여 광산구 시민행복위원회(이하 "위원회"라 한다.)를 둔다. ② 위원회는 다음 각 호의 사항을 심의·자문한다. 1. 기본계획 및 시행계획의 수립·변경 2. 주민의 행복 증진을 위한 정책 개발 및 변경 3. 그밖에 주민의 행복 증진을 위하여 필요하다고 인정되는 사항	① 시장은 사회·경제·환경 등 시정 전반의 행복정책을 추진하기 위하여 서울특별시 시민행복위원회(이하 "위원회"라 한다)를 둔다. ② 위원회는 다음 각 호의 사항을 심의하거나 자문한다. 1. 기본계획 및 시행계획의 수립·변경 2. 실태조사의 활용 및 분석·평가 3. 행복지표 작성 및 행복지수 활용 4. 기본계획 및 시행계획 추진 상황 점검 5. 행복 격차 해소방안 6. 그밖에 행복 증진에 관하여 시장이 정하는 사항 ③ 위원회의 구성 및 운영에 필요한 사항은 규칙으로 정한다.	시장은 사회·경제·환경 등 시정 전반의 행복정책을 추진을 위한 다음 각 호의 사항을 심의하기 위하여 시장 소속으로 태백시 시민행복위원회(이하 "위원회"라 한다)를 둔다. 1. 기본계획 및 연도별 시행계획의 수립 및 변경 2. 시민의 행복 증진을 위한 정책 개발 및 변경 3. 행복지표 작성 및 행복지수 활용에 관한 사항 4. 기본계획 및 시행계획 추진 상황 점검 5. 행복 격차 해소방안 6. 그밖에 행복 증진에 관하여 필요하다고 인정되는 사항

현재 국내의 지방정부에서 '행복'이라는 단어를 사용하는 위원회는 여럿 존재하지만, 실제로 시민의 행복 또는 행복정책을 위한 활동을 주력으로 하는 위원회는 2021년 현재 광주 광산구,

서울시와 태백시의 시민행복위원회 정도로 추정된다.[113] 표4-3
에 제시된 것처럼 행복위원회는 기본적으로 심의·자문기구이며
기본계획과 시행계획 수립 및 변경, 다양한 행복정책을 제안하
는 것이 주요 역할로 설정되어 있다.

04. 행복정책 전담부서

행복위원회의 연장선상에서 고민되어야 할 것이 행복정책 전
담부서다. 중앙정부 차원에서는 행복정책의 수립과 이행, 평가
의 실효성을 높이기 위해 '행복특임장관(행복부)'을 신설하는 것
이 한 방법이다.

현재 지방정부 차원에서 행복정책 전담부서를 두고 선도적으
로 운영하고 있는 곳은 광주 광산구를 꼽을 수 있다. 광산구는
구청장 직속으로 과장급의 행복정책관과 2개 팀(행복정책팀, 행복관
리팀)으로 구성된 행복정책관실을 운영하고 있다. 구청장 직속의
과 단위로 운영하면서 조직명에 '행복정책'을 명시함으로써 구

---

113 종로구의 경우, 2020년 12월에 조례 개정을 통해 〈주민행복위원회의 설치 및 기능〉 조항을 추가했고 현재 위원
회를 구성 중인 것으로 파악된다. 약간 특별한 사례로서 여주시의 시민행복위원회가 있다. 조례에 따르면, 시민행
복위원회의 역할은 공약이행에 대한 평가 및 환류 권고, 시정 주요 시책 및 현안에 관한 사항 등으로 행복정책이
명시되지 않았다. 그러나 실제로는 시민행복위원회 내 소위원회를 구성하여 행복지표의 개발 및 행복조사에 적
극 참여하여 사실상 시민행복위원회의 역할을 수행하고 있다. 단, 여주시는 아직 행복조례가 제정되어 있지 않다.

정 전반에 명백한 방향을 제시하고 있다.

팀 단위로 행복정책을 추진하고 있는 곳으로는 서울시가 있다. 서울시는 서울혁신기획관실 전환도시담당관 산하 4개 팀의 하나로 시민행복팀(팀장 1명, 팀원 2명)을 운영하고 있다. 만성적인 인력 부족에 어려움을 겪고 있는 서울시 입장에서 팀 구성은 분명 상당한 성과다. 그러나 인구 천만 도시 서울에서 3인으로 구성된 팀은 정책추진 측면에서 다소 아쉬운 부분이 있는 것도 분명한 사실이다. 그밖에 행복정책을 추진하는 지자체에서는 행복 또는 행복정책을 담당하는 부서를 신설하지 않고 기존 부서에서 업무를 맡는 경우가 대부분이며 1인의 담당주무관을 운영하거나 그나마도 다른 업무와 겸직하는 경우가 많다.

행복정책의 폭과 깊이를 고려하면, 최소한 팀 단위 이상의 조직이 필요하다. 지방정부의 정책결정자들의 인식변화와 결단이 필요한 부분이다. 조직과 예산은 정책의 의지를 보여주는 것이며, 특히 새로운 조직 출범이 전체 조직에 주는 신호는 매우 명백하다. 아직 초기 단계인 행복정책이 지방정부에 뿌리내리기 위해서도 리더십의 분명한 방향 제시가 필수적이다.

05. 행복영향평가

행복영향평가는 '정책이 대상 집단이나 지역사회, 개인의 행복감에 미치는 영향을 식별하고 추정함으로써 정책결정과정에서 판단의 기초가 될 유용한 정보를 제공하는 분석과 평가'로 정의할 수 있다. 영향평가제도는 관련 분야의 합리적 효율적 계획을 수립하기 위한 것으로 사후적 처리방식에서 벗어나 사전적 예방을 목적으로 하는 제도다. 주로 환경 분야에서 활용되었으나 점차 다양한 영역으로 확대되고 있다.

표4-4. 부탄의 GNH 정책 및 프로젝트 심사도구 심사 기준

점수	내용
1점	정책이 해당 지표에 부정적 효과를 줄 것으로 인식함
2점	정책이 해당 지표에 주는 효과가 불확실함
3점	정책의 긍정적 효과는 불확실하나, 해당 지표와 아무런 관련이 없거나 부정적 효과를 주지 않을 것으로 확신함
4점	정책이 해당 지표에 긍정적 효과를 줄 것으로 인식함

부탄은 국민총행복(GNH)의 9대 영역에서 22개의 지표를 도출하여 구성한 'GNH 정책 및 프로젝트 심사도구'가 행복영향평가

역할을 하며 국민총행복위원회(GNHC)가 모든 정책에 GNH를 보장하도록 하는 일종의 가이드라인으로 기능한다. 심사는 정책과 프로젝트 초안이 각 지표에 어떠한 영향을 미치는지를 4점 척도로 평가하는데. 해당 부처와 GNHC에서 각각 시행하며, 민간 전문가가 반드시 참여하게 되어 있다. 모든 지표의 평균점수가 3점 이상 되어야 심사를 통과하며, 평균 3점 이상 이더라도 일부 지표 점수가 낮으면 추가적 고려를 요청하게 되어 있다. 심사 결과에 따라 GNH의 향상에 도움이 되는 정책과 프로젝트는 채택하지만, 그렇지 않은 것은 거부한다.

표4-5. 아랍에미리트 행복영향평가 심사 기준

점수	내용
70점 이상	관련 행위자들에게 매우 긍정적인 영향을 미침
60-70점	대체적으로 긍정적인 영향을 미침
50-60점	제한적으로 긍정적인 영향을 미침
50점 이하	부정적인 영향을 미침

아랍에미리트에도 '행복위원회' 조직과 '영향 평가 도구'가 있어 사회의 행복을 증진하기 위해 정부 부처와 기관이 제안한 계획과 사업을 심사하고 있다. 이때의 영향 평가 도구는 부탄의

GNH 정책 심사도구를 기반으로 개발된 것으로 파악된다.[114] 아랍에미리트는 2016년 행복부를 신설하고 행복위원회를 출범시켰다. 계획과 사업을 6가지 영역(경제, 보건, 교육, 문화와 사회, 정부 서비스와 거버넌스, 환경과 인프라)으로 평가하여 모든 영역의 평균으로 점수를 부여한다.

표4-6. 국내 지방정부 조례에 나타난 행복영향평가

지자체	조례 내용
광주 광산구	제13조(행복영향평가) 구청장은 주민의 행복에 중대한 영향을 미칠 수 있는 계획을 수립하거나 사업 등을 추진하는 때에는 이 계획이나 사업이 주민 행복에 미치는 영향을 분석·평가할 수 있다.
구리시	제11조(행복영향평가) ① 시장은 시민의 행복에 중대한 영향을 미칠 수 있는 계획을 수립하거나 사업 등을 추진하는 때에는 이 계획이나 사업이 시민 행복에 미치는 영향을 분석·평가(이하 "행복영향평가"라 한다) 할 수 있다. ② 행복영향평가의 대상·방법·시기 등에 필요한 사항은 규칙으로 정한다.
서울시	제12조(행복영향평가) ① 시장은 시민의 행복에 중대한 영향을 미칠 수 있는 계획을 수립하거나 사업 등을 추진하는 때에는 이 계획이나 사업이 시민 행복에 미치는 영향을 분석·평가(이하 "행복영향평가"라 한다) 할 수 있다. ② 행복영향평가의 대상·방법·시기 등에 필요한 사항은 규칙으로 정한다.
태백시	제13조(행복영향평가) ① 시장은 시민의 행복에 중대한 영향을 미칠 수 있는 계획을 수립하거나 사업 등을 추진하는 때에는 이 계획이나 사업이 시민 행복에 미치는 영향을 분석·평가(이하 "행복영향평가"라 한다)할 수 있다. ② 행복영향평가의 대상·방법·시기 등에 필요한 사항은 규칙으로 정한다.

114　Laura Musikanski·Rhonda Phillips·Jean Crowder, 『The Happiness Policy HANDBOOK -HOW TO MAKE HAPPINESS AND WELL-BEING THE PURPOSE OF YOUR GOVERNMENT』 (Canada: new society, 2019)

국내에서는 2021년 행복영향평가 시행을 위한 지방정부들의 공동연구가 진행되고 있다. 또한 광주 광산구, 구리시, 서울시, 태백시의 행복조례에는 행복영향평가 조항이 포함되어 있다.

국내 국민총행복 관련 단체

(사)국민총행복전환포럼

2018년 4월 200여 명의 오피니언 리더들이 발기인으로 참여해 (사)국민총행복전환포럼(약칭 총행복포럼)을 창립했다. 총행복포럼은 창립 선언문에서 성장주의 시대와의 결별을 선언하고, 우리사회의 패러다임을 경제성장(GDP)에서 국민총행복(GNH)로 전환할 것을 촉구했다. 창립 후 매월 행복 포럼을 개최하는 한편 분기별로 행복 심포지엄을 개최하고, 국내외 행복정책을 연구하면서 국민총행복 담론의 확산을 위해 노력하고 있다. 또한 2021년 문을 연 총행복포럼 산하 국민총행복정책연구소에서는 행복실현지방정부협의회 소속 지방정부들의 행복지표 개발과 행복정책 수립, 행복영향평가연구 등 행복정책 제도화를 위한 폭넓은 연구를 진행하고 있다.

행복실현지방정부협의회

2018년 10월 출범한 행복실현지방정부협의회(이하 행실협)는 주민 행복을 최우선 정책 목표로 하는 국내 지방자치단체 협의기구로서, 더불어 행복한 지역 공동체를 만들기 위해 노력하고 있다. 행실협은 행복실현을 위한 주요 시책 및 정책개발, 법령 및 제도 개선, 조사 연구 및 교육, 중앙정부 및 다른 기관과의 협력 사업 등을 추진한다. 주민 행복을 최우선으로 하는 행실협 회원 지방정부들은 코로나19 대응에서 모범적으로 활동하여 좋은 사례를 많이 창출했다.

국회 국민총행복정책포럼

2020년 7월 7일 국회의원 38명이 참여하는 국회 연구모임인 국민총행복정책포럼(약칭 국회 행복포럼)이 창립되어 우리나라에서도 중앙정치 차원에서 행복정책이 본격적으로 논의되기 시작했다. 국회 행복포럼은 경제성장을 넘어 국민총행복으로 정부 정책의 패러다임을 전환하기 위한 구체적인 대안 모색과 제도화 방안을 연구한다. 이를 위해 패러다임 전환을 위한 정책 연구, 헌법에 명시된 행복추구권 실현을 위한 구체적 정책 개발 및 제도화 방안, 중앙정부와 지방정부의 국민총행복 정책 선도 및 협력, 시민사회와의 연대를 통한 캠페인 및 홍보 활동 등을 추진한다.

GDP 너머 국민총행복

ⓒ 박진도, 이지훈, 이재경, 임종한, 장수명, 최경호, 유여원, 허헌중, 황종규, 박병상, 오기출, 정욱식,
　전병유, 김정현, 조은상

초판 1쇄 발행 2021년 4월 28일
초판 2쇄 발행 2021년 5월 15일

지은이 박진도 외
기획 (사)국민총행복전환포럼 gnhforum.org
펴낸이 이상훈
편집인 김수영
본부장 정진항
인문사회팀 권순범 김경훈
마케팅 천용호 조재성 박신영 성은미 조은별
경영지원 정혜진 이송이

펴낸곳 ㈜한겨레엔 www.hanibook.co.kr
등록 2006년 1월 4일 제313-2006-00003호
주소 서울시 마포구 창전로 70 (신수동) 화수목빌딩 5층
전화 02) 6383-1602~3 **팩스** 02) 6383-1610
대표메일 book@hanibook.co.kr

ISBN 979-11-6040-473-9 03330